科学家学术成长资料采集工程 丛书

情系花粉育株

胡含传

景建康 张相岐
黄玉萍 胥伟华 ◎著

1924 年
出生于北京

1942 年
考入中央大学农学系

1951 年
参与创建中国科学院
遗传选种实验馆

1977 年
任中国科学院
遗传研究所所长

1997 年
获国家自然科学奖
二等奖

2001 年
获何梁何利基金科学
与技术进步奖

2016 年
逝世于北京

老科学家学术成长资料采集工程 丛书

情系花粉育株

胡含传

景建康 张相岐 黄玉萍 胥伟华 ◎著

中国科学技术出版社
·北 京·

图书在版编目（CIP）数据

情系花粉育株：胡含传／景建康，张相岐，黄玉萍，胥伟华著．—北京：中国科学技术出版社，2019.6

（老科学家学术成长资料采集工程丛书）

ISBN 978-7-5046-8281-9

Ⅰ.①情… Ⅱ.①景… ②张… ③黄… ④胥… Ⅲ.①胡含－传记 Ⅳ.① K826.15

中国版本图书馆 CIP 数据核字（2019）第 085791 号

责任编辑	余　君
责任校对	邓雪梅
责任印制	李晓霖
版式设计	中文天地

出　　版	中国科学技术出版社
发　　行	中国科学技术出版社有限公司发行部
地　　址	北京市海淀区中关村南大街 16 号
邮　　编	100081
发行电话	010-62173865
传　　真	010-62179148
网　　址	http://www.cspbooks.com.cn

开　　本	787mm × 1092mm　1/16
字　　数	300 千字
印　　张	19.25
彩　　插	2
版　　次	2019 年 6 月第 1 版
印　　次	2019 年 6 月第 1 次印刷
印　　刷	北京华联印刷有限公司
书　　号	ISBN 978-7-5046-8281-9 / K · 253
定　　价	120.00 元

老科学家学术成长资料采集工程
领导小组专家委员会

主　任：杜祥琬

委　员：（以姓氏拼音为序）

巴德年　陈佳洱　胡启恒　李振声

齐　让　王礼恒　王春法

老科学家学术成长资料采集工程
丛书组织机构

特邀顾问　（以姓氏拼音为序）

樊洪业　方　新　谢克昌

编 委 会

主　编：王春法　张　藜

编　委：（以姓氏拼音为序）

艾素珍　崔宇红　定宜庄　董庆九　郭　哲

韩建民　何素兴　胡化凯　胡宗刚　刘晓勘

罗　晖　吕瑞花　秦德继　王　挺　王扬宗

熊卫民　姚　力　张大庆　张　剑　周德进

编委会办公室

主　任：孟令耘　张利洁

副主任：许　慧　刘佩英

成　员：（以姓氏拼音为序）

董亚峥　冯　勤　高文静　韩　颖　李　梅

刘如溪　罗兴波　沈林芑　田　田　王传超

余　君　张海新　张佳静

老科学家学术成长资料采集工程简介

老科学家学术成长资料采集工程（以下简称“采集工程”）是根据国务院领导同志的指示精神，由国家科教领导小组于2010年正式启动，中国科协牵头，联合中组部、教育部、科技部、工信部、财政部、文化部、国资委、解放军总政治部、中国科学院、中国工程院、国家自然科学基金委员会等11部委共同实施的一项抢救性工程，旨在通过实物采集、口述访谈、录音录像等方法，把反映老科学家学术成长历程的关键事件、重要节点、师承关系等各方面的资料保存下来，为深入研究科技人才成长规律，宣传优秀科技人物提供第一手资料和原始素材。

采集工程是一项开创性工作。为确保采集工作规范科学，启动之初即成立了由中国科协主要领导任组长、12个部委分管领导任成员的领导小组，负责采集工程的宏观指导和重要政策措施制定，同时成立领导小组专家委员会负责采集原则确定、采集名单审定和学术咨询，委托科学史学者承担学术指导与组织工作，建立专门的馆藏基地确保采集资料的永久性收藏和提供使用，并研究制定了《采集工作流程》《采集工作规范》等一系列基础文件，作为采集人员的工作指南。截至2016年6月，已启动400多位老科学家的学术成长资料采集工作，获得手稿、书信等实物原件资料73968件，数字化资料178326件，视频资料4037小时，音频资料4963小时，具有重要的史料价值。

采集工程的成果目前主要有三种体现形式，一是建设“中国科学家博物馆网络版”，提供学术研究和弘扬科学精神、宣传科学家之用；二是编辑制作科学家专题资料片系列，以视频形式播出；三是研究撰写客观反映老科学家学术成长经历的研究报告，以学术传记的形式，与中国科学院、中国工程院联合出版。随着采集工程的不断拓展和深入，将有更多形式的采集成果问世，为社会公众了解老科学家的感人事迹，探索科技人才成长规律，研究中国科技事业的发展历程提供客观翔实的史料支撑。

总序一

中国科学技术协会主席　韩启德

老科学家是共和国建设的重要参与者，也是新中国科技发展历史的亲历者和见证者，他们的学术成长历程生动反映了近现代中国科技事业与科技教育的进展，本身就是新中国科技发展历史的重要组成部分。针对近年来老科学家相继辞世、学术成长资料大量散失的突出问题，中国科协于2009年向国务院提出抢救老科学家学术成长资料的建议，受到国务院领导同志的高度重视和充分肯定，并明确责成中国科协牵头，联合相关部门共同组织实施。根据国务院批复的《老科学家学术成长资料采集工程实施方案》，中国科协联合中组部、教育部、科技部、工业和信息化部、财政部、文化部、国资委、解放军总政治部、中国科学院、中国工程院、国家自然科学基金委员会等11部委共同组成领导小组，从2010年开始组织实施老科学家学术成长资料采集工程。

老科学家学术成长资料采集是一项系统工程，通过文献与口述资料的搜集和整理、录音录像、实物采集等形式，把反映老科学家求学历程、师承关系、科研活动、学术成就等学术成长中关键节点和重要事件的口述资料、实物资料和音像资料完整系统地保存下来，对于充实新中国科技发展的历史文献，理清我国科技界学术传承脉络，探索我国科技发展规律和科技人才成长规律，弘扬我国科技工作者求真务实、无私奉献的精神，在全社会营造爱科学、学科学、用科学的良好氛围，是一件很有意义的事情。采集工程把重点放在年龄在80岁以上、学术成长经历丰富的两院院士，以及虽然不是两院院士、但在我国科技事业发展中作出突出贡献的老科技工作者，充分体现了党和国家对老科学家的关心和爱护。

自2010年启动实施以来，采集工程以对历史负责、对国家负责、对科技事业负责的精神，开展了一系列工作，获得大量反映老科学家学术成长历程的文字资料、实物资料和音视频资料，其中有一些资料具有很高的史料价值和学术价值，弥足珍贵。

以传记丛书的形式把采集工程的成果展现给社会公众，是采集工程的目标之一，也是社会各界的共同期待。在我看来，这些传记丛书大都是在充分挖掘档案和书信等各种文献资料、与口述访谈相互印证校核、严密考证的基础之上形成的，内中还有许多很有价值的照片、手稿影印件等珍贵图片，基本做到了图文并茂，语言生动，既体现了历史的鲜活，又立体化地刻画了人物，较好地实现了真实性、专业性、可读性的有机统一。通过这套传记丛书，学者能够获得更加丰富扎实的文献依据，公众能够更加系统深入地了解老一辈科学家的成就、贡献、经历和品格，青少年可以更真实地了解科学家、了解科技活动，进而充分激发对科学家职业的浓厚兴趣。

借此机会，向所有接受采集的老科学家及其亲属朋友，向参与采集工程的工作人员和单位，表示衷心感谢。真诚希望这套丛书能够得到学术界的认可和读者的喜爱，希望采集工程能够得到更广泛的关注和支持。我期待并相信，随着时间的流逝，采集工程的成果将以更加丰富多样的形式呈现给社会公众，采集工程的意义也将越来越彰显于天下。

是为序。

总序二

中国科学院院长　白春礼

由国家科教领导小组直接启动，中国科学技术协会和中国科学院等12个部门和单位共同组织实施的老科学家学术成长资料采集工程，是国务院交办的一项重要任务，也是中国科技界的一件大事。值此采集工程传记丛书出版之际，我向采集工程的顺利实施表示热烈祝贺，向参与采集工程的老科学家和工作人员表示衷心感谢！

按照国务院批准实施的《老科学家学术成长资料采集工程实施方案》，开展这一工作的主要目的就是要通过录音录像、实物采集等多种方式，把反映老科学家学术成长历史的重要资料保存下来，丰富新中国科技发展的历史资料，推动形成新中国的学术传统，激发科技工作者的创新热情和创造活力，在全社会营造爱科学、学科学、用科学的良好氛围。通过实施采集工程，系统搜集、整理反映这些老科学家学术成长历程的关键事件、重要节点、学术传承关系等的各类文献、实物和音视频资料，并结合不同时期的社会发展和国际相关学科领域的发展背景加以梳理和研究，不仅有利于深入了解新中国科学发展的进程特别是老科学家所在学科的发展脉络，而且有利于发现老科学家成长成才中的关键人物、关键事件、关键因素，探索和把握高层次人才培养规律和创新人才成长规律，更有利于理清我国科技界学术传承脉络，深入了解我国科学传统的形成过程，在全社会范围内宣传弘扬老科学家的科学思想、卓越贡献和高尚品质，推动社会主义科学文化和创新文化建设。从这个意义上说，采集工程不仅是一项文化工程，更是一项严肃认真的学术建设工作。

中国科学院是科技事业的国家队，也是凝聚和团结广大院士的大家庭。早在 1955 年，中国科学院选举产生了第一批学部委员，1993 年国务院决定中国科学院学部委员改称中国科学院院士。半个多世纪以来，从学部委员到院士，经历了一个艰难的制度化进程，在我国科学事业发展史上书写了浓墨重彩的一笔。在目前已接受采集的老科学家中，有很大一部分即是上个世纪 80、90 年代当选的中国科学院学部委员、院士，其中既有学科领域的奠基人和开拓者，也有作出过重大科学成就的著名科学家，更有毕生在专门学科领域默默耕耘的一流学者。作为声誉卓著的学术带头人，他们以发展科技、服务国家、造福人民为己任，求真务实、开拓创新，为我国经济建设、社会发展、科技进步和国家安全作出了重要贡献；作为杰出的科学教育家，他们着力培养、大力提携青年人才，在弘扬科学精神、倡树科学理念方面书写了可歌可泣的光辉篇章。他们的学术成就和成长经历既是新中国科技发展的一个缩影，也是国家和社会的宝贵财富。通过采集工程为老科学家树碑立传，不仅对老科学家们的成就和贡献是一份肯定和安慰，也使我们多年的夙愿得偿！

鲁迅说过，“跨过那站着的前人”。过去的辉煌历史是老一辈科学家铸就的，新的历史篇章需要我们来谱写。衷心希望广大科技工作者能够通过“采集工程”的这套老科学家传记丛书和院士丛书等类似著作，深入具体地了解和学习老一辈科学家学术成长历程中的感人事迹和优秀品质；继承和弘扬老一辈科学家求真务实、勇于创新的科学精神，不畏艰险、勇攀高峰的探索精神，团结协作、淡泊名利的团队精神，报效祖国、服务社会的奉献精神，在推动科技发展和创新型国家建设的广阔道路上取得更辉煌的成绩。

总序三

中国工程院院长　周　济

由中国科协联合相关部门共同组织实施的老科学家学术成长资料采集工程，是一项经国务院批准开展的弘扬老一辈科技专家崇高精神、加强科学道德建设的重要工作，也是我国科技界的共同责任。中国工程院作为采集工程领导小组的成员单位，能够直接参与此项工作，深感责任重大、意义非凡。

在新的历史时期，科学技术作为第一生产力，已经日益成为经济社会发展的主要驱动力。科技工作者作为先进生产力的开拓者和先进文化的传播者，在推动科学技术进步和科技事业发展方面发挥着关键的决定的作用。

新中国成立以来，特别是改革开放30多年来，我们国家的工程科技取得了伟大的历史性成就，为祖国的现代化事业作出了巨大的历史性贡献。两弹一星、三峡工程、高速铁路、载人航天、杂交水稻、载人深潜、超级计算机……一项项重大工程为社会主义事业的蓬勃发展和祖国富强书写了浓墨重彩的篇章。

这些伟大的重大工程成就，凝聚和倾注了以钱学森、朱光亚、周光召、侯祥麟、袁隆平等为代表的一代又一代科技专家们的心血和智慧。他们克服重重困难，攻克无数技术难关，潜心开展科技研究，致力推动创新发展，为实现我国工程科技水平大幅提升和国家综合实力显著增强作出了杰出贡献。他们热爱祖国，忠于人民，自觉把个人事业融入到国家建设大局之中，为实现国家富强而不断奋斗；他们求真务实，勇于创新，用科技为中华民族的伟大复兴铸就了辉煌；他们治学严谨，鞠躬尽瘁，具有崇高的科学精神和科学道德，是我们后代学习的楷模。科学家们的一生是一本珍贵的教科书，他们坚定的理想信念和淡泊名利的崇高品格是中华民族自强不息精神的宝贵财富，永远值得后人铭记和敬仰。

通过实施采集工程，把反映老科学家学术成长经历的重要文字资料、实物资料和音像资料保存下来，把他们卓越的技术成就和可贵的精神品质记录下来，并编辑出版他们的学术传记，对于进一步宣传他们为我国科技发展和民族进步作出的不朽功勋，引导青年科技工作者学习继承他们的可贵精神和优秀品质，不断攀登世界科技高峰，推动在全社会弘扬科学精神，营造爱科学、讲科学、学科学、用科学的良好氛围，无疑有着十分重要的意义。

中国工程院是我国工程科技界的最高荣誉性、咨询性学术机构，集中了一大批成就卓著、德高望重的老科技专家。以各种形式把他们的学术成长经历留存下来，为后人提供启迪，为社会提供借鉴，为共和国的科技发展留下一份珍贵资料。这是我们的愿望和责任，也是科技界和全社会的共同期待。

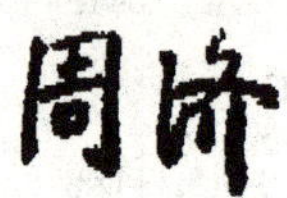

胡　含

（1924—2016）

采集小组部分成员为胡含先生寿辰送祝福（2015 年 4 月）

采集小组部分成员采访小麦育种家庄巧生院士（2014 年 9 月 22 日）

目录

图片目录

导言

胡含（1924—2016），曾用名胡笃融，祖籍湖南湘潭，我国著名的植物体细胞遗传学家、作物育种学家、植物胚胎生物学家。

胡含的人生经历可谓是波澜壮阔，他出生在中国社会最动荡的时代，历经抗日战争、解放战争，并投入实际行动。1924 年 4 月 3 日，胡含出生在北京烂缦胡同湖南会馆的一个知识分子家庭，父亲在国民政府的下属部门就职。祖上世代都以“办学育人、当官为民”立家，其最密切的叔祖父胡元倓在长沙兴办的明德学堂是我国最早的新型学校之一，与南开学堂齐名，被誉为“北有南开，南有明德”，属于典型的经学之家、书香门第。胡含从小就获得了良好的教育，哥哥姐姐也都受过高等教育，为中国革命、新中国建设做出了卓越贡献。1929 年，胡含随家迁往南京，就读于南京实验小学，1936 年读南京第二中学，“七七事变”后迁回湖南，就读于明德中学。胡含很早就接受了革命进步思想，并付之行动，积极参加了抗日救亡运动，与那个年代许多有志青年一样为了改变中国落后状态寻找出路，从而走上革命道路，以此为追求的理想和信仰。十七岁在国民党统治区的重庆南开中学读书时加入了中国共产党，并担任过党支部书记；二十岁在中央大学读书时，又响应共产党的号召，奔赴鄂豫皖边区参军入伍，成为新四军战士，并参加了举世闻名的“中原突围”，解放战争就从这里打响。在战火纷飞、枪林弹雨中随军突破敌重兵的围追堵截，亲眼见身边的战友倒下，自己也差点就为国捐躯。退守到秦岭大山里面打游击战时，缺衣少食、饥寒交迫，更可能随时献出生命。在亲历了出生入死、九死一生的战争年代，没有退缩、没有动摇，可见胡含有着坚定的革命意志和信念。

1947 年，胡含来到晋冀鲁豫边区的太行山区长治，与来自延安自然科学院农艺系的一些同志筹建了北方大学农学院，开始了科研教学生涯。其后北方大学迁往石家庄与华北联合大学合并为华北大学，中华人民共和国成立后迁往北京，在中央的指示下与清华、北大的农学院合并建立了北京农业大学（中国农业大学的前身）。1951 年，又参与组建了中国科学院遗传选种实验馆（中国科学院遗传研究所前身）。胡含是最早一批创业者，并一直奋斗在科研第一线。

为了更系统地学习遗传学，胡含报名参加了外国语学院俄语专科留苏预备部学习，1955 年被选拔为留学苏联的研究生，派往基辅大学农学院。因专业不对口，经两度转学最终来到列宁格勒大学遗传选种教研室，攻读植物细胞遗传学专业，开展植物胚胎发育与细胞遗传学研究。其学位论文为“小麦、黑麦及其杂种受精过程中的细胞胚胎学及细胞化学的研究”，并且在苏联的《细胞学》期刊上发表。

1960 年初，胡含毕业后回国来到新成立的遗传研究所（现中科院遗传发育所）工作，组建了自己的植物细胞遗传研究组，基本以研究植物胚胎学为主。当年他在《遗传学集刊》上发表了归国后第一篇论文：“关于小麦与黑麦远缘杂交的受精过程及胚胎发育初期的一些特征”。同时胡含被推选为所领导小组成员，负责科研业务管理，筹建了研究所的第一届学术委员会，委员几乎囊括了国内遗传学界所有知名学者。

二十世纪七十年代初，胡含研究员所在的中国科学院遗传研究所（中国科学院遗传与发育生物学研究所）的科研小组在国际上首先通过普通小麦花粉离体培养技术诱导出再生植株，并于 1973 年在《中国科学》上发表了“小麦花粉植株的诱导及其后代的观察”论文，完整地论述了小麦花粉诱导成苗的全过程和详细的细胞学观察分析，并探讨了单倍体植株染色体加倍的遗传机理。论文发表后引起了国际学术界的广泛关注，给予高度评价，被认为开辟了小麦单倍体育种和植物遗传学研究的新领域，极大地提升了我国在该领域的国际学术地位，促进了我国主要农作物单倍体育种和体细胞遗传学研究的发展。

这项科研成果就是在胡含先生所在的科研小组全体科技人员共同努力下取得的。当时的科研条件极其简陋，他们怀着为我国科学事业做贡献的赤诚之心，凭借获得的点滴信息，大胆地开展了探索性研究。没有条件自己动手创造条件，动用了全所可利用的资源，克服重重困难，经过一次次试验，攻克一道道难关。皇天不负有心人，小麦花粉育株技术难题最终被中国科研人员率先攻克。

小麦花粉植株再生成功之后，胡含对一个小小花粉在离体状态下竟能神奇地发育长成为完整植株的现象充满兴趣，探究其离体细胞遗传规律并利用花粉培育出新品种就成了首要目标。随后主要研究方向集中到了小麦花粉单倍体的细胞遗传学原理和育种应用研究方面，先后发现了小麦花粉植株变异的普遍性规律、阐明了变异的细胞遗传学机制、提出并论证了配子类型在花粉植株中充分表达的理论，建立了高效的花粉小麦染色体工程新体系，培育了一大批源于花粉再生的类型异常丰富的小麦染色体工程材料。胡含由此奠定了学术地位，被誉为世界上对植物单倍体遗传学贡献最大的五位科学家之一。

胡含于 1977 年至 1987 年担任了中国科学院遗传研究所的第一任所长，十年间为遗传研究所的科研发展做出了重大贡献。首要的就是重视人才培养，为每位科研人员打造适合自身发展的科研环境条件，并着力理顺由“文化大革命”造成的混乱科研秩序，从其他院所引进人才充实到研究所各个学科领域，将曾经单一的植物遗传学研究建设成为包括动物、微生物、人类医学遗传的齐全的遗传学科的研究所，推动了分子遗传学研究，等等。同时胡含也很重视研究生的培养，从招收第一届学生起，就尽可能为培养学生创造条件，给予生活、学习各方面的照顾，并利用自己的影响力和资源积极争取推荐优秀的学生到国外进修。胡含的工作风格是育苗也育人，这一切举措对以后的遗传与发育生物学研究所的发展壮大奠定了良好的基础。卸任所长后，获知国家启动了重点实验室建设计划，为加强研究所的基础研究和提升原始创新能力，第一时间就进行认真策划、积极申报，成功组建了遗传所第一个国家重点实验室——植物细胞与染色体工程国家重点实验室，并出任第一届实验室学术委员会主任委员。胡含对国家重点实验室的筹建与发展做出了突出贡献。

胡含潜心植物遗传学研究五十余年，其中专门从事小麦单倍体遗传学研究近三十年，取得了一系列原创性的科研成果。在国内外发表学术论文一百八十余篇，主持召开了植物单倍体和遗传操作国际学术会议三次（1978、1982、1984），编撰论文集三部，出版 *Haploid of Higher Plants in Vitro* 和《植物体细胞遗传与作物改良》专著两部，并在台湾出版了繁体字版的《植物体细胞遗传与作物改良》，合作编撰《中、日、英染色体词典》一部。胡含作为第一或主要完成人先后获全国科学大会重大成果奖（1978）、全国科学大会先进工作者和先进集体奖（1978）、中国科学院自然科学奖二等奖（1995）、山东省科学技术进步奖二等奖（1996）和国家自然科学奖二等奖（1997）。他曾主持“七五”“八五”国家科技攻关“细胞工程育种”专题，由于成果显著而荣获二委一部特别鼓励奖，并于 2001 年获得何梁何利基金科学与技术进步奖。胡含的研究成果对我国植物单倍体遗传学研究和遗传育种的发展起到了重要的推动作用，对于确立和保持我国长期在该研究领域的国际领先地位功不可没。

胡含的一生灿烂辉煌。生于诗书世家，从小受进步思想熏陶，青少年投身革命，后参加新四军，经历了枪林弹雨、出生入死的战斗洗礼。步入科学殿堂后，他学术思想活跃，科学态度严谨，锐意进取，持之以恒，呕心沥血五十年，为祖国的科研事业做出了卓越贡献。被誉为又红又专的科学家，堪称科研人之楷模。胡含这一辈的老科学家中，和他有相似经历的人不多。既是科学家，同时又是党员、老革命、老干部，具有一定的特殊性和代表性，他富有传奇性的学术成长经历值得探索借鉴。

采集小组在正式承担采集工程任务之前就拜访了胡含多次，其时胡含先生虽已达九十岁高龄，但依然精神矍铄，眼不花耳不背，语言清晰，思维条理也清楚。了解采集工程目的后，热情地表示愿意积极配合支持采集工程，答应采集小组可以自行寻找并取走家中任何有帮助的物品与资料，后来也应承他的资料、物品原件均全部捐赠采集工程。胡含还主动为我们讲了一段中小学时代的往事，包括一些细节也描述清晰，说他正在撰写回忆录，并交给我们一本回忆录手稿，希望我们帮助录入电脑。胡含先生当时对我们顺利完成他的学术成长资料采集工程项目充满了信心。

当时，胡含居住在中国农科院院内一栋宿舍楼内，仅为一室一厅，自从老伴董玉琛院士于 2011 年去世后就搬到此处。因距离女儿家近便于照料，除带来少量生活物品外，绝大部分物品都留在黄庄原住所。采集小组当即在未正式签订任务书之前就联系胡含先生的女儿胡源到黄庄的家中采集资料，并从电脑中备份硬盘数据。其后又去收集几次，每次都收集到几大纸箱的物件，主要是论文集、书籍、信件、各种证书奖状以及大量的照片，采集到的大部分重要资料原件均来源于此。

采集小组于 2013 年 10 月正式开始对胡含本人进行直接访谈采集。我们第一步采取请胡含先生自述回忆的形式，需要详细了解的地方进行追问。了解了基本情况后，我们进行第二步，调阅了中国科学院遗传发育所的部分人事档案，不同年代填写的履历表等，又到中国科学院档案馆查阅了中央档案馆 1980 年以后的相关电子档案三十四件，多次到中国科学院文献情报中心调阅文献档案、查阅研究所档案室的文件。此外，获得重庆市档案馆、南京市档案馆的协助，查阅到胡含在中央大学读书时的学籍登记表与各学期成绩册等重要资料。

最值得一提的是，在科学院档案馆查阅资料时，正巧也在查档案的自然科学史研究所的王宗杨研究员听闻我们在查胡含的档案，主动向我们提及他曾无意中在潘家园旧货市场淘换到一本胡含先生二十世纪六十年代的日记本。熟悉胡含的老同志们都知道胡含一直保持有记笔记的习惯，无论大小会议或谈话沟通时总带着本子做记录，科学实验的记录也做得有条不紊，但采集小组竟然一本也没收集到，全部失踪无觅处。非常感谢王宗杨老师将笔记本全册影印件送给我们，这册笔记本记录了胡含在 1960 年参加各个会议的要义、发言的要点、科技新闻以及生活细节，等等，对了解那个时期的国内社会状况、科技发展情况以及个人生活经历都有极大帮助。

在以上工作的基础上我们又拟了访谈提纲请胡含过目校阅，期望激发起久远的记忆。通过不懈的口述访谈，我们挖掘到很多无法查阅到的信息。此后主要采取请与胡含长期合作和联系密切的同事进行间接访谈，弥补了许多不为人知的资料。

经过全体采集小组成员的共同努力，在项目验收前采集到各类档案材料一百三十件六百九十一页、直接间接访谈音视频文稿三十多份（包括中央电视台采集工程摄制组协助摄录的访谈音像资料）、各类证书和聘书四十三件、反映各个时期的工作与生活照片六百七十九张，以及毕业答辩论文、专著和公开发表的学术论文的绝大部分，并通过网络搜寻了一些相关参考资料，基本可以完整勾画出胡含的整个人生经历轨迹。在胡含的学术传记撰写过程中又有许多老先生陆续提供了一些文字和图片资料，包括日记与笔记中记录的相关资料，并讲述了一些不为人知的有趣故事，丰富了对胡含先生的人生经历的了解与认识。

根据胡含与众不同的特殊人生经历，本传记的结构将基本按照时间轴为序，以个人成长经历的重要时期和重要阶段划分章节，个别章节以主题内容进行了前后承接关联。第一章全面叙述胡含出生及其家学渊源与承继背景，随全家从北京到南京，就读于南京实验小学和南京第二中学的学习情况，以及在日军侵华战争中撤退到湖南，就读长沙明德中学，继而迁往重庆，就读南开中学的经历。第二章介绍胡含在南京小学高年级时就接受到哥哥、姐姐的革命进步思想熏陶，开始阅读进步书籍，自觉不自觉地参加了一些抗日救国活动，十七岁时在南开中学正式加入中国共产党，并出任过党支部书记，在重庆中央大学读书时参加党的外围组织搞宣传学习活动，并在党的号召下奔赴鄂豫皖边区参军入伍。第三章介绍胡含在中原民主建国大学的学习工作经历，及其亲历“中原突围”的情况。第四章开始介绍步入科研教学领域的整个创业经历，从到晋冀鲁豫边区的长治，与延安来的同志筹建了北方大学农学院，以后迁石家庄合并为华北大学农学院，中华人民共和国成立后迁往北京创建北京农业大学，到随后创办中国科学院遗传选种馆（遗传研究所的前身），胡含都是最早一批创业人员。部分章节谈及中华人民共和国成立初期遗传学的两派之争，以及胡含扮演的角色。第五章介绍在苏联留学四年的学习生活。第六章为新建的中国遗传学专业研究机构的发展成长记事。第七章讲述胡含与他所在的科研团队在那个年代排除干扰、克服困难在国际上首先通过离体诱导培养出小麦花粉植株的科学创举，以及在花粉育株中的作用与贡献。第八章记述拨乱反正后迎来科学的春天，胡含受命担任了遗传研究所（现遗传发育所）第一任所长，怎样理顺研究所科研秩序布局，进行的一系列卓有成效的调整改革的各种举措，包括引进人才、调动科研人员积极性以更好发挥作用、培养年轻科技干部、培养优秀研究生、加强国际学术交流与合作等科研管理工作，为遗传研究所发展壮大所做的努力。这期间也是胡含取得科研成就最为辉煌的时期，发现并阐明了花粉离体状态下再生的遗传学机理，对理论实践都有重要意义，为此也相应获得国家自然科学奖奖励。本章也包括胡含主持“七五”“八五”国家科技攻关植物细胞工程育种专题十年所发挥的作用与取得的成绩。第九章介绍申报筹建植物细胞与染色体工程国家重点实验室的经过以及后期的科研工作和贡献。这一章中也插入几位学生讲述在胡含导师指导下的学习工作与成长经历等回忆故事。第十章为独立一章，集中概括了胡含在学术研究方面的成绩，主要列举胡含在各个时期进行科学研究的过程与贡献。最后一章介绍胡含离休后依然关心科技事业，经常前往各研究机构对研究人员和学生进行科研指导，并参加各种学术交流等活动进行科学传播的经历。结语一章综述胡含的学术成长经历，试图探讨他的学术成长规律，以我们的理解，客观地做一个总结。

第一章
少儿时期

1924 年 4 月 3 日胡含出生于北京宣武区湖南会馆内一个知识分子家庭。

湖南会馆是坐落在北京南城烂缦胡同内的一座清代建筑风格的四合院，是闻名遐迩的旧京十大会馆之一。湖南会馆建于光绪十三年八月，由京湘籍官员购置，作为湘籍学子进京赶考安歇处，民国后逐渐成为湖南同乡学子赴京求学或谋生旅居之所。馆内设戏台一座、文昌阁楼一座、东厅署、望衡堂、西厅及中庭均横敞，为平时集会之所。南房壁上嵌有光绪十年（1884 年）长沙徐树均重摹镌刻的苏东坡书《明州阿育王广利寺宸奎阁碑》。会馆另有馆辖公产义园二处、祠堂二处。1920 年 2 月，毛泽东来北京曾居住于此，并曾在此召开千人参加的"湖南各界驱逐军阀张敬尧大会"。现今湖南会馆已列为北京市爱国教育基地和重点文物保护单位。胡含即出生于此。胡含的祖辈世代为经学之家，家境宽裕殷实，加之湖南人历来重视文化传统教育，所居之处文化氛围浓郁，因而胡含从小就接受到良好的早期教育，虽在北京生活的时间不长，但在环境的熏陶下增长见识、开阔眼界，养成了喜好新生事物，在读书学习上不甘落后的性格。

图 1-1　北京湖南会馆旧址（现为爱国主义教育基地。为胡含出生地与儿童时期生活居所。摄于 2015 年）

童年的记忆

胡含原名胡笃融。其前有大姐胡永芬（1912—1999），哥哥胡笃谅（胡亮，1916—1995），二姐胡永萱（胡其芬、胡南，1919—1949），胡含排行老四。作为胡家的小儿子自然也成为家里的宝贝，从小就人人疼爱，受到各方面的照顾。

父亲胡彦博（胡荣雅，1886—1964），1911 年（宣统三年）在辛亥革命前掀起的剪辫子运动中毅然剪去了代表满清旧习俗的长辫子，由于时局动荡不安，于当年 5 月 8 日跟随赴任留日学生监督的叔祖父胡元倓前往日本留学，就读于日本庆应大学经济学专业。母亲肖石蕁（1890—1969）亦一同前往伴读。1914 年学业期满归国来到北京，在国民政府的财政部做会计（财务督察），还出任过平绥路局稽核、工业审计处秘书等职。属于中级职员，月收入三四百大洋，家境优渥。胡彦博为人老实正直，也很有学识，做事认真稳重。但在当时的社会风气下，外籍人士在北京谋生发展艰难，不得不经常应酬各方官员，常常在外花天酒地，对家庭疏于照顾，子

图 1–2 胡含家庭合影（从左至右：二姐、胡含、大姐、母亲、父亲、舅父。胡源提供）

女几乎都由母亲照料。母亲性格豪爽，富有同情心，别人有困难相求，总是尽其所能，鼎力帮助，子女的性格养成更多受教于母亲。记忆中，幼儿时期都由母亲照管，大姐、哥哥读书都不住在家里，仅有在北京师范大学附属小学读书的二姐胡永萱陪伴，经常教识字、绘画、念儿歌，一起做游戏。由于年龄相近，关系更为亲密，启蒙教育多得益于二姐，胡含也就在这种相对较优裕的环境中度过了自己的童年。

家学渊源

胡含祖籍为湖南省湘潭县，易俗河黄荆坪乡隐山为胡氏故居所在地。其先世于明末从江西迁徙到湖南茶陵，又迁湘潭，后定居于长沙市。

祖辈十几代都是读书人，世袭相承以办学（书塾）教书为业。据说胡家祖辈有数十人获得过进士、举人，曾祖几代人在各地出任过县令，六人获得“拔贡”（清朝科举每三年各省学政就本省生员择优保送中央参加朝政合格的称为拔贡）。胡含的高祖胡湘（字均帆），在清道光年间任南海县典吏。1840 年鸦片战争爆发，次年英军进攻虎门炮台，胡湘参加防御有功，并曾捐银修缮虎门炮台，官至南海知县。曾祖父胡同寿（字同生），曾任广东署镇平县知县。清光绪初年，祖父胡元佐（字子勋）随家人到了广东省，居住在曾祖父任所。祖父胡元佐与叔祖父胡元佑、胡元倓等诸兄弟和父亲都先后拜在番禺陈澧门下，在菊花精舍听讲。胡家可谓是世代书香门第、经学之家。光绪末年祖父一家回到了湖南湘潭，不久就定居长沙。胡

图 1-3　胡含（左上一）青少年时期与叔祖父胡元倓（前排中）等家族成员合影（胡源提供）

彦博从小就跟胡元倓一家生活，可以说是养子，情感更亲近。胡含从小到大也仅与叔祖父一家人往来，同辈的叔伯兄弟多给予关照，留有很深刻的印象。

胡含叔祖父胡元倓，字子靖、子静，号耐庵，1872 年 9 月 9 日生，1897 年丁酉入选拔贡。1902 年入选湖南首批官费留日生，东渡日本，就读于东京弘文学院速成师范科。翌年回国，在长沙创立明德学堂，自任监督，从此把教育事业作为“磨血事业”，为发展中国教育事业特别是办好明德学校付出了毕生的精力。他是湖南新兴教育事业开拓者，所创办的明德学堂是湖南最早的新式私立中学。他一生爱国，“决心以教育救国，培养中级社会人才”，认为“养成中等社会，实为立国之本”。他十分钦佩黄兴的革命精神，多方维护其从事的革命活动。他曾对黄兴说：“公倡革命，乃流血之举；我为此教育，是磨血之人也”，希望自己能够磨出许多报国人才。从创办明德之初起，就十分注意德智体三育并重，将“坚苦真诚”作为校训。为了实践教育救国论，他不管遇到多大困难，不折不挠，仍锐意

图 1-4　胡含的叔祖父胡元倓（胡含提供）

发展教育。武昌起义后，黄兴拟请他出任南京临时政府教育总长，他坚辞不受，宁愿赴京筹备明德大学。1915 年袁世凯复辟帝制，他愤而将明德大学停办，以示抗议。1919 年 11 月，他领导湖南公私各校联合停课，参与“驱张运动”，直至次年 5 月驱张成功才复课。1929 年曾一度任湖南大学校长。抗日战争全面爆发后，1938 年长沙文夕大火，明德中学校舍被毁，遂将学校迁往湘乡县霞岭乡继续办学。他对师生说：“校舍虽焚，精神犹存。”同年 6 月任国民参政会参政员。当时，他年事已高，仍为抗战和教育奔走于湘鄂川黔各地，后定居重庆。1940 年 11 月 24 日在重庆歌乐山八块田寓所病逝，终年六十八岁。著有《耐庵文集》四卷。他经营明德学堂近四十年，明德中学与天津南开中学齐名，享有“北有南开，南有明德”的殊誉，培养了大批优秀人才。蔡元培曾说：“今观宣劳党国之同志，出于明德者甚众。”至 1949 年，明德学校培养学生近万名，养成了“坚苦真诚”的良好校风。

一提到叔祖父，胡含总是显现出很兴奋骄傲的神态。胡含从小就受叔祖父教诲，叔祖父的家境也给胡含提供了优越的读书条件。

南京的中小学

1929 年，胡含的父亲被聘为国民政府赈济委员会的会计主任，举家随迁南京。胡含进入钟鑫幼稚园，第二年就读于南京实验小学。实验小学是南京较好的学校之一，由于 1919 年的五四运动后，新文化思潮已经遍布各地，实验小学也紧随新文化思潮，适应新潮流，设置了相应的文化课程，体现了新文化运动的先进性，学校教师不乏学界名流。那时，实验小学课程设置基本参照日本、借鉴欧美，完全不同于满清的旧学堂。学习科目已经很全了，除语文、算术之外，还有音乐、图画、珠算、手工等。小同学们最喜欢上手工课，有叠纸、剪纸，用胶泥捏各种小物品，自己动手做出喜欢的物件都很兴奋，课间也有游戏活动。那时在小学没什么压力，学习轻松自在，因而对什么新东西新事物都好奇，同时也学到许多新知识。胡含受到了那个时代较优良的文化教育，为其后的学识增长打下了良好的基础。胡含生性比较活跃，在校期间总受到老师同学的青睐，课堂上老师经常点名让他朗读课文、背诵古诗文、解答问题。这有一个原因，就是胡含生长于北京，语音更符合当时推广的国语，因而获得更多展示自己才华的机会。因常常获得老师的鼓励，自信心大增，学习也更努力，成绩优异。加之性格随和，因此与同学也建立了很好的关系。胡含说，他的小学生活是快乐美好的。

图 1-5　青少年时期的胡含（后排右一）与父母家人（胡含提供）

1931 年，大姐胡永芬考进了上海医学院，二姐胡永萱也以优异的成绩考进了南京女中。那个时期政府经常欠薪，家里偶尔也会经济拮据，父母常为开支争吵，不想供大姐胡永芬读书了。但大姐学习成绩非常好，恳求家里支持她读大学。还是母亲体贴，四处借贷让大姐去了上海医学院。哥哥胡笃谅在南京钟英中学读书，与刘西尧是同学（刘西尧曾先后任二机部部长和教育部部长）。哥哥从小喜欢汽车，1934 年报考清华大学，因未考上就先到辅仁大学学习一年，第二年终于考取了清华大学机械系。抗日战争全面爆发后，随校迁往云南昆明，在由清华、北大、南开三校合并的西南联合大学继续读书。胡含那时还年少，兴趣爱好广泛，还没像哥哥姐姐对某学科有偏好，到上大学时也没确定自己的学业专攻方向。胡含想，这与中学时期的读书生活及当时动荡的社会环境不无关系。

1936 年夏，胡含进入南京第二中学读初中一年级。中学生活与小学时全然不同，读书学习对胡含的能力来说一点难度都没有，学习成绩依然很好。重要的是思想发生了很大的变化，受新思潮的影响，自觉不自觉地参加了一些进步学生活动，开始谈论起国家前途命运的大事了。1937 年"七七事变"后，日本发动全面侵华战争，形势严峻，特别是"八一三"淞沪会战时，南京政府各机构都在向后方转移，学校已不能正常教学上课，只好停课。胡家也不得不另谋出路。其时叔祖父胡元倓任湖南省政府委员，在长沙新建了明德中学校舍，阖家随即乘船经武汉，再乘车迁往湖南。胡含在明德中学就读初中二年级，实际上就读了一学期，课程也是断断续续的。1938 年春，日寇已经侵犯到广西省，学校被迫停课，胡含参加了学校组织的慰问团，在青年会和伤病休养所做文娱慰劳演出活动，初中的学习课程几乎荒废了。

重庆南开中学的学习生活

1938 年 7 月初，胡含随着家人从长沙撤退来到重庆。重庆此时已成为国民政府的临时首府，国内的大部分著名学校也都在重庆建校。叔祖父胡元倓介绍胡含就读于重庆私立南渝中学，插班读初中二年级。1936 年初夏，张伯苓先生为南开学校的生存和发展入川考察，在沙坪坝先后购地八百余亩。"七七事变"后，天津南开校舍被日机炸为废墟，部分师生及内眷来渝，随即建成重庆私立南渝中学。1936 年 9 月 11 日，重庆私立南渝中学正式开课，招收了初一、初二及高一三个年级，学生二百余人，教职工十余人，喻传鉴先生兼任中学主任、校长。1938 年 12 月获得国民政府批准更名为重庆私立南开中学，成为当时华西的著名学府。早在私立时期，该校即以办学水平高闻名于世，成为陪都的模范学校。重庆谈判期间，毛泽东曾到学校会见张伯苓、柳亚子等人；抗战期间，周恩来常以校友身份来母校探亲访友，宣传中国共产党的方针政策。时至今日，重庆南开中学培养的学生中，成为两院院士的有三十多人，如周光召、朱光亚、张存浩等，还有邹家华、郑必坚、张皓若、阎明复等一批领导干部。其他诸如将军、教授、艺术家等高级人才，更是不胜枚举。

胡含入学时是重庆南渝中学开办的第三个年头，这一年因战乱，全国各战区的大批社会人员蜂拥而入来到重庆，要求读书上学的学生人数剧增，各个学校都在挖掘潜力，尽可能地多招收学生。重庆南渝中学收到的入学报名人数为二千九百七十人，因入学者过多，为此特别多举行了两次招考，共录取了九百零九名学生，占申报考生的 30.6%。这是重庆南渝中学招生最多的一年，此后每年招生人数维持在三百人左右。胡含也属于这批战区来的扩招学生，经过两天入学考试后，成绩合格被录取了。原本胡含应该升入初中三年级了，但由于初中二年级的一些课程没有学完，测试成绩不符合升学条件，只好插班初中二年级四班继续复读，每班学生有五十多人。学校为了容纳新增的学生，加紧建设了临时校舍和宿舍，也招聘了各学科教员以满足教学需求。那时重庆南渝中学要求全体学生都住校，便于管理和保障教学质量，也能培养学生自理能力。在这种教学管理的环境下生活对胡含的成长是非常有益的，综合适应能力得到锻炼和提高。虽然处在战争年代，但重庆南开中学在教学与管理上依然正规严明。学科成绩分甲乙丙丁戊五等，其中丙为及格，丁、戊等必须补考，旷课三小时降一等，补考三科不及格就勒令退学。每个学期都有十几门课，例如初中的科目有国文、英语、算学（算术）、中国地理、动物及实验、劳作、图画、音乐、童子军、生理卫生等，高中课程有国文、算学（数学）、英语，还有公民、生物与实验、中国历史、中国地理、军事训练、看护学、外国历史地理等。胡含回忆在南开中学的学习成绩大都在甲等或乙等，排在优等生行列。

胡含在重庆南开中学这所名校由初中二年级读到高中二年级，在校期间不仅学习了丰富的文化知识，更接受了党的思想教育和考验，真正走上革命道路，正式加入了中国共产党，并担任过南开中学党支部书记。这段经历对胡含的一生非常重要，综合的文化知识基础基本上是在中学时期打下的，那时能在这样好的条件下接受教育是非常幸运的，加入中国共产党又是人生的重大转折。

1942年秋，胡含考入位于重庆沙坪坝的中央大学农学院农艺系，一年级在柏溪校区读书。胡含之所以选择报考农艺系，是考虑到报考农艺系的考生比较少，相对容易被录取，上学后才渐渐培养了对农艺学的兴趣。在大学的三年里，日寇已经逼近贵阳，飞机经常来轰炸，学校在1943年后迁往沙坪坝的小龙坎桦林坡，此时中央大学已经有党的外围组织“据点”，胡含加入了该组织的学习活动。在中共南方局的号召下，1945年8月，胡含与部分进步学生退学离开重庆，奔赴鄂豫皖边区参军入伍，成为新四军战士，并再次入党投身革命。

第二章
追求真理

胡含在南京小学读书时，正是日本侵华时期，抗日救亡运动在全国掀起，哥哥姐姐都接受了革命思想，成为进步青年，参加了各地的爱国运动。在他们的感染引导下，胡含已开始阅读进步小说，接触革命书籍，思想已逐渐倾向革命。1941 年 3 月 8 日在重庆南开中学读书时，十七岁的胡含正式加入了共产党，成为一名光荣的中国共产党党员，立志为党的事业奋斗一生。胡含走上革命道路的艰辛历程和轰轰烈烈、出生入死的战斗经历，充分展现了胡含作为一名共产党员历经磨难，而对共产主义信仰忠贞不二的精神风貌。

革命思想启蒙

1935 年 12 月 9 日，北平学生在中国共产党的领导下掀起了具有重大历史意义的“一二·九”运动。哥哥胡亮那时正在清华大学读书，就已投身革命，积极参加了“一二·九”抗日救国运动。12 月 18 日，南京的青年学生冲破了国民党的阻挠，举行了大规模的游行示威，声援北平学生的革命行动。二姐胡永萱也积极投入其中，她登上学校礼堂的讲台，以充满爱国热情的讲演鼓舞同学们去参加游行。1936年前后，胡含在南京实验小学五、六年级读书时，两位堂兄胡笃仲、胡笃弘在金陵大学读书，较早接受了革命思想影响，成为南京学生救国联合会的成员，后来到了苏北参加抗日战争。他们跟刘西尧是同学，刘西尧是老红军，曾任二机部部长、教育部部长，所以很早就和党有联系，常常与二姐在家里谈论时事。在堂兄的感召下，二姐胡永萱就在南京女中参加了党的外围组织“南京学联”。在党的影响和领导下，南京大中学生中的进步分子于1936年8月1日秘密成立了“南京学生救国联合会”，胡永萱随即参加。她在南京女中同学中组织了秘密“读书会”，学习革命理论，讨论抗日和中国革命前途以及什么是有意义的人生等问题。在反动派的白色恐怖形势下，“南京学联”只能秘密活动，主要在校内团结教育群众。胡永萱从“南京学联”的内部刊物《南京学生》上看到了毛泽东同志的讲话“论反对日本帝国主义的策略”，也看到了斯诺的《西行漫记（摘要）》。“南京学联”的活动使二姐胡永萱受到革命的启蒙教育，严格的地下组织形式和秘密活动也使她得到一些革命锻炼。她同时也向胡含灌输一些革命道理和介绍阅读进步小说，如高尔基的《母亲》、绥拉莫夫的《铁流》、茅盾的《子夜》等，并教胡含与他们一块学唱《国际歌》。以后又读过何干之等写的《科学社会发展史》、艾思奇的《大众哲学》等理论书籍。姐姐胡永萱一直教育胡含要同情革命，胡含幼小的心灵也有了革命萌芽，积极主动为姐姐们的秘密“读书会”活动放哨打掩护。“西安事变”掀起了抗日救亡运动高潮，对胡含的思想影响很大。在南京政府组织的迎接蒋介石回府活动中，胡含就自觉抵制了相关的活动。为了逃避学校监督，骑自行车到各处转悠，从行动上明确反对蒋介石的不抵抗政策。1937年“卢沟桥事变”爆发后掀起的抗日高潮，又使胡含进一步接受了革命思想的教育，通过学习了解到马克思主义的三个组成部分，认识到共产党正在进行一项伟大的工程。因此逐渐产生了投身革命、加入中国共产党的强烈愿望。

入党与失联

1938年在重庆南渝中学（南开中学）初二读书时，二姐胡永萱在中央大学经济系读书。二姐于1937年12月在湖北汤池农村合作社训练班学习时就已经加入中国共产党。农村合作社训练班由陶铸主持，是中国共产党为培训地方干部而兴办的。但由于入党手续不齐，直到1938年9月胡永萱才被批准为正式党员。胡含的二姐胡永萱与顾诚的姐姐是同学，都在一个党支部内，了解彼此的家庭与亲属。当时胡含与顾诚是同班同学，顾诚先已入党。胡含在与这些进步青年的密切接触中，接受了革命思想教育，自己也积极参与一些进步学生的活动，党组织也了解到胡含的思想以及家庭情况。

1939年，国民党开始采取消极抗日积极反共的政策，中央大学的反动分子将二姐胡永萱视为眼中钉，对其进行人身攻击。因形势险恶，党组织研究决定让胡永萱撤离中央大学，暑期后转学到北碚的复旦大学新闻系。在顽固派的第二次反共高潮后，胡永萱接到党组织的紧急通知立即撤离了

图2–1　重庆南开中学学生宿舍旧址（胡含曾在此生活学习。摄于2015年）

复旦大学，并更名为胡南。1940 年 10 月到《新华日报》资料研究室担任英文翻译，1941 年调去延安鲁迅艺术学院学习。此时大姐胡永芬已到滇缅公路的一个医疗站工作，哥哥胡笃谅在西南联大毕业后也到滇缅公路任工程师。滇缅公路是抗日战争我国大后方对外联系的唯一通道，大量的抗战物资通过这条大动脉输送到中国抗战前线，哥哥姐姐都为抗战做出了贡献。

当时要想入党，党组织要对其社会关系有可靠的了解外，还需要对申请人进行培养，分配工作加以考验，通过严格考验才有可能接收入党。顾诚是胡含的联系人，于 1940 年初先介绍胡含加入了“全国各界救国联合会”，救国会是在中华民族生死存亡的紧要关头，以上海为中心组织起来的一个全国性的、有广泛群众基础的抗日救亡组织。1945 年 10 月，救国会在重庆召开大会，更名为“中国人民救国会”，沈钧儒先生被推举为主席。在他的领导下，救国会为彻底摧毁南京反动独裁政府，为实现民主、和平、独立的新中国做出了重要的贡献。加入“救国会”手续简单，胡含填写了一份入会申请表，带到南开经济所与一位负责人见面，通过谈话后就算正式入会了。

通过党组织的考验后，1941 年 3 月初接到顾诚的通知，胡含已被接收为中国共产党党员，于 3 月 8 日宣誓加入了中国共产党。当时南开中学党支部书记方复同志主持了入党仪式，因处于白色恐怖条件下，不可能召开党支部大会，而只是在南开校园的一个偏僻角落，方复同志与胡含谈话，向他讲解党的组织纪律等，尤其是地下党活动应注意的问题等党的基础教育。

1941 年夏，南开中学的党支部书记方复与支部一些同志将转移离开南开，将党支部工作交给胡含负责，并将十多名党员关系名单移交，要求与他们单线联系。胡含是新党员，党的理论、对敌斗争经验都不足，能力也有限，组织让他担任党支部书记重担，主要是因为他没有暴露，便于隐蔽，而支部的老党员过去多有公开活动，身份多少已暴露。党支部也对胡含进行了多方考察，同意他担任南开中学党支部第十任支书。由于白色恐怖，在任南开中学党支部书记期间，党的工作方针是“隐蔽精干，长期埋伏，积蓄力量，以待时机”。所以，这段时期没有进行太多的公开活动，由上级党组织一位同志以表兄身份与胡含单线联系，有时来校传达上级指示，或是胡含进城在约定地点接头汇报工作，接头地点常是在不固定的茶馆。这段时期，上级组织布置做调查研究工作，培养实事求是精神，主要做些调查工作，没有发展新党员，即便这样也还是引起了敌人的注意。1942年暑期，接到党组织的指示让胡含转移，将组织关系和党员名单移交给了李耀祖，从此离开了南开中学。考虑到闲居家里更易引起怀疑，当时正值国统区的大学将开始全国招生考试，胡含便选择报考了中央大学农学系，并被顺利录取了。胡含在南开中学的好朋友顾诚同学也顺利考取了中央大学化学系。中央大学一年级在柏溪分校上课，离市区较远，以后虽然按照指令联络暗号登报寻找党组织，但一直未联络上，从而失去了与党组织的联系。实际上是第十一任支书李耀祖自动脱党，上级党组织因而不再与南开支部发生联系，造成与党的关系中断，以后由另外一批学生党员第四次重建了南开中学党支部。

上 大 学

胡含在被迫撤离南开中学后不久正赶上国立大学招生联考开始，于是报考了当时非常有名的中央大学。因他仅读完高中二年级，自认基础知识薄弱，于是选报了考生相对较少的农学院。实际上胡含还没有明确的专业志趣，不像他哥哥从小就喜好汽车，一心直奔机械专业。由于胡含未获得高中毕业证书，南开中学也以逾期不归将其除名，没有学历证明无法参加高校“联考”。无奈之下，胡含家里托人开具了一个昆明邮政职工补习学校的毕业证书，以同等学力参加大学招生“联考”。所幸胡含的学习基础好，经过刻苦自学补习，还是信心十足地参加了“联考”，并被中央大学农学院农艺系录取了。可以说，胡含进入农学院纯属偶然，但在随后的学习过程中，逐渐对农艺学产生了兴趣。

第一学年在重庆柏溪上课。柏溪是江北县的一个小山村，四面环山，

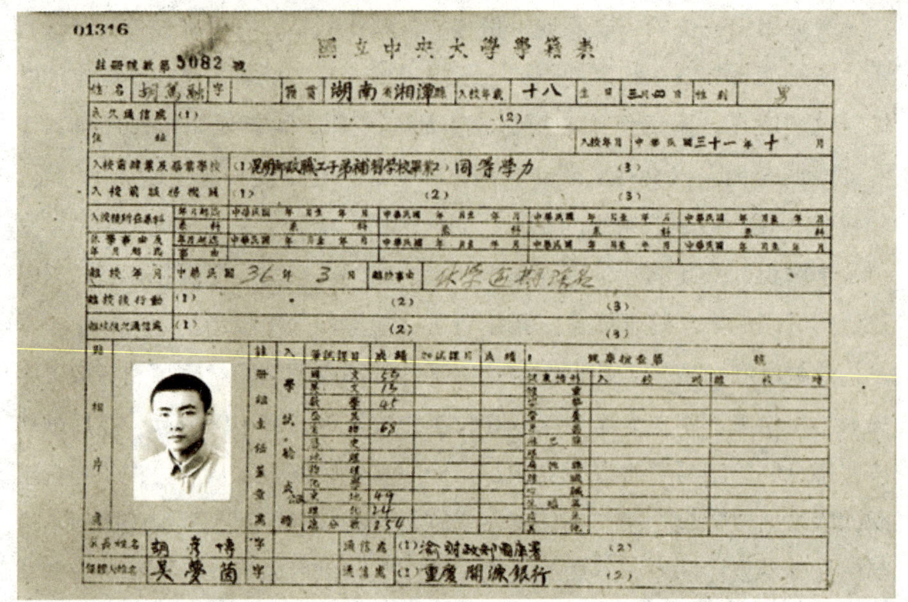

01316

國立中央大學學籍表

註冊號數第5082號

姓名 胡篤融 籍貫 湖南省湘潭縣 入校年歲 十八 性別 男

入校年月 中華民國三十一年十月

入校前肄業及畢業學校 (1)昆明私立鐵工子弟補習學校畢業(2)同等學力

離校年月 中華民國36年3月

家長姓名 胡彥博 通信處 (1)渝財政部國庫署

保證人姓名 吴夢菌 通信處 (1)重慶聚興銀行

图 2-2 胡含（胡笃融）在国立中央大学的学籍表（来源：南京档案馆）

岗峦起伏，清澈的溪水从长满翠柏的河边流过，依山傍水，恬静幽雅，校长罗家伦把这个没有地名的村子，取名柏溪。总面积为一百四十八亩，呈西南东北走向，中部较为平整，辟做饭厅和运动场，围绕运动场修筑十六尺宽的马路，为校内主干道，分设教学区和生活区。后来又相继增建了游泳池、工场和防空洞，设施逐步趋于完善。胡含在此开始了正常的学习生活，同时也一直在设法联系党组织。由于校区离城区太远，但还是时而进城张贴“寻人告示”，这是撤离南开中学时党组织提供的联络方式，期待党组织派人来接头联络，但始终没有回音。在此期间，胡含还以暗号登报方式寻找党组织，也曾试图通过原南开中学的同学打听消息，但都没有结果，最终与党组织失去了联系。

在重庆中央大学的第一学年，虽然时处抗战时期，但教学秩序依然正常，课程设置、教学水平都没有缩水，对学生的学业要求依然严格。胡含也全身心地投入读书学习。第一学年的课程有三民主义、基本国文、英文、农学概论、普通动物学、普通植物学、普通地质学、普通化学、化学实验、普通体育、军事训练等十几门基本课程，以及耕作见习讨论等。上课要点名记学分，学期考试不及格科目需要补考，补考不及格就可能留级或退学。胡含学习认真努力，期末各科考试成绩均能达到七八十分，在同年级学生的学习成绩排名中属于中上等。

图 2-3　中央大学重庆松林坡校区旧址大门

1943 年暑假后升入二年级，从柏溪迁往小龙坎宿舍，在沙坪坝松林坡上课。此后专业课程划分得更细了，主要课程有作物学、植物生理学、经济学、土壤学、有机化学、有机化学实验、遗传学、农业经济、普通昆虫学、植物解剖学、植物分类学、棉作学、生物统计学、经济昆虫学、气象学、作物育种学、稻作学、麦作学、普通畜牧学等。第一学年胡含还是心无旁骛，把主要精力放在基础课程学习上。第二学年后感觉所学课程也不算深奥，听听课、看看书就能理解搞懂，各科考试都能轻松应对并获得较好成绩，为此有了更多的闲暇时间参加一些社会活动。先期也就参与一些学生服务活动，例如为新生搬运行李等。胡含表现积极，逐步被党的外围组织接纳，得以参加一些进步学生组织活动。此时，日寇侵占桂林后，进逼贵阳，时局进一步紧张，国民党军队溃不成军，节节败退，国民党高官显要的家属纷纷逃离重庆前去香港。同学们对国民党政府极为不满，义愤填膺。在此时节，中央大学秘密成立了一个代号“据点”的青年组织，属于中国共产党的外围组织。胡含经同学顾诚的介绍加入了“据点”组织，参加以仓孝禾（化学系四年级级长）为组长的小组活动。小组成员有顾诚、陈林、吴炳南和胡含。小组经常组织讨论会，分析时局与形势。分别参加校内各社团，广交朋友，团结同学，为今后的学运、反内战活动创造条件。

1943—1944 年国民党发动了第三次反共高潮，国统区的进步青年日益觉醒，中央大学的“据点”小组活动日渐活跃。那时日军飞机经常轰炸重庆，警报声一响大家就钻防空洞，已不能正常上课，也无心上课。实际上，对胡含这样的青年学生来说，听到空袭警报声是很乐观的，除了可以暂时从繁重的学业中解脱出来，在防空洞里聚集聊天，放松放松心情，还可以肆无忌惮地骂骂日寇、老蒋和国民政府，借此发泄一下不满情绪。同时也是结识联络进步学生、交流信息、宣传党的革命主张的理想场所，由此团结了许多进步学生。所以，学生们听到空袭警报声并没有惊慌失措，从容有序地进入防空洞，只当是课间休息一般，毕竟校区不是空袭目标，少有敌机飞临校区上空。到 1944 年暑期后，刚从柏溪校区来到沙坪坝校区的二年级进步学生在没有与三、四年级的老同学商议与联合的情况下，独自要求校方改善生活，并提出要求民主、反对内战、成立联合政府等口号。在组织活动前就有国民党、三青团的特务学生打入内部，掌握了活动计划，因此在进步学生组织的请愿大会刚开始，国民党干训班的大批骨干就冲进会场追打学生，致使活动被破坏。随后，校方、国民党、三青团动员大学生参加国民党的远征军，很多进步的和中间的同学报名参军。此时，“据点”小组同学已分析清楚了形势，并得到上级指示，分别与较亲密的同学谈话，用各种方式劝阻他们参军。当时胡含也在同学中进行了劝阻宣传活动。但仍有许多人对国民党抱有幻想，以为他们是“正统”而参了军。但不久，同学们在国民党军中，亲身体验到国民党军队和政府的腐败，大部分同学就又返校了。这些活动和斗争是很危险的，但也很好地教育了广大正直和进步的青年学生，为大家上了一堂很好的政治课，使很多青年学生抛弃了对国民党的幻想，进而倾向甚而投身革命。

胡含在中央大学的经历，在“文化大革命”期间的外调中，有大学同学陈致生的回忆：“我和胡含从 1942 年秋天在柏溪一年级认识，同住过一个大宿舍，我和他都看新华日报，他对我政治上帮助较多。我原来是搞业务的学生，后来逐渐进步，是受到胡含的影响。我和他三年接触中，认为他的言谈是倾向共产党的，这一点我可以证明。”曾在北京师范大学任职的同学仓孝禾也谈道：“我当时认为胡含在中大党的外围组织（后来叫新民主主义青年社）的表现，要求比较严格，对马列主义理论学习比较重视，并积极向组织反映周围的情况等。”吴佩纶同志证明：“胡含在重庆伪中央大学读书时和我有过联系。当时，我在党的外围组织‘据点’，并吸收胡含参加‘据点’的活动。‘据点’是一个不定型的进步青年学生的联系网，我们曾对吸收加入‘据点’的人做过分类排队。一类是最可靠的核心成员，二类是较可靠的骨干，三类是一般的进步青年……胡含是通过他的好友顾诚介绍参加‘据点’活动的，并主要由顾诚联系，顾诚是‘据点’的核心成员之一，我主要是根据顾诚的汇报了解胡含的情况，同时也了解他的活动表现。”[①] 从这些证明材料中可见胡含在中央大学期间的表现就是追随共产党的进步青年，一直在为党工作。

奔赴解放区

1945年，毛泽东的《论联合政府》发表后，党的“七大”一些文件亦陆续传至重庆，新华日报社复印并广为散发这些材料。中央大学“据点”小组的同学，除自学讨论外，还将上述文件，用各种邮递方法，转送外地同学和朋友，广泛宣传，扩大影响。与此同时，南方局领导号召“据点”小组的同学积极行动起来，四川同学“下乡”去，准备开辟农村革命根据地。而外乡人则到鄂豫皖边区，去新四军五师李先念部队参军。湘桂战事后，同学们更明确地认识到国民党反动派的腐朽，要求赴解放区工作的青年学生越来越多，积极性非常高。当时中央大学“据点”小组负责人吴佩纶做组织工作，先让申请人写自传，由南方局青年组审批。吴佩纶再负责给大家编组，安排行走路线和接头暗号等。仑孝禾和陈林同学是第一批前往中原的小组人员，暑假刚开始，他们就出发了。仑孝禾在1972年9月29日的外调中回忆:“1945年前后，重庆的党组织号召国统区的进步青年到解放区，当时在新民主主义青年社的前身的小组织内传达过这个号召，并动员小组成员去解放区。胡含那时由我联系，我曾告诉他去解放区的

---

① 参阅遗传发育所人力资源处人事档案。

事，他表示愿意去。我在1945年7月15日前后离开重庆，胡含可能在7月底或8月初离开重庆的。临行前由吴佩纶谈话，主要告诉路线，到解放区接头办法，并告诉接头的口号‘钱处长说要我来找李先念师长工作的’，到解放区后的注意事项等。去解放区的路线是由重庆乘船至大溪（四川巫山县属），然后步行经长梁子、三里坝、野山关、渔洋关到湖南津市，再从津市化装过江到中原解放区。”①

胡含与吴炳南、孙万明（现名顾景高）、郝朝晖（后改名赵辉）、吕学盛、杨燕春（杨晋）和她的弟弟杨艾孙七人编为一组，于1945年8月下旬离开重庆，前往鄂豫皖边区。临行前，父母对胡含此行的安危担忧，曾劝阻挽留，因二姐去延安后也没有消息回来，好在大哥大姐已经回到重庆工作，说服了父母理解自己选择的人生道路。大姐将胡含送到朝天门码头，交代胡含遇见有人盘查就说要到湖南去，投奔在湖南财政厅任厅长的伯父胡迈（胡彦远），胡迈曾任黄埔军校秘书处上校主任秘书，中华人民共和国成立后在北京中央文史馆工作。有这层关系护身，想必会相对安全，大姐和家人也就比较放心了。

一行人先乘船到涪陵，化装后沿着山间小道寻路前行，基本参照指定路线，由于路况不同，具体路线有所调整。一路风餐露宿，躲避盘查，经过三斗坪，渡过长江继续沿山路跋涉。路途中获知日本于8月15日宣布无条件投降，9月2日日本与中国国民政府签订了无条件投降书等消息。此时路途上的各种盘查哨卡也减少和松懈了，几乎没遇到什么风险，行程从容，一个月后便顺利到达鄂豫皖边区。

胡含对这次千里跋涉记忆深刻，第一次与同学远行，又走了一些人迹罕至、蜿蜒崎岖的山间小道，心里既紧张而又兴奋，如同去探险寻宝。虽然长途奔波比较辛苦，但也是那些年来吃得最好的一个月。途中所遇山民乡亲都热情好客，家里最好的食品都奉献出来了，腊肉腌肉、鸡鸭鱼蛋，平常在重庆也买不到、吃不到的东西，一股脑儿都拿出来了，临走还给他们带上很多肉食品。估计也是长途跋涉比较累了，吃什么都感到香甜。

① 参阅遗传发育所人事档案。

第三章
峥嵘岁月

鄂豫皖边区位于武汉和九江以北的鄂豫皖三省边界地区，是中国共产党领导的人民军队在抗日战争时期创建的根据地，具有重要的战略地位。日本投降前，人民军队积极发展根据地，缩小沦陷区，使中原解放区扩展到六十余县，形成对战略要地武汉的包围态势。抗战胜利后，武汉成为国民党进军华东、华北和东北的战略枢纽。因此，国民党一度调集二十多个师（旅），加紧包围和蚕食中原解放区，先后侵占鄂中、襄西、襄南、鄂东、鄂南、豫中、豫西等地区，企图消灭中原解放军，扫清通向华东、华北和东北的通道。为了争取中原地区的和平局面，中国共产党进行了不懈的努力。1946 年 5 月 10 日，国共双方在武汉签订了《汉口协议》，协议规定停止中原地区的武装冲突。然而，国民党违反协议，继续围攻、蚕食中原解放区。为了彻底消灭中原解放军，按照蒋介石的命令，国民党悍然撕毁停战协定和政治协议，自 6 月 26 日拂晓起，向黄安以西、经扶以东、孝感以北的中原解放区大举进攻。中原解放军遵照中共中央“立即突围，愈快愈好，不要有任何顾虑，生存第一，胜利第一”的指示，除留部分地方部队在原地坚持斗争，并以一个旅伪装主力向东转移迷惑国民党军队外，主力分南北两路于 6 月 26 日向西转移，这就是著名的“中原突围”，也标志着全面内战的爆发和解放战争的开始。

胡含恰逢此时来到中原解放区参军入伍，并在民主建国大学再次申请重新入党。随后亲历了这场炮火硝烟的战争，经历了九死一生的血与火的考验。又在秦岭大山里经历了缺衣少食的艰苦环境下的磨炼，养成了刻苦耐劳、坚忍不拔的性格。

在民主建国大学再次入党

胡含等一批青年学生于 1945 年 9 月至 10 月先后来到中原局所在地四望山，中原局随即成立了青年干部训练班。训练班主要学习边区的政策法令等，同时也为了对这批学生进行严格的甄别和审察。经过培训班学习后，胡含于 1945 年底随新四军西进桐柏山区做地方税收等工作，随后编入连队，正式入伍参加了新四军。胡含被编入干部队伍随军北上苏北，意欲与苏北根据地的新四军会合。但中途发现前方的敌军已有准备，在京沪铁道沿线设有重兵布防，强行突破恐损伤过大，又撤退返回鄂北，分配在五师的一个连队当文化教员。当年的基层连队战士文化水平较低，仅有少数人读过小学，具有中学文化水平的更是凤毛麟角，现在有大学生来教他们学文化都很兴奋，非常爱戴这些大学生老师，给予了最高的礼遇和照顾。见此情景，胡含非常激动，也深受鼓舞，觉得真正体现了自己的价值，更加坚定了在解放区工作的信心和决心。

1946 年 2 月开始，中原局陆续将南方局输送来的三百多名知识青年集中起来，在湖北礼山（今大悟县）宣化店附近建立了中原民主建国大学，校长是中原局书记郑位三，副校长刘子久，教务长李昌。民主建国大学是按照政协决议，为迎接全国和平民主新阶段的到来，让这批知识青年集中学习一段时间，以便按照国共双方的协议退出中原解放区后，走上和平建国的新岗位，重新投入以和平方式争取民主的斗争。胡含是首批进入中原民主建国大学培训的学生，主要学习党的立场、观点、方针等政治理论。胡含在民主建国大学的自我评鉴：“来到解放区后第一次接受实际生活的体验，打破小资幻想，经过学习，明确革命不仅需要热情，还需要坚定不移的毅力和理想。”经过民主建国大学的学习和部队的锻炼，胡含的思想境界、革命觉悟都得以提高，经由沈滨与丁鸿同志介绍又重新申请加入中国共产党。5 月 4 日，在礼山县黄石寨（民主建国大学），经过宣誓再次加入了中国共产党，成为预备党员。以后八十年代胡耀邦同志任中组部部长时对“脱党”同志有新规定：凡因客观原因失掉关系的同志，以后没有做对党有害事情的都可恢复党籍。所以，1984 年中组部（84）老干二字 82 号文通知，同意胡含同志参加革命工作时间从 1941 年 3 月 8 日第一次入党时算起。完成中原民主建国大学的学习后，胡含又回到连队继续做文教工作。

在中原民主建国大学学习期间，胡含做出了一个重要决定，将原姓名胡笃融改为胡含，并一直沿用至今。有趣的是兄妹也不约而同地更改了名字，哥哥胡笃谅改名为胡亮，姐姐胡永萱改名为胡南。改名原因不尽相同，相同的一点都是参加革命后改的，也许是为避免连累家庭的无奈之举。但胡含自认为改名是为了与旧的封建礼教决裂，追求新思想的行动，也是表现积极申请入党的行为。从改名这件事上也可从侧面看到胡含的思想变化过程。

中原解放区的风风雨雨

1945 年 8 月，中国人民历经八年的浴血奋战，终于迎来了抗日战争的胜利。解放区正处在欢庆中，但国民党为了抢占胜利果实已开始调集军队对鄂豫皖边区进行骚扰和包围。1946 年 1 月至 5 月，是鄂豫皖边区最困难和危险的时期。虽然 1 月 10 日国共签订了“停战协议”，然而，蒋介石玩弄假和平、真内战的伎俩，一面签订停战协定，一面调集三十万重兵疯狂抢占有利地形，层层压缩包围，将中原解放区围困在方圆不足六十平方千米的狭小区域内，对中原军区部队进行严密的军事、经济封锁，企图彻底“肃清中原共军”。而中原部队仅六万人，形势十分危急，内战一触即发。

就在内战一触即发的关键时刻，在重庆的中共代表团团长周恩来副主席正在肩负着中共中央和毛泽东主席的重托，为中原解放区的坚持与突围，赢得反内战的准备时间，亲自奔走呼号于渝、汉、宁之间。4 月 3 日，周恩来电告美国代表马歇尔，提议同到宣化店视察。经多次据理力争，采取拖延态度的美蒋代表才被迫同意去宣化店视察。5 月 3 日，周恩来由重庆飞抵南京的当天晚上，立即召开中外记者招待会，希望首先协议停止中原内战，以免牵动全局，发展成为全国内战。5 月5 日飞抵汉口，5 月 6 日，周恩来带领美国代表白鲁德、国民党代表武汉行辕副参谋长王天鸣、第九执行小组及中外记者等六十余人，由汉口分乘四辆吉普车和两辆大卡车前往宣化店。5 月8 日 11时到达，当天下午，周恩来、王天鸣、白鲁德及偕同前来的特别小组，与中原军区司令员李先念、副司令员王震举行了一次会议。接着，周恩来在宣化店中学召开军事调停会议，他向在场的三十多名中外记者，列举大量的事实，揭露国民党军队破坏停战协议的罪行，并再次紧急呼吁全国需要和平，内战应无条件停止。晚上招待会后，周恩来又连夜召开中原局和中原军区领导会议，进一步研究中原局势，分析敌我态势，部署“中原突围”，并精心制定了正确的战略转移方案和应付突然事变的对策。5 月 9 日，周恩来离开宣化店返回汉口，随即召开三方谈判代表会议，根据军事三人小组的实地调查，讨论制止中原内战的协议，于 5 月 10 日在汉口杨森花园签订了《汉口协议》。

周恩来到宣化店的同时也带来了胡含二姐胡南的消息。原来胡南在延安鲁艺毕业后一直在邓颖超身边工作，2 月份作为中共代表团工作人员随同周恩来副主席到重庆做英语翻译。此时才得知哥哥胡亮也于一个月前随同当时军调处的叶剑英乘飞机去了延安，不久又从延安分配到晋察冀边区政府工作（在解放战争期间担任过张家口兴华实业公司技师、晋察冀第一生产管理处七厂厂长、华北第十一兵工厂科长、华北兵工局技师等）。同时也获知弟弟胡含已经在几个月前去了中原解放区工作，对此非常高兴，但也为弟弟的安危担忧。特别是到南京后更获知国民党大军围困中原解放区的局势时就更为惦记，于是通过多方联系在武汉找到了一个在国民党内有资深背景的关系，托请周恩来副主席到宣化店时将胡含带出来，转移到武汉。周恩来在中原局提及此事，胡含就从连队赶到宣化店。但中原局领导从大局出发，亟待尽快转移一位有伤病的重要领导同志出去，以便于以后的突围行动。而要想随同三方代表团撤离多人很困难，只有借用胡含的这个关系。考虑到胡含年轻，又积极要求上进，重新入了党，组织上做了动员说服工作。胡含得知父母平安，哥哥姐姐都在为党工作的消息已经非常高兴了，没有任何犹豫就答应自愿留下来坚持战斗，于是就留在中原解放区参加了举世闻名的“中原突围”。

随军突围

6月26日，中原解放军遵照中共中央“立即突围，愈快愈好，不要有任何顾虑，生存第一，胜利第一”的指示，除留部分地方部队在原地坚持斗争，以一个旅（皮定均部队）伪装主力向东转移迷惑国民党军队外，主力分南北两路向西转移，开始“中原突围”，从此拉开了解放战争的序幕。

中原局将重庆来的这批青年干部分散编在各个突围队伍中，胡含被分配在中原军区参谋处作战科，跟随中原军区司令员李先念、政委郑位三和副司令员王震率领的一万五千人从北路突围。突围前一个晚上由中原军区文工团在师部演出京剧《打渔杀家》等节目慰劳国民党军调执行组成员以迷惑他们。拂晓时分，我军以大河奔流之势分两路向西突围，包围解放区的国民党军队还没有反应过来，突围部队已经在天亮前由信阳以南的柳林火车站等地突破蒋军平汉铁路封锁线（歼灭守敌一个连），打开了西进通道，顺利进入信（阳）南、应（山）北地区。部队由应（山）北继续西进，经随（州）北、枣（阳）北、豫西南，向鄂豫陕边区的秦岭方向前进。

突围后，当胡含所在的新四军部队在新野邓县边境一条公路上行军时，上空出现两架蒋军飞机。不一会儿，敌机便从低空向行进中的中原解放军队伍扫射，大家纷纷向道路两边躲避，敌机的机关枪子弹就打在胡含的身边，突突作响。胡含虽是有惊无险，但心脏也是怦怦直跳，眼见身边的战友流血伤亡，生死就在一瞬间，多有感触。因这次敌机肆虐，造成二十余名战士伤亡，指战员们对敌人飞机的暴行表示极大的愤慨，真希望有高射机枪把它击落。根据过去经验，行军时要准备食盐，所以突围时，每人都携带一小袋食盐。大约突围一周后，敌人对中原解放军行进路线坚壁清野，部队经过的村庄已没有人烟，此后有半个月没有盐吃，人人感觉疲乏无力，对人体伤害很大。有一天随四十五团行军时，左边二百米处，有敌人向胡含所在的干部旅打排子枪，但因大家跑得快，躲避及时，没有造成人员伤亡。可是凶险时时伴随，每一个人都在经受着意志的考验。

荆紫关位于河南淅川县西端，在豫鄂陕三省交界处，濒临丹江，南北两边均是高山，地势险要，是河南通往陕西的隘口，出了荆紫关便是陕西商南县。蒋介石致电国民党西安绥靖公署主任胡宗南，令他“务于紫荆关以南将李先念部队包围歼灭，不使其一兵一卒逃脱”。所以，胡宗南派他的主力整编第一师把守，旨在阻止中原解放军进入陕南秦岭商洛地区，进而配合蒋军追兵妄图将中原军区的这一部分部队围歼于淅川、郧县（属湖北辖）一带。

胡含所在的干部旅跟随三五九旅攻打荆紫关，原本想攻下荆紫关后休整几天，但因三五九旅攻城不克，中原军区官兵伤亡惨重。胡含这批知识分子受保护没上前线，依然清楚地记得那时大家都站在城外，在倾盆大雨中淋了一夜。那瘆人的情景，胡含至今难忘。因为下了一场大雨，山洪暴发，丹江水涨，不仅水深，且江面较宽。这时丹江里一条船也没有，部队人马只有泅渡了。胡含不会游水，就只得抓住一头牲口的尾巴渡过了丹江。

秦岭山区的艰苦岁月

渡过丹江后，干部旅在湖北郧县境内沿山边小道向西进发。胡含因患脚湿气行动不方便，领导安排胡含、饲养员老周和通信员小彭三人在一家姓宋的农民家休养。白天有敌人巡逻抓人，胡含就与大家跑到后山躲避，当时情况很危险，随时都可能遭遇不测。这样过了一周左右，一天忽然发现附近出现了我们的游击队，就赶紧联络归队了。归队后分为游击小组活动，在老乡家吃住。主食基本是玉米糁子加土豆块熬煮的糊糊，总算可以喝饱了。有一天，胡含到一个老乡家想找点食物，屋内光线不好，仍可见到灶台前有一黑影团一直在躲避人，后来才知道是一个没有裤子穿的妇女。那时中国农村妇女悲惨的生活境遇，使胡含对人民苦难深重的生存状况有了非常深刻的认识。

经过艰苦作战，突围的中原解放军西路部队突破了国民党军队的重重截击合围，于7月中下旬进入陕南，同当地游击队会合。于1946年8月初成立鄂豫陕军区，执行创建游击根据地的任务，8月下旬又建立了鄂豫陕边区政府。根据斗争形势的发展，地委决定建立郧商县县委、县人民政府和县武装指挥部，由地委书记兼三分区政委方正平和军分区司令员周光策任命，陆诚担任县委书记兼郧商县县长，潘友调任县委副书记，吴相富任县武装指挥部副指挥长，余新任县委组织部部长，吴相富、余新和张弦三人为县委委员。县委决定县级办事机构只设县政府民政科和财粮科，由习东光任民政科科长，张弦任财粮科科长，刘山任财粮科会计兼县机关会计，胡含任县委、县政府秘书，王云臣为机关管理员。组织机构建立后，机关人员分组活动。县区乡三级政府建立，得到各界各阶层人民的热烈拥护，特别是广大农民群众，欢欣鼓舞，踊跃支援前线，为作战部队筹粮、抬担架，都能很好地完成任务。在土门和松树垭的两个税务所征了不少税金，尚有一部分结余上交给地区专员公署，因此受到专员余益庵的表扬。

然而好景不长，10 月中旬，郧商县形势开始恶化。首先是国民党组织所谓的“三省五县联防”，专门用来对付新建立的鄂豫陕根据地。也就是由河南淅川，湖北郧县、郧西，陕西上阳、商南五个县的地方武装联合起来，对郧商县进行封锁和蚕食。继而胡宗南的六十一师占据了郧商县东赵川、西照川和友邻县的漫川关、竹林关等重要集镇。各路敌军在经过一番周密部署之后，一步一步对年轻的鄂豫陕边区进行“清剿”。

胡含回忆说:“在这种艰苦恶劣的对敌环境中，有人动摇了，开了小差，有人坚持信念留下来继续斗争。郧商县委第一次受到袭击是 10 月 20 日，那天县委驻在马家坪附近大屋场村，临近中午时，国民党淅川县保安团占领了村对面山头，这时县委机关人员和一连干部战士大部分已撤向后山。当快登上山顶时，县委书记陆诚突然被一块石头绊倒，右手被划了一条大口子，鲜血直流。受此袭击后，陆诚对陕南敌情看得过分严重，情绪低落，逐渐丧失革命信心，产生政治动摇。十一月间他借口去妖岭河军分区医院养伤，把工作交给了潘友调后，悄悄地走了，再没有回郧商县来。后来听说，他跟随我第一批过黄河部队行军到陇海路上时不辞而别，擅自前往蒋占区西安。中华人民共和国成立后查明他在西安当了叛徒，被我军法机关镇压了。当西照川的胡宗南军队不断向我郧商县进攻时，县委委员余新嚷嚷着要化装，一再向干部们说他身体不行，又不是军事干部，不会打游击战的干部，只有死路一条。这些悲观失望的话，影响极坏。11 月中旬的一天，经领导讨论决定，为了避免他在此蛊惑人心，批准他化装走了。他走时说是要到晋冀鲁豫解放区去的，然而他却是择路向南，回他的家乡湖北均县去了。一直到 1949 年中华人民共和国成立后，他才从家里出来参加当地地方工作，改名叫饶一名。余新和陆诚一样，都是革命队伍里的投机分子。他们在恶劣环境里产生动摇，也是不奇怪的。”①

郧商县委第二次遭受敌人袭击是 11 月底。县委在新屋场遭受袭击后的第三天，又发生了刘学发叛逃事件，以后他溜进商南县城，可耻地向国民党商南保安团投降了。县委第三次遭受敌人袭击，是 12 月 31 日在湘河

① 胡含自传手稿。资料存于采集工程数据库。

区武家营村。此次战斗，一连和县大队都打得十分英勇顽强，前后击毙、击伤敌军十余人。武家营战斗后不几天，又发生了梁家坟区区中队长张学良率部叛变事件。张学良带着叛军把大竹园包围了，张弦、刘川和周觉民各带着随身通信员冲出门外，向村对面山头爬去。张学良和他的几个通信兵即追赶前去，向张弦等人开枪射击，张弦、刘川进行了英勇还击，他们在子弹打完后从高山顶跳下悬崖。张弦同志壮烈牺牲了，刘川被挂在树枝上得救，周觉民侥幸逃脱，幸免于难。张弦，湖北鄂城人。中原部队突围以前，他在鄂城、武昌、大冶一带担任过区委书记、县委宣传部部长和统战部部长等职。他革命意志坚定，对敌斗争顽强，对革命工作认真负责，作风民主，平易近人。张弦是优秀共产党员，他的牺牲是郧商县革命工作的一大损失，全县干部都十分怀念他。

1947 年 1 月，隆冬天气，接连不断地下雪，天气很冷。郧商县干部战士转战在白雪皑皑的秦岭上，有一半人没有棉衣，仅以夹被裹身御寒。肚子饿了，采来干树枝燃起火来爆玉米花充饥，口渴了就吃雪。夜晚不是宿在村民的牛棚里（居民住房都被敌军封闭死了），就是在山间的岩洞里。这样的生活过了将近一个月，大家都是满脸污垢，头发长长的，胡子邋遢的，差不多和“叫花子”一样了。但是没有人叫苦，对形势估计都很乐观，对革命前途充满信心。

1 月 17 日，鉴于胡含在对敌斗争中的表现，经受住了残酷战争考验和逆境的磨难，思想政治可靠，在县委书记潘友调主持的机关党支部会上，胡含提前转正。

北上太行山

3 月上旬，王海山旅和郧商县部队在灵宝县铺村沟村和陈先瑞、韩东山率领的部队会合了。郧商县的地方干部、十五旅和一军区的非在职干部编在一起，组成一个干部大队。此时，胡含又与同学赵辉相遇了，瞬间泪奔，历经风险再见面有说不完的话，晚上与他共卧一床夹被睡了几夜。白天则在陈先瑞、韩东山统一指挥下，在豫西灵宝、卢氏、宜阳、洛宁和嵩县一带，忽东忽西地与国民党军队兜圈子。行军过程中，听到陈粟大军在山东孟良崮大捷，这是一次重大胜利，大家都十分高兴，充满希望。

根据解放战争发展势态，中原军区召集突围出来分散于各地的部队尽快向晋冀鲁豫边区的太行山区集合。接到中原军区命令后，部队制定了几套转移路线和方案，首选向敌人防守薄弱的河南邙山岭方向运动，伺机北渡黄河。

3月17日下午在行军路上，胡含为了找民夫抬担架送伤员，忙得很劳累，第二天行军时，天还没亮，走着走着就睡着了，结果失足掉进荒山沟里，闪了腰，疼痛难忍。艰难地爬上坡后，行走的慢，渐渐掉了队。3月18日早晨，我军大部队在义马车站以东的地方穿越铁路，向邙山岭开进。八九点钟时，由新安西来的蒋军二〇六师赶到我军警戒阵地上方向我军叫“交枪不杀”。与此同时，由洛阳方向窜来两架敌机，没有辨明敌我，便对准西来的蒋军开火，反复俯冲扫射了二三十分钟，打得这支蒋军人仰马翻，不能前进，我军得以顺利走向黄河。胡含因掉队未遭遇上最激烈的战斗，在敌机扫射后的混乱间隙中越过了陇海铁路。在行进中追赶队伍时曾遭遇到一名地方武装分子的袭击，子弹从耳边呼啸而过，庆幸没被打中，但还是受到了惊吓。胡含已顾不上腰腿疼痛，迅速奔跑脱离危险地带，总算在黄河边赶上了大部队，以后随大部队乘船渡河到达河对岸的顶上。继而随军进入山西太行山区的晋南，在中原党校任干事，学习工作了两个月。

第四章 科教创业

1947 年 6 月中旬，正在晋城五师师部工作的胡含接到军区党校组织部通知，推荐胡含去长治晋冀鲁豫边区北方大学（华北大学）学习工作，随即，胡含就与几位同到北方大学学习工作的战友一起出发。下旬，胡含到达北方大学，从此开始了五十多年的科研教学工作。

北方大学农学院创业史

1947 年 6 月中下旬，胡含与战友赵辉、刁东光从晋城五师师部前往晋冀鲁豫边区长治的北方大学，他们两人是到工学院，胡含则是到农学院。到达长治的当天，城内街道行人很少，气氛十分紧张，有些零星的枪声。后来才知道，因起义不久的高树勋部企图叛逃，当时附近没有解放军的正规部队，当地的民兵把他们镇住了。胡含费了一番周折后，终于找到农学院筹备处。所谓的筹备处也就是几间房子的一个小院落。这个小院和十几亩划归农学院的土地，就是农学院创办初期的家底。胡含与先期到达的几位来自延安自然科学院农学系的师生自己动手、白手起家，开始了北方大学农学院的筹建工作。

北方大学是抗日战争胜利后，我党在晋冀鲁豫边区设立的第一所大学。1945 年 11 月筹建，开始称为“新华大学”，后定名为“北方大学”，校长是著名历史学家范文澜先生，校址在河北省邢台。1946 年 1 月开始招生，办校宗旨是培养为人民服务、从事新民主主义和平建国的各种专业人才，以实事求是、团结友爱、耐劳朴素、活泼愉快为校风，贯彻理论联系实际的教学方针。一切学习和教学计划从实际出发，做到学以致用。教学方法以自学辅导、集体互助、教学相长为原则。设立了七个学院和几个研究室。年底因国民党军队大举进攻解放区，北方大学被迫从邢台迁往山西省长治潞城高家庄一带。

北方大学的农学院是根据范文澜校长及边区政府主席杨秀峰同志的指示创办的，并得到中央局负责人薄一波同志的关怀。建立农学院的目的是配合边区大生产，增加自卫战争中的物资供应，提高农业生产技术，为战争服务，为边区经济建设服务。1946 年底，乐天宇同志率领原延安自然科学院农学系的部分师生开始筹建。1947 年 3 月农学院正式成立，由乐天宇同志担任院长，徐纬英同志任院主任，院址设在山西省长治市内，距北方大学本部十五千米。

北方大学农学院的历史，可追溯到延安大学和延安自然科学院的农业系。抗日战争中期，为了适应抗日战争的需要，培养各方面的干部，在延安除已有的抗大、陕北公学等校外，又先后创办了马列学院、中国女子大学、鲁迅艺术学院、财经学院和自然科学院等高等院校。自然科学院是 1940 年成立的，第一任院长是徐特立同志。自然科学院内设有生物系、地矿系、物理系和化学系，生物系主任是乐天宇。后来，自然科学院与鲁迅艺术学院合并，成立延安大学，自然科学院院长是李强，生物系改为农业系，在教学和研究工作上更加密切结合生产实践，以适应革命战争的需要。生物系及农业系的教职员工在乐天宇的带领下，对陕甘宁边区的森林资源、气候、地质、土壤等做了调查，发现并参加南泥湾的生产开发，极大地解决了边区军民的生活问题。此外，还结合边区发展生产的需要，解决了农业生产上的一些栽培技术问题，主要是为小麦和烟草、甜菜的栽培做技术指导。日本投降后，国民党发动了内战，党中央决定延安的教学和科研单位撤离。自然科学院的一部分同志到东北，另一部分同志转移到晋冀鲁豫边区，成为农学院的创始人。

图 4-1 山西长治北方大学农学院同学（左三为胡含、左二为梁正兰。1948 年）

农学院创办初期仅有十几个人，有来自延安自然科学院的乐天宇、徐玮英夫妇，还有从北方大学院部来到长治农学院的王培田、叶晓、岳林夫妇以及农场管理员宋枝茂等。胡含从五师来到农学院，是最早的一批建校者。以后从陕西西农来的有杨舟、李继耕与李玉相夫妇，从河南郑州来的有郑重夫妇，从北京来的有于船、方梅，梁正兰也从后方来到长治。这样从各地来到北方大学农学院工作的就有一批知识分子了。于是成立了研究生班，这些知识分子一方面是研究生，一方面也是职员和教师。胡含从此步入科研教学事业的殿堂。

农学院的创举

在农学院建校过程中大家都放下了知识分子架子，自觉参加建校劳动，锻炼自己成为劳动者，树立了艰苦创业的精神。乐天宇院长是湖南人，早在长沙第一中学时就是毛泽东的密友，五四运动爆发后参加了毛泽东领导的爱国运动。1924 年 1 月，北农大团支部和全体团员经批准转为中共党支部和党员，乐天宇任第一任中共北农大党支部书记。1939 年到延安后，组织科研人员对陕北进行了资源考察，发现了离延安四十千米的一处烂泥洼，面积约有八十平方千米，通过李富春上报到毛泽东、朱德，最后开垦出陕北的江南“南泥湾”。乐天宇还在南泥湾创建了中国式大农场，并为延安引进了西洋苹果，后来成为当地的主导产品。乐天宇院长按照在延安工作的一贯作风办学，倡导理论联系实际，教育与生产实践相结合，教学服务于生产、服务于群众，形成了“教育、科研、生产”三位一体的教育指导总方针。

八月份农学院筹建工作基本完成，学员开始上课。建校初期，农学院仅分两个部分，一是畜牧兽医专修科，聘请曹德隆、阎占川等民间兽医到院工作，传授中兽医技术，兼任兽医院医师。二是糖业专修科。其后陆续开设了五个系：畜牧兽医系、农业化学系、经济植物系、农艺系、农业机械系。北方大学农学院自 1947 年 3 月到 1948 年 8 月发展迅速，由最初十余人发展到近四百人，为当地培养了数百名技术骨干，为边区生产建设、为战争需要做出了重大贡献。胡含分配在农学院农业生物研究室做科研教学工作，按照农学院的实际情况，先期着重推广甜菜栽培技术兼顾学习畜牧兽医技术，以便到各地工作站指导生产并担任站长。

开设畜牧兽医专修科是为基层兽医站培训中兽医人员。此时边区已开始进行土地改革，开展生产运动和经济建设以及发展生产支援解放战争。但畜牧业遭到日伪时期的破坏，损失严重，耕畜缺乏严重影响了农业生产。同时解放战争不断扩大，骑兵炮兵又需要大量畜力支援，在牲畜不足的情况下，普遍存在超负荷使役，病畜不断增加。因此，培养畜牧兽医技术人员便成为恢复和发展畜牧业、农业，并支援解放战争的迫切需要，一方面使病畜得到救治减少死亡，一方面扩大牲畜的繁殖能力，增加数量。糖业专修科设立也是因国民党的封锁，边区军民生活必需的食糖来源断绝，外地输入困难，花费大量边币，增加很大负担。为解决食糖需求和发展糖业生产，研究室人员自己动手种植甜菜，自己拉水浇灌田地，也建设了糖厂供师生教学实习和生产食糖支援前线。

农学院建校初期采取的是“自学、自助、辅导”的方式教学，胡含与全体教职工一样，既是老师也是学生，曾随中兽医高国景学习中药汤头和

图 4-2 农耕学习总结大会（1947 年。胡源提供）

看病，还种甜菜，冬天用土法熬糖。以后从长治向南，在晋城、阳城，长治向北，在黎城、涉县、武安、邯郸、邢台、石家庄等地设立工作站。由一名中兽医、一名秘书（管理工作站）从事兽医治疗和种糖萝卜熬糖。因当时交通主要靠大轮车驮运，兽医起了很大作用。熬糖因土法没有机器，糖浆无法脱净臭味，没有大规模发展起来，只是培养了一批技术干部。

胡含曾说，在邢台工作站时，有一次看小高老师医治一匹腹痛的大牲口，他看了牲口的舌头，问了一些问题，开了一剂温和的泻药，就是药中没有大黄这类寒性强的泻药，几服药就给治好了。这件事说明大夫充分认识到山西与邢台温差很大，用药就要注意不能用大黄这种冷凉药，这是中医治病的“望闻问切”的科学体现。胡含也因此事对中医产生了浓厚兴趣，不时请教中兽医。通过观望诊断病情的方法，对胡含以后的科研工作也有帮助。胡含说，自己因此养成了认真细致地观察实验中的每一个环节的习惯。

1948 年春天，胡含先生被任命为邯郸教育站站长，依然以推广甜菜种植和建设糖厂为工作重点，兼做兽医工作。胡含也在这些综合性工作中积累了工作经验。

通过自力更生，艰苦创业，筹建时只有十几位人员的农学院经过一年的奋斗，成长壮大为有师生四百多人的学院，既发展了边区生产，又为人民解放事业做出了贡献。

从华北大学农学院到北京农业大学

乐天宇、徐纬英等领导于 1948 年 6 月去石家庄，与河北正定的华北联合大学协商二校合并成立华北大学的事宜。8 月份华北大学正式成立，校址设在正定县城，吴玉章任校长，范文澜、成仿吾任副校长。当时胡含与安铁志等同志继续留在长治的农学院院部，维持工作站的运转。胡含主要在长治、阳城一带的教育工作站之间巡回做指导工作，年底前担任了长治工作总站站长。

1949 年 2 月 19 日，华北大学农学院在石家庄召开了“中国米丘林遗传学会”成立大会，也是中国共产党领导下的解放区成立的第一个专业学术团体。学会是在乐天宇倡导下，由李强、乐天宇、何穆、徐纬英、胡含以及农业研究室人员等共同发起，乐天宇任理事长，胡含当选为理事。米丘林学会是以华北大学农学院米丘林学说研究小组为基础创立的。初期会员仅三十人左右，一年后的 1950 年 2 月 18 日，华北大学在北京召开米丘林遗传学会第一届年会时，会员已经发展到三千多人。“米丘林学会”创办了《农讯》等多种刊物并经常举行辩论会，以传播“米丘林生物学”，在北京科技界产生了很大影响。

1949 年 4 月，在中共华北人民政府农业部总支领导下，成立华北大学农学院党总支，组成人员为乐天宇、徐纬英、郝文、胡含、张崇礼。胡含此后担任了华北大学农学院长治分院主任、支部宣教委员，主持长治分院的全面工作。

1949 年 9 月 10 日，中央决定由华北大学与北京大学、清华大学三个农学院合并组成北京农业大学（中国农业大学前身）。此前，辅仁大学农艺系已并入北京大学农学院。9 月 16 日召开了北京农业大学筹委会第一次会议，决定校址迁往原北京大学农学院所在地罗道庄。12 月北京农业大学正式成立，12 月 12 日，中央人民政府委派乐天宇等二十五人为北京农大校务委员，乐天宇任校务委员会主任委员，原北京大学农学院院长俞大绂、原清华大学农学院院长汤佩松分别担任副主任委员。12 月 23 日，经中共北京市委批准，北京农业大学建立中共总支委员会，乐天宇担任书记，徐纬英担任副书记，周大徵任组织委员，宋枝茂、胡含、朱振声担任宣传委员。

关于这段从北方大学农学院到北京农业大学的历史，徐纬英、郝文、罗新、胡含、杨舟等人的“回忆华北大学农学院的前前后后”一文中有如下表述。

> 创办农学院之前，先成立了农业研究室，当时成立农学院的宗旨是：沿着延安自然科学院实行的生产、教育、研究三位一体的方针，要求师生员工认真改造思想，树立无产阶级世界观，为支援解放

图 4-3　华北农学院农业工作总站同事（左三为胡含。1949 年。胡源提供）

战争，保证战争中的物资供应，发展边区生产培养干部。教职员工一起，学政治、学业务，边学习边工作。学院开办农场、林场、兽医院、农机厂等，还在边区各地设立各种教育工作站。教员、学员在校上课，到工作站就是工作站的干部。全院的教职员工都是供给制待遇。

农学院成立后，从当时边区的急需出发，首先开展糖业方面工作。当时边区食糖甚为困难，为解决边区食糖的需要（当时边区每年要花几千万元进口食糖，边区政府主席杨秀峰同志要求农学院解决边区军民的食糖问题），首先设立了甜菜栽培和制糖专修科。招收边区知识青年，自己动手开办农场。接着为了培训部队和农村的兽医，又设立了兽医专修科和部队兽医班，开办了兽医院（工作站）。后来又在林区设立林业专修科。学员们都是边学习边工作。在一年零六个月的时间里，兽医院由一个发展到十八个，人员发展到四百人，由一个甜菜场发展到二十个糖厂，分布于边区各县。一九四八年春招收了预科班，他们都是老解放区的知识青年，到校后，学政治、学文化，同时参加农场、糖厂劳动和农村的推广工作。一九四八年夏，洛阳解放后，又到洛阳招收了本科班，设立了农艺系、经济植物系、农业化学系、农业机械系和畜牧兽医系等。他们也是学政治、学业务，同时参加学校的农场、工厂的生产劳动，在长治时期开办的农机厂除制造制糖用的离心机和其他农机具外，还为军区军工部制造手榴弹壳。学员没有一定的学制，根据工作需要随时分配到新的工作岗位，它是当时边区培训和储备干部的一个重要场所。

一九四八年，石家庄解放后，晋冀鲁豫和晋察冀两个解放区连成一片，两个边区政府合并成立华北人民政府，原来两个解放区的大学——北方大学和华北联大随之合并成立华北大学，校部在河北正定县，由吴玉章同志任校长，范文澜同志和成仿吾同志任副校长，农学院改为华北大学农学院。于一九四九年一月初从山西长治市迁到河北石家庄市，学院的机构、人员都大大扩充，并与党中央机关供给部合办新中国制糖厂。学院在石家庄的郊区农村设立甜菜工作站、兽医工作站。教员和学员都到糖厂或工作站学习和工作。一九四九年五月间，华北大学农学院在北京静生生物研究所院内设立驻京办事处，招聘了不少教职员。一九四九年暑期，在北京招收了数百名本科各系学员。在北京招聘和招收的教员和学员，一部分到石家庄院部工作和学习，一部分留在北京静生生物所内上课学习。所有学员都享受供给制待遇。

一九四九年十二月，华北大学农学院和北京大学农学院、清华大学农学院以及辅仁大学农艺系合并成立北京农业大学，校址在罗道庄原北京大学农学院内，原华北大学农学院在静生生物所的教职员工全部迁到罗道庄。在石家庄的院部改名为北京农业大学石家庄分校。一九五〇年，石家庄分校各系陆续迁到北京校部，学生分配到相应的各系学习。一九五一年春，石家庄分校正式撤销。①

胡含从长治经武安、邯郸去石家庄时已是1949年末，后又从石家庄调回北京。胡含一家人总算在离散多年后得以在北京重聚，可惜再也见不到二姐胡南了。胡南（胡其芬）于1949年11月27日在重庆“中美合作所”渣滓洞集中营英勇牺牲了。1950年2月，重庆市市长陈锡联、副市长曹荻秋代表人民政府向胡其芬烈士的家属胡彦博颁发了烈属优待证明书。二姐胡南曾在重庆新华日报社工作，后到延安“鲁艺”学习，随中共代表团团长周恩来副主席到重庆、南京与美蒋代表进行停战谈判。谈判破裂后潜回重庆担任妇联主任，后不幸被捕。本来二姐胡南有脱险的机会，为

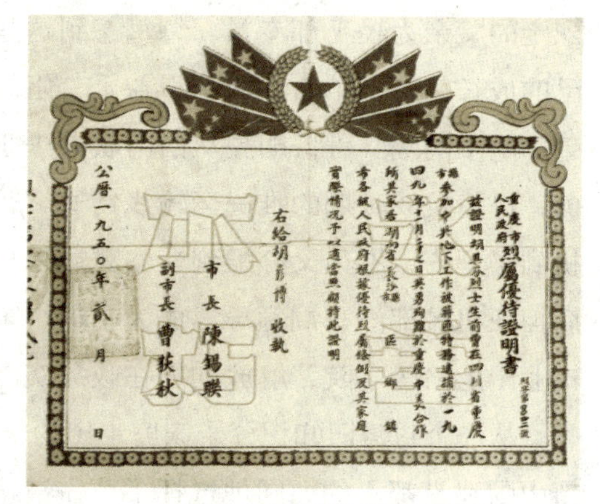
重慶市人民政府烈屬優待證明書

茲證明胡其芬烈士生前曾在四川省重慶市參加中共地下工作被蔣匪特務逮捕於一九四九年十一月二十七日英勇殉難於重慶中美合作所

右給胡彦博收執

市長 陳錫聯

副市長 曹荻秋

公曆一九五〇年貳月 日

图 4-4　烈属优待证明书（胡源提供）

① 文稿现存采集工程馆藏基地。

图 4-5　重庆歌乐山英烈雕塑公园胡其芬（胡含二姐）烈士塑像（摄于 2015 年）

了营救难友留在狱中，以化名“吉祥”向重庆地下党组织发送出了最后的求救信号。周恩来总理获悉胡南牺牲的消息深为悼念，亲自批示安排烈士的父亲为轻工部专员。每每想到这些，胡含都禁不住潸然泪下，自己的成长与走上革命之路都得益于二姐的教导和关怀，革命胜利了，姐弟却阴阳两隔。哥哥胡亮从西南联大毕业后在中缅公路做过维修汽车服务，保障抗战时期的唯一运输线畅通。后跟随当时军调处的叶剑英乘飞机到了延安，不久又分配到晋察冀边区政府工作。中华人民共和国成立后担任机械部汽车局领导，成为中国汽车工业的先驱之一。大姐胡永芬毕业于上海医学院，解放初期在政务院当医生，后担任重庆医学院副院长。从一个封建旧知识分子家庭走出的子女，为了抗日救亡、民族解放、新中国建设都不约而同地选择了革命道路，并且都为祖国做出了卓越贡献，值得敬佩。

1950 年春，胡含被安排到北京农业大学农耕学习班，任副班主任、支部宣委、总支宣教委员。从华北大学农学院成立到北京农业大学成立，胡含都曾亲与其事。

在遗传选种实验馆的日子

就在胡含到北京农业大学任职前后，北京农业大学发生了一起风波，并导致了轰动全国学术界的“乐天宇事件”。中华人民共和国成立初期，受“全盘学习苏联”政策的影响，苏联的一个时髦口号“科学是意识形态”在当时的中国非常流行。在这种情况下，科学技术方面的“一边倒”、科技领域的全盘苏化，也就如火如荼了。作为苏联先进科学的代表，被李森科推崇为“创造性达尔文主义”的“米丘林学说”得以在我国广泛传播。当时的北京农业大学是中国传播“米丘林生物学”的中心。时任该校校务委员会主任兼党总支书记的乐天宇，更是在中国传播“米丘林生物学”的第一人。在课程设置上将“米丘林遗传学”设为各系必修课，将“摩尔根经典遗传学”贬称为“旧遗传学”而改为选修课，并被戴上“资产阶级”“唯心主义”“伪科学”的帽子，因而造成选修该课程的学生太少而被迫停课。稍后，生物统计和田间设计两门课也被戴上“资产阶级伪科学”的帽子而“关门大吉”。所有这三门课，均由遗传学家李景均主讲，李景均是当时北大最年轻的系主任，主编的《群体遗传学》论著在国际上有很高的声誉。但如此一来李景均教授从此无课可上，被晾在了一边，学术上陷于绝境。同时政治上也受到迫害，因而被迫出走去了美国。这件震惊中外的事件同样震惊了中南海高层，周恩来总理作了倾向性非常明显的批示，“可考虑乐天宇是否适宜继续担任农大主委”。毛泽东主席亲笔批示同样严厉，“必须彻查这个学校的领导，并作适当处理”。此即“乐天宇事件”。

但乐天宇非常执拗，风向已经明显对他不利，他却非但不肯回心转意，反而是越走越远。北京农业大学“米丘林学派”与“经典遗传学派”的对立不但未能消除，反而愈演愈烈。李景均出走后，北京农业大学举行了持续多日的全体师生大会，批判李景均的“反动言行”，导致大多数遗传学家被迫停止了教学和研究工作，虽不能公开发表自己的文章和言论，但他们实际上还都坚持原来的学术观点。于是，中国在遗传学问题上也就形成了在学术观点上尖锐对立的两派。

1950 年 10 月，北京农业大学又爆发“转系事件”。乐天宇提出把该校农艺系、园艺系、森林系、畜牧系统统合并为“生产系”，又把该校农化系、植病系、昆虫系合并为“非生产系”。他亲自动员这三个系的学生党团员带头转入“非生产系”。大批学生转系，造成学校工作一度混乱。转系事件刚刚发生，乐天宇就受到中央的严厉批评，令其“深刻检讨”。1950 年 11 月，中央教育部派调查组进驻北京农业大学，稍后即宣布撤销乐天宇校务委员会主任委员的职务，稍后于 1951 年 3 月调入中国科学院工作。胡含等一批人由于受到“乐天宇事件”的牵连而随乐天宇一同调入中国科学院。

中国科学院最初并不想接收乐天宇一行。跟随乐天宇的是一个团队，科学院的大多数人认为这批人员总体科研学术水平不高，又是犯了错误，受到过党中央严厉批评，不适合到国家级的科研系统来，因而遇到的阻力很大。但乐天宇等一批人员是中华人民共和国成立后唯一来自解放区的科研团队，红色政权下建立和培养的第一批红色科技队伍，总需要妥善安置，地方上也一时找不到适合的接收单位。为此，中国科学院多次召开会议协商协调。郭沫若院长等科学院领导了解到乐天宇的经历，认为他是实干家，曾做出过许多贡献，保留这支队伍，科学院责无旁贷。最终接纳乐天宇等进入科学院，单独组成一个新的研究单位，暂时定名为“遗传选种实验馆”。

1951 年 7 月，中国科学院遗传选种实验馆成立了（即后来的遗传研究所的前身），馆址位于北京海淀区复兴门外北蜂窝，借用公主坟东边不远的前燕西农业职业学校旧址做工作场所和实验室。创建初期仅有三十人左右，乐天宇为馆长，主要工作人员几乎都是从解放区的原北方大学和华北大学来到北京的，包括胡含、梁正兰、叶晓、童克中、王培田等，其他也有来自北京农业大学的冯兆林教授、作为兼职的孙渠教授、从山东农业大学来的李振声等。实际上都是由乐天宇召集，为共同筹建遗传选种实验馆而来的，这批人也就成为遗传研究所的早期创始人。当时遗传选种实验馆的工作方向是从事农作物选种和栽培的研究工作。具体在遗传选种方面，主要从事遗传和变异规律的揭示与控制，定向地创造新品种，以为增加农业生产之用；在栽培方面，主要从事牧草轮耕制的研究，培养优良牧草品种，设计合理的轮作制度，揭示土壤团粒结构的规律，提高牧草产量，增加土壤肥力，提高作物产量。所从事的工作几乎是延续华北农学院早期的研究项目，为此划分为三个研究组，即遗传、生理和栽培组，乐天宇任遗传研究组组长，金成章任生理研究组组长，冯兆林任栽培研究组组长。胡含被分配在栽培研究组。胡含到遗传选种实验馆工作不久就被聘为了助理研究员，并被选为中国科学院党支部委员，党小组组长。

在中国科学院遗传选种实验馆工作期间，北蜂窝有一栋房子作为宿舍，胡含与大多数职工都住在那里。宿舍距离试验地有些远，每天要往返几次做试验和田间调查，工作还是比较辛苦的。胡含当时的主要科研工作以分枝小麦为试验材料，曾多次前往河南新乡以及河北衡水周边一带的农村对分枝小麦生长情况进行考察调研，并于当年在《中国米丘林学会会刊》上发表了自己的第一篇研究报告“平原省分枝小麦的初步调查工作简报”。

1952年，全国开展反贪污、反浪费和反官僚主义的“三反”运动，又翻出乐天宇在北京农业大学时所犯的错误以及在遗传选种实验馆的一些错误做法而再次受到批判。4月，中国科学院党支部召开大会，讨论“乐天宇同志所犯的错误”。会上批判了乐天宇在生物科学工作上的错误，讨论了当时生物科学的状态。与会者认为米丘林生物学是生物科学中的一个根本变革，而不只是其中一个部门，是在辩证唯物主义指导下取得的伟大成就，号召生物学界应继续深入学习米丘林学说。会上对乐天宇在学习及传播米丘林学说的教条主义、经验主义及关门主义作风做了批判，指出今后应当开展深入的理论性研究及细致的实验室工作，并团结更多的科学家来发展我国的遗传学。政务院科学卫生处同中科院就乐天宇问题连续召开三次“生物科学工作座谈会”，并通过了会议决议。决议用了近一半的篇幅指控乐天宇，指责他“对于科学工作采取一种武断、肤浅的态度”。胡含作为中国科学院党支部委员及小组长，出席了全部会议，但以不了解其所为为由，没有表态发言，仅将小组会上汇总的讨论意见做了汇报，认为乐天宇的错误是工作作风问题，采取轻描淡写的批评方式，汇报时也淡化一些激烈意见。由于当时胡含在会议上的态度和表现引起与会人员的不满，人们普遍认为胡含一直追随乐天宇，也犯有同样的错误，因而上级组织责成胡含在大会上做公开检讨。随后胡含做了自我批评，但因过多强调客观因素而未获得谅解。此后又做了第二次检讨，依然没有通过，被迫写检讨书。检讨书也写了三次，最后写成一份八千多字的检讨书上交。胡含在检讨书中说道："因为自己的认识与主导思想始终不明确，所以写了三次，重复修改，才写成这样，请组织上给予严格指正，以便我彻底改造。"虽然个别同志还不满意，也是看在胡含有诚意，同时运动也近尾声，也就不了了之，以后就没再追究了。

胡含在检讨书中写道："三反运动以来，由于我思想上存在着严重的个人主义、自由主义的包袱，因此在伟大的三反运动中就充分暴露了自己的群众观点极其薄弱，严重地脱离了群众，以及无组织、无纪律错误。在工作中造成群众的不满，给党带来了严重的损失。支部决定让我做深刻反省，在我写第一次检讨时，还没认识到自己的错误危害之深与其发展的严重性，现在想起来是极其危险与痛心的。现将我在三反运动中所犯错误，以及几年来（尤其是近三年来）的思想包袱与错误暴露出来，决心彻底改正，请组织上与同志们给我严厉的教育与监督。"

这份检讨书按照提出的意见归纳为八个方面做了检查和反思：①对乐天宇同志的态度；②与群众的关系；③组织观念；④不问政治的倾向；⑤对经济问题的态度；⑥对工作的态度与生活、情感上的表现；⑦我所犯错误的根源与对它的估计；⑧今后的做法。

胡含在检讨书中用了近三分之一的篇幅谈到对乐天宇的态度和认识到自己错误等事实，其实还是认可乐天宇的，只是为过关，不得不应付做检讨。其他就是检讨自己的组织观念弱、不问政治的倾向等一类枝节问题，通篇就是讲自己有小资产阶级的情节，给自己戴了个人主义、自由主义、本位主义、宗派主义一大堆帽子，存在无组织、无纪律、主观片面的思想等一类错误，空洞而多重复，看来也是为了凑字数。还多次提到自己不关心政治，主要精力放在了米丘林遗传科学研究，学习生物学宇宙观等学术上，实则都成了褒扬自己一贯热心钻研科技了。最后说:“由于上述自己的错误的严重，除请组织上给予处分，同志们给予帮助督促外，提出下面几点作为改造的目标。①努力做到全身心地、长期地(意即经常地)、无条件地深入到群众中，加强组织观念，真正做到襟怀坦白、忠实、积极，以革命利益为第一生命，以个人利益服从革命利益，无论何时何地，坚持正确的原则，同一切不正确的思想和行为作不疲倦的斗争，用以巩固党的集体生活，巩固党和群众的联系，关心党和群众比关心个人为重，关心他人比关心自己为重。②为要达到上述目的，除了过组织生活，紧密联系群众，还应加强学习马列主义、毛泽东思想，提高自己的理论认识水平，确定科学的、为人民的革命人生观。”[①] 好在比较诚恳，检讨书获得多数同志认可和谅解，仅提出希望胡含今后多学习，提高政治思想觉悟，没有给予任何处分。

但乐大宇因客观上引发国内遗传学派对立，并受李景均教授出走事件所牵连，因而被批判犯有严重的官僚主义，在 5 月份受到党内留党察看的处分。并且在 6 月 29 日,《人民日报》用整版篇幅发表文章批判乐天宇，此事件轰动全国。此后乐天宇与妻子徐纬英离开北京到海南岛去筹建华南热带植物所，开发橡胶种植事业。在那里他走遍海南山山水水，为我国橡胶生产做出了巨大贡献。

对于胡含，当时遗传馆党小组给出的鉴定中提道:(胡含)在米丘林生物科学有一定的基础和心得，对于祖国农业建设热情，对于业务甚专研，要求进步迫切。但是由于出身于小资产阶级，还存在个人思想意识，在“三反”运动中及农大问题中没有坚持党的原则，表现出组织性原则性较差，对政策的把握不够。农大问题发生后，群众关系不太好。但是在“三反”运动后有基本上的转变与进步。

由于胡含此前多年一直跟随乐天宇工作，对此后的人生轨迹也产生了一定的影响。

---

① 引自遗传发育所人力资源处人事档案“胡含卷宗”。

乐天宇离任后，同年 9 月遗传选种实验馆进行了改组，更名为中国科学院遗传栽培研究室，没有任命主任，冯兆林任研究室副主任，实际负责人。由于北蜂窝附近缺少试验地，科研基础条件太差，于 1953 年 2 月迁入位于白石桥北边的华北农业科学研究所（中国农业科学院前身）。那里有两千多亩试验田，能满足科研需求。同时与华北农科所有广泛的合作关系，部分研究人员也因此分散到华北农科所的各研究部门。遗传栽培研究室调整为两个研究组，撤销了生理组，保留了遗传组，栽培研究组改为牧草组。胡含从原栽培研究组调到了遗传研究组。

米丘林遗传学讲习班

早在 1950 年 8 月，北京农业大学请来苏联专家绥吉纳开办“达尔文主义讲习班”，系统介绍“达尔文主义”的基本内容，并从米丘林学派的观点对其内容进行了阐明及批判。在物种进化理论方面提出了米丘林学派的观点，认为是“创造性的达尔文主义”及“米丘林学说”。参加讲习班的是来自全国各地的生物学教师和科研人员，胡含在讲习班听了全部课程。胡含此时任北京农业大学农艺系讲师，讲授“新遗传学与进化论”等课程，将讲习班学习的内容也融入课件中。在北农大期间亦兼任党支部委员，党总支宣教委员。

遗传选种实验馆成立后，于 1951 年 9 月至 1952 年 6 月举办了为期十个月的第二届达尔文主义研究班，主要课程有达尔文主义、俄语、补充报告。共有 16 名学员参加，12 名获得了“学习期满证明书”。胡含作为遗传实验馆的主要研究人员也参加了此届达尔文主义研究班的学习。8 月份召开了“中国米丘林遗传学会”年会，胡含作为理事与遗传实验馆的馆长乐天宇等六人出席了年会。

为了系统地接受“米丘林学说”，中央人民政府农业部效法北京农业大学，特于 1952 年 10 月至 1953 年 2 月在北京举办大规模的“米丘林农业植物选种及良种繁育讲习班”，聘请苏联专家伊万诺夫和杜伯罗维娜等讲授米丘林遗传选种与良种繁育学、达尔文主义等课程。参加这个讲习班的有全国主要农业科研机关、农业院校、中国科学院有关单位选派的农业科研人员和教员共三百多人，实际听讲课的有上千人。这是开国以来规模最大、历时最久的一次推行“米丘林学说”的举措。这届讲习班系统地讲授了米丘林遗传学的基本原理，以及选种及良种繁育的理论与方法，介绍了苏联米丘林学派工作的成果。在苏联专家的具体帮助下对孟德尔摩尔根遗传学进行了检查和批判。由于那时认识的局限，讲习班结束后学员初步掌握了米丘林遗传学的原理和方法，对于开展这方面的研究工作及传播米丘林学说起了骨干作用。

此时遗传选种实验馆已更名为中国科学院遗传栽培研究室。胡含此前一直多次参加达尔文和米丘林遗传学的讲习班学习，也被遗传栽培研究室推送参加了为期四个多月的“米丘林农业植物选种及良种繁育讲习班”，在助教班任助教。助教不在课堂教学讲课，只是课后针对学员们未完全掌握的知识进行辅导讲解。为了解答学员提出的深层学术问题，助教们也经

图 4-6　高级进化论研究班结业（二排右二为胡含；二排左四为遗传选种馆馆长乐天宇。1951 年。胡源提供）

图4-7 在讲习班上胡含结识董玉琛（1953年）

常互相沟通交流与互补学习，因而组成互助小组。此间结识了同为助教的董玉琛，在往来中被她深深吸引了，并爱上了她，总以请教学术问题的借口频频约见。特别是在陪同苏联专家前往全国各地的科研单位进行一个月的巡回宣讲过程中，到过南京、上海、广州、武汉等地。在旅途中，胡含与董玉琛在生活上互相照顾，在讲习班的助教工作上互相帮助，逐渐建立了亲密感情。

在米丘林讲习班系统学习后，胡含认为：在原有的基础上，进一步明确了新旧学术思想的界限，对杂交理论、选择的创造性作用有了理解，初步批判了过去的教条，认识到对问题应做具体分析与研究，通过学习开阔了自己的视野，较完整地理解了实践的意义，纠正了片面狭隘的观点。

回到北京后，遗传栽培实验室仍借用华北农科所（中国农科院）的房舍和试验田，迁入魏公村。中国科学院遗传栽培研究室也更名为中国科学院遗传研究室，祖德明任主任。遗传研究室拟定的任务方针有两个部分。其一是遗传部分，基本任务是：①适应国家建设需要，密切联系实际，逐步开展生物学中有关遗传型的重要和一般问题研究，为生产服务，提高遗传学的基础理论；②利用合作的一切有利条件，面向生产，进行有关遗传方面的调查研究、资料搜集及试验研究工作，并通过工作提高干部和遗传学研究水平。其二是牧草部分，研究土壤肥力的发展规律，提高土壤肥沃性。目前从牧草着手，逐步开始轮作设计及轮作中一系列问题的研究，以建立合理的农业耕作制度。从中可见遗传研究所早期的传统风格，强调理论联系实际。虽然职工人数达到七十多人，研究项目声称达到三十八个，但研究领域偏窄，研究对象局限在十余种农作物、蔬菜、果树良种选育与牧草栽培范围，且以个体发育方面的研究居多，并在定向培育、有性无性杂交、人工诱变和生活力以及栽培技术、增加土壤肥力等方面开展研究。那几年还是为新品种培育和良种繁育积累了不少资料，初步涉猎了一些遗传学规律的应用研究。

胡含在遗传研究室继续任助理研究员，在随后一年里继续开展分枝小麦、小黑麦的细胞遗传研究。并利用在米丘林农业植物选种及良种繁育讲习班所学知识，与祖德明等人共同合编了一本“米丘林生物学”通俗讲义，刊载于《农业科学通讯》。由胡含执笔撰写了“遗传性及其变异性”“植物的个体发育”“有性杂交情况下的遗传性及变异性”等四讲。那时胡含对米丘林遗传学有浓厚兴趣，已拥有一定的知识积累，参加教材或讲义编写是学习提高的过程，专业知识和写作能力都得到了提升。

对胡含而言，最欣慰的是能经常见到董玉琛。董玉琛的工作单位就是华北农科所，与遗传研究室同在一个大院里。胡含曾说，晚上二人经常一同压马路，并正式确定了未婚夫妻身份，属自由恋爱。两人商定暂不结婚，先出国留学深造。1954 年，二人一同申请报考留学苏联。董玉琛顺利通过考试当年就派往苏联留学，胡含考试未通过，为追随董玉琛，遂报名脱产到俄专留苏预备部学习一年俄语。

第五章
留苏往事

中华人民共和国成立初期百废待兴，国家建设急需大量具有专业技术水平的建设和管理人才。当时我国国内文化教育事业落后，既缺乏资金和技术，又缺少人才和经验，一时无法培养出国家迫切需要的大量人才。以美国为首的西方国家对我国实行遏制和孤立政策，在外交、经济和文化领域采取封锁和扼杀的手段。在这种情况下，毛泽东和党中央制定了在政治上向苏联“一边倒”，经济上争取苏联的援助和支持的方针政策，全面向苏联学习。毛泽东主席在人民政协一届四次会议上指出：“我们要进行伟大的国家建设，我们目前的工作是很艰苦的，我们的经验是很不够的，因此，要认真学习苏联的先进经验，无论共产党内，共产党外，老干部、新干部、技术人员、知识分子以及工人群众和农民群众，都必须诚心诚意地向苏联学习。我们不仅要学习马克思、恩格斯、列宁、斯大林的理论，而且要学习苏联先进的科学技术。我们要在全国范围内掀起学习苏联的热潮，来建设我们的国家。”向苏联派遣留学生是向苏联学习的重要而有效的途径之一，赴苏留学和俄语教育相辅相成。

“一边倒”外交战略的出台和中苏同盟的建立，使得国内掀起了全面学习苏联的高潮。虽然通过全面接收旧时期的科研机构和高校，自办高等教育，争取留学生回国，以及接受苏联专家来华工作等途径，在一定程度上缓解了人才供求的矛盾，但总的来说，科技人才短缺的情况还是非常严重，影响了新中国经济建设计划的实施。新中国派遣留苏学生就是为了解决当时的难题而做出的战略决策。一方面能够弥补当时国内经济建设人才短缺的问题；同时从长远考虑，能够借鉴苏联的先进技术和管理方法，为新中国的现代化事业奠定坚实的基础。

二十世纪五十年代，留苏教育属于公派的精英留学。留苏学子在苏学习期间，经过老师的精心指导和自己的刻苦钻研、拼搏和奋斗，获得了丰富的知识和技能。他们学成归国后，很快填补了中国科学技术和教育等领域的一些空白，承担了学科建设、人才培养、技术研发和科学研究等重要任务，并取得了卓越的成就，成为国家的栋梁之材，对后来社会发展影响很大。

胡含通过在北京外国语学院俄专留苏预备部一年的俄语学习，终于踏上了留学苏联之路。在苏联留学四年，更换过三个学院。初到苏联就读于基辅大学，由于专业不对口，遂调换到哈尔科夫大学。此次调换依然不是熟悉的遗传学科，经过争取，最终转学到了列宁格勒大学。在同学周嫦的引荐下，成为双受精发现者 C. Г. 纳瓦兴教授之子、著名植物胚胎学家 M. 纳瓦兴教授的学生。在列宁格勒大学生物土壤系，遗传选种教研室植物细胞遗传学专业完成了学业，获得副博士学位。

对胡含而言，在苏联四年的留学生涯中，不仅收获了科学知识，也收获了友情和爱情。工作中得到苏联同志的帮助，结下了深厚友情和友谊，生活上也与相恋多年的爱人董玉琛喜结良缘。最主要的是胡含经过刻苦学习、严格训练，掌握了植物细胞遗传学的研究方法和实验技术。更为重要的是列宁格勒大学崇尚自由的学风，不受学派之争干扰，对胡含以后的学术风格的形成起到很大帮助。

赴苏留学前的俄专进修

1950年《中苏友好同盟条约》签署后，国内因经济建设需要，开始大量派遣留苏学生。胡含作为中国科学院遗传选种馆的青年业务骨干，其政治素质、学历、业务能力都是很强的，被选拔推荐为公派留苏学生也是顺理成章的。1954年胡含与他的女朋友董玉琛都被各自所在的单位选拔为留苏的研究生，但也要通过严格的政治审查、文化考试和健康检查这三道关。对胡含而言，政审没问题，身体也非常健康，对文化课考试也非常自信，好歹在中央大学读过几年书，又一直从事专业工作，阅读过许多专业文献。大多数学子最担心的是俄语考试，胡含却不担心，虽然一直在做科研工作，没有专门上俄文补习班，但胡含成竹在胸，因俄语已经有很好的基础了。1952年在中央农业部举办的米丘林遗传学、选种学及良种繁育讲习班上，授课老师全部都是苏联专家。在助教班当助教的年轻知识分子和学员为表示向苏联老大哥看齐，着装也流行苏联款式，很多人改穿上了双排扣的列宁服，更为了与苏联专家学习交流，兴起了学习俄语的热潮，胡含身在其间，自然而然地跟随大家从简单的对话开始了俄语学习。良种繁育讲习班的学员和助教在学习间歇休息时间常在手风琴的伴奏下唱苏联歌曲，也流行俄语对话交流，胡含虽不善于此道，但在这种氛围下也自觉融入，几个月下来真学会了许多俄语句子。

女友董玉琛先期被选拔为留苏学生，1953年秋季进入北京外国语学院俄专留苏预备部进行为期一年的俄文学习。外国语学院距离工作单位华北农科所很近，胡含所在的遗传栽培研究室也是借住在华北农科所，与董玉琛见面很方便，常常在白石桥大街一带约会，一起“压马路”，说是谈情说爱，其实更多的时间是在练习俄语。董玉琛将在俄专上课学到的俄语知识倾囊传授给胡含，成为胡含的俄语启蒙老师，在一起会话，共同提高。董玉琛很耐心，很称职地指导胡含学习，胡含也很用心，俄语水平提高很快，基本能跟上董玉琛的进度。

1954年，胡含也被选拔为公派留苏学生。胡含在选拔留学生报名登记表填写了对留学的认识与志愿：“（1）党与政府选派我参加考试，准备去苏联学习，这是党交付我的光荣而艰巨的任务，愿在党与政府的领导下，为祖国的建设与科学事业而奋斗；（2）自愿留学，个人与家庭都没有顾虑与困难，有信心在党的领导下完成交给我的学习任务；（3）在专业选择上，希望能做米丘林遗传学及选种学的研究，但依工作需要，亦愿服从组织分配。”[①] 按照当时的程序和规定，只要政审通过，参加留学考试，当年就可赴苏联留学。胡含对于自己出国考试很自信，认为已掌握的俄语、俄文基础应付考试有保证，满心希望与女友一同前往苏联留学。

事与愿违，出国考试竟然没有通过。俄文考试如愿获得高分，但中文基础知识考试不及格。那时留苏人员既有研究生、本科生，还有进修生和实习生，考试科目也不尽相同，除了考俄文外，政治时事以及中文也都要考试。胡含是作为派遣研究生，考试科目多，考前疏忽文化课复习，结果功亏一篑，中文（语文）未通过。送女友董玉琛到机场后依依惜别，约定明年相会在苏联。

当年秋季，胡含也进入北京外国语学院俄专学习。留苏预备部的课程分为课内讲授、课外阅读和自习。课内讲授的俄语课有语音、语法、讲读三种，此外还有政治课。随后几年课程设置更为细化，从原先的语法课和讲读课细化为语音、导论、语法、词汇、听力、会话和课外阅读等课程，同时增加了学习手段，通过多种形式，如播放俄语电影、俄语广播等增强学习俄语的氛围。教学计划的说明中对俄语学习的课时、教材选择原则、学习目的和要求、教学方法都做了详细规定。

除了紧张的俄语学习之外，留苏预备部还进行政治理论课的学习和时事政策学习。政治学习主要集中在两门课程上，一门是中国革命问题，另一门是马列主义基础。后来增加了辩证唯物主义和历史唯物主义、苏共党史和一些马恩原著的学习。此外，每周都要听时事报告。胡含在俄文专修学校担任班级的理论干事，按照教学计划组织同学自学与讨论。自我评价

① 引自遗传发育所人力资源处档案“胡含卷宗”。

生活朴素、学习认真仔细肯钻研。经过留苏预备班一年的学习，俄语讲得更加流利，与董玉琛的来往信件都用上了俄文。专业也没落下，俄专学习期间也读了许多苏联的遗传育种期刊。

虽说在俄专学习应该脱产，但胡含是工作狂，这期间科研工作也没落下，课外闲暇时间都在实验室或试验田里工作。以在遗传研究组开展的科研工作结果，合作撰写了论文“中国秋播小麦春化阶段和光照阶段特性的研究”，与黄季芳、李泽蜀、陈少麟、常志任、李特特、薛克俊等人联合署名在《遗传学集刊》1956 年第一期上发表。

入学与转学

1955 年秋，胡含终于登上了飞往苏联的飞机，航班直飞苏联基辅（现为乌克兰首府）。仅有二十多个座位的小飞机也没有满员，绝大部分乘客都是派往基辅大学的留学生，胡含也是听从安排被分配在基辅大学留学，乘客往后也是同学了，亲近感拉近了距离，不久就与大家混熟了。自我介绍，互留名姓，相约到国外后希望大家常联系相互帮助。胡含第一次乘飞机，飞机起飞时心里还有点紧张，大家都争着向舷窗外眺望，看着地面越来越小的房舍都兴奋地叫嚷。心情渐渐平静了，欢歌笑语又再次充满机舱。

飞机在基辅机场安全着陆，但心里总还是有点忐忑不安，毕竟初次来到完全陌生的异国他乡。来接机的有苏联同志，还有先期留苏的中国学生，问寒问暖，帮助提拿行李，真是热情周到，距离一下拉近，原有的紧张不安情绪早已烟消云散。当时还是中苏蜜月期，苏联人民对中国人民非常友好，令胡含印象深刻。学校安排两人住一间宿舍，住宿条件很好，还准备了一些日用品，生活很方便。同一宿舍的学友叫姚德昌，来自同一个单位，也是中国科学院遗传栽培研究室选派的，早年毕业于陕西省西北大学，虽然早就认识，平时往来联系少，之后在苏联共同生活学习几年才相互熟识了。

在基辅大学，苏联还是安排新来的留学生进行了俄语测试和培训。虽然留苏生在留苏预备部接受了语言强化培训，但是当真正置身异国他乡，进入苏联的大学，与苏联学生一起听课，俄语能力便受到了真正的考验，许多人遇到了实际应用语言的障碍。因而苏联方面想方设法创造条件，采取措施，使留苏生能尽快克服语言障碍，以便顺利进入专业课学习。因而进入基辅大学的一段时间主要是俄语训练，虽然胡含个人的俄语水平较高，也是作为研究生来校的，大学还是让全体留学生和苏联学生一起在大教室上课，便于逐渐熟悉了解学校的学科专业设置，以后再根据学习或志愿分班或指定导师。几个月下来，对基辅大学农学院基本情况都有了一定了解。基辅周边是农业区，农业发达，学院设置的学科也是以农业、牧业为主，课程也是良种繁育、作物栽培、病虫防治等，涉及的遗传学也仅有基础课。农学院就没有从事遗传学教学研究的专职老师，而胡含来苏联留学的意愿是学习遗传育种学。胡含属于安分守己类型的人，想到国家已经派遣自己来到基辅大学，既来之，则安之，准备就在学院范围内选择一位适合的专业指导老师就安定下来。但同宿舍的同学姚德昌却不干了，姚德昌在国内也参加了“米丘林农业植物选种及良种繁育讲习班”学习，对米丘林遗传选种与良种繁育学科感兴趣，来苏留学就是一门心思冲着米丘林遗传学而来，可惜基辅大学却没有相应的专业和指导老师，对此深感失望。姚德昌的性格与胡含不同，他是敢说敢干、不愿受约束的人。不满意校方安排的学业就鼓动胡含一起找中国驻苏留学部门的领导与学校领导，要求转学。胡含虽说也希望获得转学的机会，仅限于宿舍聊天中表示意愿，不敢表现出任何行动来，也没想到可以去争取。禁不住姚德昌软磨硬泡，最终答应陪同去申请转学，心里并不抱有任何希望。姚德昌为此却是锲而不舍，拉着胡含多方找人协调申请转学事宜。最后转学一事竟然被批准了。那时苏联和中国真是朋友加兄弟的友谊，苏联方面答应尽量满足中国留学生的要求，主动联系接收学校。这一点上胡含对姚德昌算是服了，凭胡含的个性不可能办到，对此也很感激姚德昌。姚德昌是西安人，平时喜欢写诗填词，好在人前展示自己的才学，动不动就拿这些古典文化知识考问胡含，搞得胡含很尴尬，因为平时没这方面爱好，因而总被奚落。

胡含转入的是哈尔科夫国立大学。哈尔科夫大学是世界上最古老的大学之一，在世界著名的教育学家 V. N. Karazin 与沙皇亚历山大一世的共同推动下于 1804 年建校，也是在乌克兰境内唯一一所先后培养出了三位在生物、经济、物理领域获得诺贝尔奖得主的学府。现今，哈尔科夫大学是乌克兰高等教育和科学研究的旗舰，其生物学院也在苏联的生物科学研究上占有重要地位。能转学到哈尔科夫大学读书，对于胡含来说可谓天遂人愿，正是其梦寐以求，一则是这里的生物学科齐全，不乏著名的生物学家和指导老师，再则是自己的心上人董玉琛正就读于哈尔科夫大学农学院，能够天天见面比什么都强。

见到董玉琛自然是一番知心话。董玉琛将胡含等人介绍给自己的同学，将哈尔科夫大学的情况也详细告知胡含等新同学，此后也给予了许多帮助。胡含是新转学来的，只能插班听课，有董玉琛和中国同学的帮助，很快就熟悉了这里的一切。但也仅跟随着一些大学生到教室听讲课，作为选派的研究生，需要有自己的专业和指导老师，以便开展科研实践活动。几个月很快就过去了，可还是没有找到理想的导师。先期来校的同学热情地向他们推荐了好几位老师，可惜这些老师都已经带了多位学生，受实验条件限制无力再接收新学生了。胡含等几位新转学来的都属于计划外，学校还是积极为他们推荐了指导老师。

还是姚德昌，认为学校推荐老师和专业都不对口，不愿屈就，再次提出要求转学。对此，胡含真是千不愿万不愿，当然主要原因还是与女友董玉琛的关系，实在不愿再分开，也不愿意离开这所名校。能说会道的姚德昌硬是说服了胡含，按照一些同学的指点，提出申请转学到列宁格勒大学。有了上次转学的经历，已经轻车熟路了，转学手续办理得很顺利，不久就获准转学到列宁格勒大学了。

列宁格勒大学的“蚂蚁”

列宁格勒大学是世界最优秀的大学之一，1724 年创立于圣彼得堡，也是俄罗斯最早建立的大学之一，比莫斯科大学还早三十二年。列宁格勒大学是著名的综合性大学，也是苏联教育、科学和文化中心之一。例如该校出了许多世界名人，俄罗斯现任总统普京和总理梅德韦杰夫就毕业于该校法律系；还有 1863 年 3 月 6 日，当年还是圣彼得堡大学时期毕业后留校任教的季·伊·门捷列夫在俄国化学学会的会议上，宣读了他发现的化学元素周期律，并创立了化学元素周期系。他的成就奠定了现代化学物质结构理论的基础，在研究种类繁多的化学物质和新元素合成上起着极其重要的作用；1904 年获诺贝尔生理学医学奖的伊·彼·巴甫洛夫，也是圣彼得堡大学的毕业生。他创立了高级神经活动的唯物主义学说和现代最大的生理学派，建立了生理学研究新方法。列宁格勒大学的全称是列宁格勒日丹

图 5-1　胡含（中）在苏联留学时与同学合影（1956 年。胡源提供）

诺夫大学（现名为圣彼得堡大学），位于瓦西里耶夫斯基岛的第二街，在涅瓦河北岸，与冬宫隔河相望。该校设有物理、化学、数学力学、应用数学、生物土壤、地质地理、国际关系、管理哲学、历史、经济、东方学、医学、心理学、新闻学、社会学和法律等系。

胡含一行转学到列宁格勒大学，当看见学校如此规模宏大，更了解到该校的文化历史渊源与学术地位后，打心里就对这次转学结果很满意了。虽然离别了女友，但能在这样的著名学府读书，并可以从事自己喜欢的专业研究，那比什么都重要，对此深感欣慰。由于连续两次转学，实际上耽误了一年学业。

初到列宁格勒大学还比较生疏，幸运的是该校也有大量的中国留学生，同在国外的中国留学生都是亲人，给了他积极有效的帮助。对胡含来说，帮助最大的莫过于来自国内福建的周嫦等两位同学，他们都是1952年选派到列宁格勒大学生物土壤系的大学生，已经四年级了，即将毕业回国到武汉大学任教。周嫦等同学热情地给胡含介绍了生物系的情况和师资力量，极力向胡含推荐了M. 纳瓦兴教授。M. 纳瓦兴是著名的俄国植物胚胎学家C. Г. 纳瓦兴之子。1889年，C. Г. 纳瓦兴教授在研究头巾百合（*Lilium martagon*）和细弱贝母（*Fritillaria tenella*）的受精作用时，最早发现了一个精子与卵融合，另一个精子与极核融合的现象，这就是著名的被子植物独特的双受精现象。M. 纳瓦兴教授子承父业，也在植物胚胎与细胞遗传学研究方面有很高的造诣。同样原因，M. 纳瓦兴教授也无意再多招学生了。周嫦等同学多次引荐，称胡含是中国当年最高学府中央大学毕业的高才生，同时是经国家级科研机构中国科学院选送，业务能力强。见面交谈，胡含的俄语流利，专业知识丰富，又一直从事麦类栽培与遗传育种领域的研究，M. 纳瓦兴教授也就欣然答应接收胡含，并向校方申请了一个学生指标。胡含很顺利获准进入生物土壤系的遗传选种教研室植物细胞遗传学专业攻读研究生。

胡含的主要研究课题是利用黑麦、偃麦草与普通小麦远缘杂交，观察授粉后，精子如何通过花粉管通道与卵母细胞结合受精形成受精卵合子或与中央细胞极核融合的现象，实际上也就是重复验证双受精现象的观察研究，只是要求更精细观察，深入探索双受精的形成机理和作用，以及通过后代植株形态性状观察分析其遗传规律。

从进入遗传选种教研室植物细胞遗传学专业起，就按照导师的要求和指定的书目到图书馆查阅了大量的文献资料，在实验室接受了严格的细胞学技术操作训练，从显微镜的基本操作使用、物镜目镜的调配保养、相差技术的应用方法、显微照相技术等都进行了严格的学习和训练。从显微镜中观察到微小的细胞内部结构，胡含非常兴奋，学习也就更加认真刻苦。所有必要的细胞学技术都在一个冬季掌握了，包括固定液、染色液配置，样品石蜡包埋、石蜡切片、脱蜡展片、染色技术等都可自己动手操作，整个细胞学实验流程已能圆满完成。

春天到了，也可以说整个春夏季，从早到晚，胡含的身影就一直在试验田或教研室里。天不亮就在麦地修剪麦穗和去雄蕊，天亮花药就将散粉，就要开始为柱头授粉了。看似简单的事，胡含在国内也常常做小麦杂交，是一项常规性工作。但现在重要的是固定材料，设定授粉后间隔几分钟就要固定一个麦穗，以便观察到花粉接触雌蕊后，花粉萌发、花粉管伸长、精子与卵子结合形成受精卵合子的各个时间的发育过程。因而授粉时间和固定时间都要准确记录。由于做石蜡切片不能保证每次都成功，只有采集充足的样本以后，才能获得有效的观察数据。因而工作是海量的。教研室的苏联同学看到胡含这样没日没夜的勤奋工作就像“蚂蚁”似的，胡含“蚂蚁”的外号就流传开了，成为胡含在列宁格勒大学的代名，比本名更让同学熟识，胡含也非常乐意地接受了“蚂蚁”这个外号。

在苏联的美好日子

看见胡含这只“蚂蚁”起早贪黑地忘我工作十分辛苦，宿舍管理处的一位苏联老大姐包格切诺娃看在眼里，疼在心上，很喜欢胡含这种工作劲头。也是出于对中国人民的友谊，主动向胡含示好。那时苏联人民对中国

图 5-2　胡含与董玉琛在苏联列宁格勒大学结婚（1958 年，胡源提供）

人民志愿军在朝鲜战场上打败以美帝国主义为首的“联合国军”的事迹由衷敬佩，很乐意找机会与中国同志谈论此事，想多了解一点抗美援朝的故事和细节。交谈中得知包格切诺娃是苏共党员，参加过苏联卫国战争，扛过枪，打过仗，参加过 1941 年德军围困列城三百多天的英勇斗争，是保卫列城的英雄人民之一。而胡含也在国内参军作战，经历过“中原突围”。两人都有相似的革命经历，来往也更加频繁，谈生活，谈工作，都很坦诚。包格切诺娃也在生活上给予胡含无微不至的照顾，常给胡含煎炒鸡蛋、送餐饮等。当时苏联的食品供应还是比较匮乏的，因有人关心照顾，胡含在苏联几年的学习工作虽辛苦，但身体好，心情愉快，学习和科研工作也顺利。这份友谊一直保持多年。1960 年春，胡含毕业离开苏联回国时，包格切诺娃到火车站相送，依依惜别……她十分向往能一同到中国生活，哪怕能到北京来看一眼也行，可惜始终没能如愿，对此也感到遗憾。当时中苏关系已开始恶化，胡含回国后依然还保持互通音信两年多，由于两国间的政治因素影响，渐渐中断了联系。

1958 年夏天，董玉琛从乌克兰的哈尔科夫大学来到列宁格勒大学实习，胡含又与女友相聚了。董玉琛是从事小麦品种资源研究，上一年因为种植的小麦材料受损严重，没有获得相应的科研数据和实验结果，相当于耽误了一年科研工作进程。为加快实验进程，这年学校正巧安排来列宁格勒大学开展合作研究，两人都为又能长时间聚首在一起而感到高兴。由于工作性质和特点不同，胡含多在实验室工作很晚，董玉琛每天几乎都在试验田，每天也仅能短暂地见个面。同学们都希望他俩尽快把婚结了，但我国政府对留学生有个内部规定，不允许留学期间谈恋爱，更不允许结婚。

胡含到苏联时已经是助理研究员了，三十五周岁了还是独身，董玉琛岁数也不算小了，都可算中年人了。那个年代普遍十几岁就结婚，二十多岁就是晚婚了，两人都三十大几岁的人了，相恋多年都因工作而未婚。同学会将他俩的实际情况报告了中国大使馆，也鼓励胡含提交了申请报告，并没有抱多大希望，都是党员，一定要遵守组织纪律。当时中国驻苏大使是张闻天，也在苏联留过学，非常同情和理解胡含和董玉琛的境况。大使馆与留学生管理部开会商议后，破例批准他俩的结婚申请，这可是前所未有的。这在当时算是爆炸性新闻，整个列宁格勒大学的校园都沸腾了，同学之间相互打听谈论，成为一时的热议话题。消息很快在苏联各地的中国留学生群体中传开了，大家也祝福这对新人。胡含与董玉琛更为感谢党和国家对他们的关怀和照顾，感谢同学们的热心和友谊，将以更好的学习工作成绩予以回报。

没有新房，同学邵启全、谭克辉主动将自己的单身宿舍让出来，两张单人床一并，稍加布置就是新房。没有喜糖、没有喜酒，简单的婚礼就在宿舍举行。同学纷纷前来祝贺，送上自己亲手制作的贺卡小物件和一些生活用品。婚礼简单而热闹，幸福始终洋溢在两人的脸上。在异国他乡特殊的环境条件下与志同道合的恋人喜结良缘，成为两人终生的浪漫回忆。婚后拍摄了一张双人合影寄回国算是给家人亲友报送喜讯，然后又投入紧张的学习工作中。

刻苦钻研终有成

M. 纳瓦兴指导胡含做研究工作一年左右，后来他因为个人原因调离了列宁格勒大学，便将胡含转到马卡诺夫教授名下，继续从事小麦远缘杂种双受精的研究工作。胡含在列宁格勒读研期间，每天几乎就在宿舍、教研室和列宁格勒图书馆三处往来。在教研室里接受严格的细胞学系统训练，在导师的指导下学习显微和制片技术，更多的时间在图书馆。先将当时小麦的受精、胚胎发育相关的生物学文献资料查遍，详细记录下来。以后科研工作主要在新别切尔果夫的列大生物学站做试验，共做了大约三个小麦生长周期的科研试验。具体就是做小麦与黑麦和偃麦草杂交，授粉后间隔一定时间固定子房，然后做石蜡连续切片以观察记载其双受精过程。初期试验遇见许多困难，因子房安放的方法不对，很多切片没有找到适当的子房，观察不到双受精现象。为此也请教过导师，主要还是靠自己不断摸索，多次试验，寻找出了关键的解决办法。安放子房的问题解决后，连续石蜡切片就能比较容易地观察到双受精现象了。毕业答辩论文包括下列三部分：第一部分是精细胞（核）授粉至受精，雌雄核融合前雄核的变化情况；第二部分是雌雄核融合情况；第三部分是幼胚与胚乳核发育情况。学位论文题目为“小麦、黑麦及其杂种受精过程的细胞胚胎学及细胞化学研究”。

胡含在毕业论文的前言中表述：受精原本就是重要的过程，它广泛地分布在有机界。它是有机体个体产生的重要环节，和新个体的发育紧密相关。因此吸引了细胞学家和遗传学家的关注。对受精过程的研究具有很大的理论和实践意义。论文中引用了一系列有关小麦、黑麦在受精过程方面的研究文献资料，但这些研究只局限于形态学方面，主要观察了受精过程的总体情况，辅助花粉管的作用或者是有性细胞核的融合。近年来，许多学者发现在动物和植物的有丝分裂周期的不同阶段，核的脱氧核糖核酸（DNA）在发生变化，在受精过程中表现得甚为明显。同时，性细胞在受精过程中经历着根本性的变化。但是，对小麦和黑麦受精过程的细胞化学方面的情况在文献中尚少有报道。作为现代育种方法的远缘杂交，在创建动、植物新物种、新类型、新品种的作用越来越受到重视。它也使人们有可能更深刻地理解自然界形态建成的过程。然而，在远缘杂交中经常会遇到不利的因素，诸如不可杂交性、产生无活力的种子和杂种不育性。为了探明它们的原因，细胞胚胎学和细胞化学的研究具有非常重要的意义。胡含在绪言中也提到，关于小麦与黑麦杂交的研究文献不少，然而他们把主要注意力放在黑麦花粉在柱头上的萌发；花粉管在进入胚囊前的生长情况，或者关注它在各个发育阶段非正常的胚胎发生和杂种核及胚乳的退化。小麦和黑麦杂交受精过程的研究目前还很少。为此，胡含的研究工作就围绕着①对小麦和黑麦的受精过程进行全面的细胞胚胎学和细胞化学的研究；②依据对小麦与黑麦杂交的受精过程和幼胚发生的各个发育阶段的细胞胚胎学和细胞化学的研究来探明小麦与黑麦杂交的不可交配性、产生无生命种子的原因。[①] 虽然研究结果不能算多大的科学突破，但在小麦远缘杂交中也证实双受精现象的存在和作用，还是有一定科学意义的，而且对核糖核酸（DNA）在受精过程中的作用也进行了推论。同时在论文中展示了精细的核融合显微图片和翔实的观察统计数据，也说明胡含的科研能力和水平已达到一定高度，为此获得了苏联列宁格勒大学生物学候补博士学位（副博士）。

① 参考胡含毕业论文，原本现存放采集工程数据库。

第六章
遗传所记

遗传学研究在中国起步很早，但由于学术争论而形成两个对立的遗传学派，互相争执，未能形成合力，严重影响了中国遗传学研究的健康发展。老一辈生物学家、遗传学家根据“百家争鸣”的方针，积极倡议建立统一的国家级遗传学研究机构。经过不懈努力，国家科委于 1959 年正式批准建立遗传研究所，隶属中国科学院。

1960 年春，胡含留苏归国，来到刚刚组建的中国科学院遗传研究所报到。新成立的遗传研究所由早期的遗传选种实验馆，后更名为植物研究所遗传室，与动物研究所的遗传组合并组建。胡含分配在新建的细胞研究室，沿袭留学的研究领域开展麦类细胞遗传学研究工作。随着“四清”“文化大革命”政治运动的开展，胡含常被派往农村扶贫、搞“四清”、到“五七干校”劳动锻炼，科研工作时断时续，研究基本停顿，但依然进行与常规育种和良种繁育推广相关的工作。

青岛遗传学座谈会

在苏联留学的中国学子一直与祖国紧密联系。受苏联限制不允许布尔什维克之外的党派在境内活动，中国留学生就以同学会的名义组织活动，学习党的政策方针，传递祖国建设发展新成就的新闻动态，尤其关注祖国的政治、经济和科技发展。1956 年 8 月，在中宣部领导下，由中科院与高等教育部联合组织，在青岛召开了一场为期十五天的遗传学座谈会。消息传到苏联后，在胡含等这些从事生物学研究的留学生中引起了强烈反响。中国遗传学的摩尔根学派和米丘林学派的学术之争由来已久，此次座谈会上两个学派能坐在一起商谈遗传学领域的研究方向本身就是件了不起的大事，对中国遗传学界的影响深远，关系到中国遗传学研究的未来发展走向。

据报道，青岛遗传学座谈会被誉为“双百方针”的试验场。有资料显示，1956 年 4 月，毛泽东主席看到一份材料，是当时东欧某个国家一位党的负责干部的谈话记录，谈他们国内遗传学家对强制推行李森科学派观点的反应。4 月 18 日，毛泽东在这份谈话记录上给当时任中宣部副部长的张际春写了几句话：“此件值得注意。请中宣部讨论一下这个问题。讨论时，邀请科学院及其他有关机关的负责同志参加。陆定一同志回来，将此件给他一阅。”这期间，毛泽东和中共中央酝酿提出了“百花齐放，百家争鸣”的方针。5 月 2 日，毛泽东在最高国务会议上做了“论十大关系”的报告，提出“以苏为鉴”。在参加会议的各方面代表人物发言之后，毛泽东再一次讲话，正式宣布：艺术方面的百花齐放的方针、学术方面的百家争鸣的方针，是有必要的。他说，百家争鸣是诸子百家，春秋战国时代，两千年前那个时候，有许多学说，大家自由争论，现在我们也需要这个。他指出，在中华人民共和国宪法范围之内，各种学术思想，让他们去说。在说这些话的时候，他一再举了自然科学方面“像李森科这样的问题”作例子。5 月 26 日，陆定一向科学界和文艺界作“百花齐放、百家争鸣”的讲话中说，自然科学是没有阶级性的。“例如说什么‘米丘林的学说是社会主义的’‘孟德尔—摩尔根的遗传学是资本主义的’之类，在遗传学领域贴标签的做法就是错误的，我们切勿相信。”正是在上述背景下，经中宣部建议，中国科学院和高等教育部于 1956 年 8 月 11 日至 25 日在青岛召开了为期十五天的遗传学座谈会。

青岛遗传学座谈会由时任中宣部科学处处长于光远同志负责召集。当时中央关于科技工作的政策和决定，都通过中宣部科学处来落实。邀请出席座谈会的国内生物学界的知名专家学者和部分大学及科研院所的领导约五十余人，其中与会者有摩尔根的第一个中国弟子北大生物系教授李汝祺，摩尔根的嫡传弟子复旦大学教授谈家桢、北京农业大学教授李竞雄等经典遗传学的代表，以及来自北京农业大学与中国科学院为主的米丘林遗传学派的祖德明、李藩、梁正兰等研究工作者，原动物所的汪安琦也出席了会议。米丘林遗传学者与摩尔根遗传学者第一次对遗传学上的一些基本问题进行了讨论。

时任中科院生物学地学部副主任的童第周致开幕词。他说，当前中国遗传学界处在一个尴尬的境地，“过去摩尔根学说被批判了，不敢介绍；现在李森科学说也被批判了，更觉得无所适从。”为此，他号召大家，“本着百家争鸣的精神，把自己的见解尽情地发表出来，不怕争论，要争论得愈热烈愈好。”遗传学座谈会上发放了科学处自然科学组为会议编写的一册科普资料，提供与会者参考。这本白皮小册子分三部分，第一部分介绍“摩”“米”两派的基本理论，由孟庆哲编写；第二部分介绍中国两派活动的情况，由黄舜娥编写；第三部分介绍苏联两派争论的情况，由黄青禾编写。黄青禾编写的这部分材料，成为国内最早的关于苏联扶植和批判李森科遗传学过程的中文内部资料。这部分材料给与会者的印象最深、思想震动最大，会上就以此展开非常热烈的讨论和发言，大都无保留地说出自己的见解。十五天的会议主要讨论了以下四个方面的学术问题：①遗传的物质基础；②环境与遗传变异的关系——获得性能否遗传；③遗传与个体发育；④遗传与系统发育的关系。①

---

① 参考《农业科学通讯》，1956 年第 10 期。

此次座谈会基本上是两个学派各讲各的，各鸣各的，争论最热烈的问题之一，是获得性究竟能不能遗传。“米派”认为，后天获得的性状可以遗传，而“摩派”认为，起决定作用的是基因。由于没有获得统一的学术结论，并没有从根本上真正解决学术问题。但这次会议上将以前给摩尔根派戴的那顶“反动的唯心论”的政治帽子摘掉了，明确给摩尔根学派恢复了名誉，沉寂多年的摩尔根学派开始与米丘林学派平起平坐，齐头并进。此后全国各大专院校都陆续恢复了摩尔根经典遗传学的科研教学。

值得一提的是，青岛遗传学座谈会还邀请了刚从美国回国的“摩派”学者和留苏回国的“米派”学者。北京大学生命科学院教授、中科院院士翟中和回忆，当年受邀出席青岛会议时他刚从列宁格勒大学毕业回国，年仅二十六岁。因为从苏联回来，大家想象他一定是忠实的“米派”。但翟中和给人们一个意外，由于列宁格勒大学学术气氛宽松，在莫斯科气焰极盛的李森科一派在该校并未完全占据上风。翟中和同时接受了“摩派”与“米派”的教育。当时于光远也感叹，原来苏联的遗传学界也并非铁板一块。其实，胡含在苏留学时也并非铁杆“米丘林学派”，而是两个遗传学理论兼修，两派对胡含学术思想的形成都有影响。

也是在青岛遗传座谈会上，一些学者呼吁生物地学部组织全国的学术委员会，并建议在国内建立一所国家级的统一遗传学研究机构，促进中国遗传学研究与国际同步发展。遗传研究室的代表提议中国科学院将现有遗传研究室扩大为研究所，并扩大研究范围。会后就开始了酝酿申报筹建研究所的事宜。

遗传研究所筹建记事

早在 1954 年 12 月 1 日，遗传栽培研究室的负责人冯兆林就说到，“听说 1956 年我室可能发展为所，希望大家在 1956 年以前提出我们的建所意见。”当时已有这样的意向，只是条件不具备。1956 年的青岛遗传学座谈会上又提议扩大为研究所，紧接着 1957 年 5 月 3 日在北京华北农科所内召开了遗传学座谈会，出席会议的共三十二人。会上童第周说："我们的主要目标是发展遗传学。这门学科年轻，中国工作还做得少。如何发展要从实际出发，空想没有用处。我认为遗传学是基础科学，在科学院是应该成立（遗传所）的。"徐冠仁说："遗传学很年轻，比起物理学是小孩子，比起数学是婴儿，更不像哲学那样悠久。虽然年轻，但发展快。"戴松恩也赞同说："我同意青岛会议上所提出的遗传室改为遗传所，能把动物、微生物部分加入。"与会的祖德明、李璠、梁正兰、汪安琦、李继耕、许运天、施履吉、吴仲贤等专家学者也在座谈会上纷纷发表了自己的意见，呼吁在中国科学院建立遗传研究所。

1957 年冬季在北京召开的遗传学工作委员会会议上又再次提及此事，并责成该委员会设法促成。该委员会向生物学部提出了有关建所的意见书，同时也曾与北京大学的李汝祺教授数次商谈，并拟出了具体方案。遗传研究室也与动物研究所协商，双方认为遗传研究室与动物遗传组合并是必要和可行的。其根据是：①遗传学是生物学的一个重要学科；②全国还没有一个独立的遗传研究所，不能很好地计划安排和发展遗传学研究工作；③各类人员、组织机构、设备条件等已经有基础。

1958 年 12 月 5 日，遗传研究室的领导小组向中国科学院的裴丽生秘书长与院党委写了报告，即"（58）科遗发字第 322 号"文，要求把研究室扩大为研究所。经过 1959 年 6 月 17 日第七次院常务会议通过，并经报送国家科委批准，由植物研究所遗传室和动物所遗传组合并，于 9 月份正式成立了中国科学院遗传研究所，并以中国科学院通告的发文时间 9 月 25 日为建所日。

遗传研究所成立批文下达时正值建国十周年大庆期间，所以到 10 月 19 日启用研究所印章。原遗传室副主任钟志雄担任副所长，原华北农科所的祖德明担任兼职副所长，所长一职一直空缺到 1977 年。1960 年，组织机构和研究组相继建立，顺利开展科研工作。遗传研究所的建立，标志着我国遗传学研究事业步入一个新的历史阶段。

初创时期研究所有研究人员四十五人，技术人员三十七人，设了十个研究组，所址借用北京中关村“四不要”礼堂东侧的“文学楼”五楼和四楼一部分。到1960年底，人员发展达到227人，其中研究人员61人，工作条件已严重不足，只好再借用力学所的大食堂改造为实验室和办公室，原“文学楼”五楼改为图书馆和编辑室。科研仪器设备也非常匮乏，全所仅有六七台显微镜，其他常用设备只能单台计。胡含也就在刚建所后的1960年初回到遗传研究所工作了。这一年国家给予遗传研究所充足的科研建设经费，花费64万元购置了几百台（件）仪器设备，新建了试验场，科研基础条件大为改善。

图6–1　遗传研究所初创时期旧址（位于中关村北二条西口）

但建所不到一年，遗传研究所就发生了撤并风波，这场风波几乎将新建的遗传所毁掉。1960年7月底，正值“大跃进”后期，由于自然灾害等原因，我国正面临严重的经济困难。为了克服困难，采取了“调整、巩固、充实、提高”的方针。在贯彻这一方针的情况下，国家机关采取了精简机构的措施，名曰“精兵简政”，即裁减一些重复机构和冗余人员。在这样的大背景下，遗传研究所是否应该存在，一时成了大问题。所内有些职工建议将生物学部所属的八九个单位合并为动物、植物、微生物三个研究所，认为这样的三个研究所“可以包罗一切有关生物学方面的研究”。还有的人希望祖德明先生能够成为遗传所专职所长，不切实际地向国家科委、院党委和生物学地学部建议，将遗传所与中国农业科学院作物栽培研究所合并，认为两个所的大部分研究课题相同或相似。遗传所向何处去成了全所人人关注的大问题。为此，同年10月20日由祖德明先生起草，胡含和梁正兰等人联名给国家科委韩光同志写信，阐述遗传研究所存在的必要性，说明“遗传学是生物科学中非常重要的学科，其研究工作在于揭示生物的发生、发育、遗传变异、进化、退化等现象的规律，需要一个综合性的研究单位，撤并不利于中国遗传学科的发展。”同时也客观介绍了当时遗传所的基本情况和任务方针等，希望保留遗传研究所建制。为此，10月27日和28日两天科委派人来遗传所了解情况，讨论避免机构重叠及合理调整等问题。参加谈话的有钟志雄、祖德明、胡含、邵启全和谷峰秀等人。谈话中胡含认为，“从历史看，机构来回变动对科学发展极为不利”，明确表示应该保留遗传研究所建制。大家纷纷表示，为了中国遗传学科的发展，遗传所不宜撤并或分散到其他单位。

科委的同志充分听取了钟志雄、祖德明、胡含、邵启全和谷峰秀等人的意见，将遗传所调研的情况向生物学部做了汇报。汇报内容摘抄如下：首先对“将遗传所合并到中国农科院作物栽培所的论题”，提出不同意见，认为以下几点值得考虑。第一，两所方针任务、研究对象、发展方向都有不同，并非重叠机构。遗传所从事遗传学基本理论的研究，探求生物遗传与变异的一般规律，必须采用综合研究方法。因此研究对象较为广泛，除了农作物外，尚有蔬菜、森林、藻类、家畜家禽和微生物等，它不仅可以为农业服务，也可以为林业、渔业、医学、国防等服务。今后的任务，除了承担一部分支援农业的项目外，仍要着重于遗传基本规律的研究。第二，遗传所承担发展我国遗传学科的任务，是任何其他研究机构所不能替代的。遗传学在我国必须大大发展，理由是：①遗传学是生物科学的基础理论科学，对各生物学科具有普遍的指导意义。研究农业、林业、渔业、医学都必须具备遗传学知识。作为遗传与变异一般规律的研究，它需要概括各部门有关方面的成就，进行综合性研究。②我国农业历史悠久，在遗传育种方面有丰富的实践经验。近年来在群选群育运动中，揭示出了不少遗传学问题，这都需要及时加以研究解决。遗传所正计划在此基础上建立具有中国特色的遗传学。目前遗传所属于中国科学院系统是适宜的，中国科学院着重于尖端、基础理论、重大国民经济问题的研究，便于遗传学的发展。如合并或分散在各个产业部门研究机构，将延缓遗传学科的发展。第三，合并或分散对支援农业生产乃至对当前工作都有影响，基础理论的研究有利于应用科学的发展。如作物栽培育种所某育种专家反映，遗传所最好保留原建制，因为育种家的任务太重，缺少深入研究遗传问题的力量和条件。有一独立的遗传所就可以弥补这个缺陷，从而为育种工作进一步发展提出理论指导，开辟新的领域。目前遗传所除了理论研究外，还承担了一些支农的任务。我们认为这是遗传所为联系实际，结合国家当前需要应走的道路。第四，机构建立难、拆散易。遗传室成立于 1951 年，去年才建所。1958 年以前由于机构不全，领导力量薄弱，发展极为缓慢，1958 年以后发展较快。目前在机构、人员、设备、农场、实验室等建立方面已具规模，具备了全面开展遗传学研究的起码条件，这些条件的建立极为艰辛。①

汇报材料中也认为遗传所即使被精简掉，行政干部仅十数人，对精简的意义不大。解释了“重复”项目问题，例如“远缘杂交”，农科院作物所侧重选育良种，遗传所着重于远缘杂交方法的研究。另外遗传所的方针是任务带学科，除培养新品种外，也要应用细胞、胚胎、生理生化学方法研究远缘杂交的遗传与变异规律，以带动遗传学科发展。所谓“重复”实际上并不“重复”。从这份汇报中也能了解到遗传所建所初期的定位和发展方向与基本状况。经过努力争取，遗传研究所得以继续保留，才有了遗传与发育生物学研究所今天的兴旺与发达。

遗传研究所虽然保留了，但当时为贯彻中央“调整、巩固、充实、提高”的八字方针和科研《十四条》，也进行了人员精简，搞了个“五定”，也就是定方向、定任务、定人员、定设备、定制度。以后改为“三定”，定方向、定任务、定研究室设置。研究所全体人员也从三百人锐减到一百六十多人，减员几近一半。1963 年春，中央和国务院联合召开了全国农业科学技术会议，调动生物学工作者支援农业。7 月 20 日，生物学部《关于生物学部各研究所“三定”工作的报告（草案）》指出：“遗传所还要准备条件，适当增加一些应用目的性暂时不明确的理论研究。”据此精神，遗传所以研究室为主进行了“三定”，增加了基础理论研究项目，设置了五个研究室。从 1964 年开始又重新增添人员，接收大学毕业生约三十人、中专毕业生约四十人。关于一次接收那么多中专学生到研究所，坊间流传一个故事。遗传所建所前后来的新员工大多数是男青年，很多大龄未婚，

① 参考引自《遗传研究所今昔》，原件在采集工程数据库。

不能安心工作。曾经在业务科工作的赵敏提议，招收一些女青年来所工作以解决男青年的后顾之忧，故此招收来的农校中专生大部分为女青年，结果无须多言，正如预期。1965 年再次接受了几十位大学生来所工作，全所总人数再次恢复到三百多人。此后受到各种运动的影响，研究所这一规模状态维持十年不变，几乎没有新的研究人员补充，未能形成合理的科研人员年龄梯队，在一定程度上影响了科研工作的良性发展。虽然 1965 年 8 月遗传所还在山西太谷成立了分所，也抽调了部分人员到山西分所工作，但 1973 年又遇到机构调整，分所被下放给地方管理，直到八十年代才有部分人员调回遗传研究所，但对遗传所的整体发展影响不大。

在细胞遗传实验室

胡含于 1960 年初留学归来就到新成立的遗传研究所工作，根据所学专业被分配到第一研究室工作。一室的研究方向定位是“有性过程的遗传变异规律及其在育种上的应用”。新建的遗传研究所没有正高级职称的研究人员，仅有李藩先生一位副研究员，还是早在民国时期的中央研究院评定的，即使助理研究员，全所也仅有为数不多的几位，胡含作为助理研究员，由他组建了一个由五人组成的研究组。胡含主要就在新组建的细胞遗传实验室开展科研工作，那里配置了当时研究所最好的显微镜等仪器设备。这些仪器设备几乎都是 1960 年新添置的，大部分都是进口产品，其中常用的一套产自德国蔡司的研究显微镜一直伴随胡含的科研生涯二十多年。

这一年，遗传研究所招收了三位研究生，李继耕招收的学生是曾孟潜，梁正兰招收的是孙传渭，胡含也招收了一名硕士研究生任小平。任小平毕业于浙江农学院，考试成绩很好。可惜胡含招收的这位学生任小平仅跟随其学习工作了一年多就因病退学了。由于没有毕业，非常遗憾，还不能算是胡含真正意义上的研究生。直到十几年后的 1978 年，改革开放后，胡含才算真正招收了自己的第一名研究生。

因胡含从事的科学研究工作是用小麦与黑麦的远缘杂交材料，所以很大一部分工作都需要在试验田里进行。做麦类材料杂交的时候主要集中在四五月份，经常要早晨四五点钟下到麦田里去除雄蕊，为麦穗套袋，以防止花药散粉自交或混杂。太阳刚出来就要去取父本的花粉为已去雄的麦穗授粉，时间晚了花粉质量下降，直接影响杂交成功率。所以一旦到小麦杂交的季节，胡含基本上都在早上四五点就下到试验田去做杂交、田间观察和记载。遗传所的试验场在五道口，是 1957 年征用八十一亩农民土地建立的，其中有试验田四十九亩。胡含的家住在白石桥附近的中国农科院内，距离遗传所在五道口的试验场比较远，平时骑自行车上下班。但每当麦类拔节抽穗了，又到了做麦类杂交的季节，天天早起赶到试验场就显得太困难了，因而他就在试验场的员工宿舍里找了一个床位，吃住在试验场，期间很少回家。遗传所的张炎研究员曾回忆说，那时候胡含先生每天在地里忙，长期泡在地里的时候都胡子飘飘了。胡含始终保持这个工作习惯，早晨上班时，骑自行车先到试验场的麦田观察实验材料，再回到实验室去工作，下班后也要骑车去试验田看看才回家。1964 年，遗传研究所搬迁到北郊的 917 大楼，试验场也迁到北郊，离家更远了，但一到小麦开花的季节，早上四五点钟总能在试验田见到胡含的身影，许多当年遗传研究所的老员工都有这种印象。

胡含的研究课题是小麦与黑麦杂交时雌蕊年龄的作用、大气温度与湿度对小麦与黑麦杂交的影响等，并于回国当年 9 月在《遗传学集刊》1960 年第 2 号上发表了归国后的第一篇论文，题目为“关于小麦与黑麦远缘杂交时受精过程及胚胎发育初期的一些特征”。该文根据实验、观察与分析研究后的结论是：①小麦与黑麦杂交时，黑麦花粉管可以进入小麦胚囊释放内容物。②黑麦精细胞停留在小麦胚囊的上部，并长时间保持形态不变，后精细胞退化；或是精细胞进入雌核后不均匀地散开，而卵细胞细胞质经历着受精时的变化。③小麦和黑麦杂交时有“单一受精”与“单性结实”的现象，这是不可交配性的原因。④在杂种胚胎发育初期观测到胚乳发育的加速，杂种胚细胞中核仁的数量是两亲的中间型。⑤小麦和黑麦杂交时观察到胚乳核不正常发育并有融合现象，反足细胞不正常的有丝分裂与缺乏生活力种子的形成有关。该论文的部分研究结论也包含了苏联留学时的部分实验结果，是其研究内容的延续。

1961年，胡含以留苏的毕业论文主要内容的研究报告“Cytoembryological and Cytochemical Investigation of the Process of Fertilization of the Wheat and Rye（俄文）”在苏联的学术期刊 *Cytology* 上发表（1961，3：189–198），在一定程度上反映出那时胡含的学术水平。1963 年，胡含与姚珍合作在《遗传学集刊》上发表了“小麦与黑麦杂交时雌蕊年龄的作用”和“大气温度与湿度对小麦与黑麦杂交时的影响”两篇论文。可见六十年代初的那几年，胡含开展的科研工作基本上是他在苏联留学时的工作延续，仍以植物细胞胚胎学研究为主要方向。

胡含回国后除从事科研工作外，也参与了一些管理工作。1960 年 6 月 13 日，遗传研究所领导小组为加强领导小组中业务人员的力量，提议胡含同志为所领导小组成员，报送院党组。理由是所领导成员共六人，其中一人是兼职，还有一人常年下点工作，剩余的四人中仅一人是研究人员，在研究和决定业务工作时感到力量不足。为了加强领导小组中业务人员的领导力量，提议胡含同志为领导小组成员。自此胡含步入研究所科研业务管理行列，同时担任业务处党支部书记。当时最紧要的就是遗传学研究的发展规划，着手筹建遗传研究所的第一届学术委员会。

遗传研究所的第一届学术委员会于 1960 年 8 月 1 日正式成立。全体委员名单如下：祖德明、钟志雄、梁正兰、胡含、李璠、汪安琦、乐天宇、李继耕、谈家桢、徐冠仁、李汝淇、过兴先、许运天、吴素萱、沈善炯、汪德耀、何定杰，秘书：陈英、胡启德。1964 年，又增补杜若甫和袁天钧为秘书。从这份名单看出，遗传研究所是按照国家级的遗传学研究机构来规划的，学术委员会委员几乎囊括了国内遗传学界所有知名学者，目的就是将学术精英集中起来，促进中国的遗传学研究发展，也为使遗传研究所尽快壮大起来。为了成立第一届学术委员会，胡含作为所业务负责人做了大量工作。如何才能聘请到分布在各地大专院校和不同研究单位的著名学者，胡含也费了很多心思。例如，为聘请复旦大学的谈家桢教授担任委员，就是通过北京大学生物系的李汝祺教授亲自邀请，谈家桢是李汝祺的学生自然应允。而李汝祺教授从 1958 年起就受遗传室聘请指导“金鱼发生遗传”的研究，一直关心帮助遗传研究所，为遗传所发展做了很多贡献。

学术委员会成立后，为了充分发挥专家的作用，每年都举办多次学术座谈会和数十次学术报告会。所学术委员会的委员全都相继在研究所做了学术报告或专题讲座。例如，1961 年至 1963 年，复旦大学的谈家桢教授先后就来遗传研究所做过六次遗传学专题讲座；北京大学的李汝祺教授也做过“摩尔根遗传学的几个基本概念”“摩尔根遗传学发展史”等讲座；北京农业大学的李竞雄教授做了“遗传学的几个基本规律”的学术报告；中国农科院原子能所的徐冠仁研究员做过“辐射育种与辐射遗传的研究进展”等讲座。那几年遗传所学术氛围浓郁，各种学术活动非常活跃。每周有一次“学术活动日”，研究人员每年至少要做一次文献评论或读书报告，每季度还要举办一次全所学术研究报告会，各研究组报告科研进展和探讨学术问题。同时还组织业务人员学习外语和专业技术，对提高全所科技人员的业务水平大有益处。那个时期被认为是遗传研究所的“黄金时代”。胡含那时在所里负责科研业务管理，也是第一研究室的培干小组长，为组织研究所的业务学习和科研学术活动做了大量的工作。

胡含 1960 年的日记记录的当年参加的各种学习、会议有数十次之多。那时受自然灾害影响，食物匮乏，还在讲“三面红旗”，两条腿走路的方针，同时也在反教条主义和修正主义，政治学习活动很多。8 月，胡含所在的一室党支部提出了八点意见：一、必须按时完成今年的研究计划，尤其是支援农业的三大项目；二、必须将反官僚主义运动反透，将精简工作搞好，树立正风，端正工作态度；三、管好自己的秋菜地，搞好副食品生产；四、节约用粮，杜绝浪费，不能套购；五、节约用布，爱护衣服（少添衣服）；六、压缩节约经费；七、爱护物质；八、大力储蓄。胡含在 10 月的支部工作计划中也提道：一、中心工作：①支援农业；②精简机构；③政治学习。二、组织工作，支部大会，发展工作，预备党员学习。三、宣教工作。四、团的工作。几乎大小会议都提到支援农业，因当时国民经济收入 50% 来源于农业，出口 70% 为农产品，工业化还在起步阶段。张贴的口号是“农业是基础，工业为主导，全国支援农业”。在此状况下，全国出现许多奇怪的动植物远缘杂交的报道，例如，北京的房山声称解决了骡子生育问题，已经成功生育三头；山西、四川、河南等地也有牛精猪、羊精猪、牛精羊、羊精兔等，以及南瓜与棉花杂交已结果、棉桃变扁等这类不可思议的远缘杂交“成功”的报道。从笔记中看到生物学部的过兴先副主任提议 11 月召开一个会议，交流动植物远缘杂交经验。讨论动植物远缘杂交的成果，克服或减少不孕性的办法，探讨远缘杂交在生物科学上的理论，全面系统地开展动植物远缘杂交工作。希望成立一个科学小组，探讨国内在远缘杂交上发生的这些现象。另外也记录了在贯彻“双百方针”的讨论会上，两个学派在遗传学问题上的争论，依然是各自“争鸣”。刚回国的一年中，就可见胡含除了正常科研工作外，遗传所的大小事务、政治活动、科研学术活动参加的频率都非常高，精力充沛。

从胡含的剪报中，也可以看出他对学习专业知识是那么如饥似渴。在阅读的报刊中，只要有关生物学、遗传学的文章报道都会剪辑起来收藏，以便于随时查阅。比如:“米丘林遗传学的基本原理”，李继耕,《人民日报》，1961 年 8 月 24 日；“细胞遗传学的现状和展望”，李汝祺,《光明日报》，1961 年 8 月 27 日；“也谈如何对待遗传学上的争论——与梁正兰商榷”，刘祖洞,《光明日报》，1961 年 8 月 31 日；“我国古代朴素的生物进化观”，苟萃华,《光明日报》，1962 年 6 月 29 日；“什么是合成蛋白质的‘密码’”，谈家桢,《人民日报》，1962 年 7 月 5 日；“组织培养技术的进展及其在医学科学中的应用”，吴旻,《光明日报》，1962 年 7 月 24 日；“也谈‘合成蛋白质的核酸密码’”，张宗炳,《光明日报》，1962 年 9 月 18 日；“遗传学在育种工作中的应用”，鲍文奎,《光明日报》，1962 年 10 月 24 日；“生物科学的新时代——发现遗传密码秘密的重大意义”，吴仲贤,《光明日报》，1962 年 11 月 14 日；“杂种优势的利用”，李竞雄,《人民日报》，1963 年 1 月 8 日。

这也从一个侧面反映了那个时代学术氛围浓郁，国内各大报都时常刊载一些学术论述和科普文章。剪报中发表论述的都是我国生物学界的知名学者。胡含也确实从中学习到许多知识，在参与的一系列相关学术活动中借鉴引用。

胡含在六十年代初的学术活动也很频繁：1961 年 5 月 11 日，胡含在遗传所做学术报告，题目是“植物远缘杂交中的几个问题”；1961 年 12 月 18 日，在遗传所的学术报告会上，做题为“小麦与黑麦远缘杂交及其后代选育”的报告；1962 年 1 月 12 日，在遗传研究所的学术会议上传达了全国作物学会会议报告，介绍了会议概况和参观毛泽东故居情况，讨论了作物早熟性、丰产性、抗锈病、定向培育、双杂交、雄性不孕、远缘杂交等问题；1962 年 8 月，由胡含主持召开“远缘杂交与远缘花粉蒙导问题”座谈会，并做了中心发言，梁正兰、陈英和李继耕同志也相继做了中心发言；1963 年，在全国植物学年会上宣读了“小麦与黑麦远缘杂交的研究及其在选种上的应用”的论文，并收录到中国科学院遗传研究所研究工作年报中；1963 年 8 月，参加了北京市作物学会举办的“远缘杂交与远缘花粉蒙导问题”座谈会，并做了主题发言。

1962 年 8 月 20—24 日，中国动物学会和植物学会联合在北京召开了细胞学学术讨论会，这是我国第一次举办的细胞学讨论会。胡含出席了讨论会，在会上宣读了“小麦受精过程的细胞化学研究”的论文，讲述了“用细胞化学方法研究受精过程中小麦胚囊中的去氧核糖核酸、核糖核酸和蛋白质的变化，并观察在自然授粉条件下及不同雌蕊年龄小麦胚囊的受精过程”。得出结论：小麦受精过程中雌雄配子在形态结构及化学成分上经历深刻的变化。①精细胞从花粉管内倾入胚囊与雌细胞融合前在形态与结构上有一系列变化，精核呈强烈孚尔根反应，含有大量的碱性蛋白质；②受精前小麦卵细胞边缘的细胞质液泡化，说明卵细胞已分化，但在受精过程中液泡逐渐消失，细胞质内充满核糖核酸和蛋白质；③小麦雌雄性细胞核的融合为有丝分裂前的受精类型；④小麦受精时其胚囊在反足细胞与受精卵之间形成细胞质带。

细胞学学术讨论会分四个专题，胡含参加了核质关系专题的讨论。胡含发言：“今天和昨天谈到 DNA 含量的恒定性问题，胡适宜同志提出小麦受精过程中 DNA 恒定性问题。小麦受精过程是复杂的过程，也包括 DNA 的动态变化，胡适宜同志提出，卵核的大小有差别，这里指的是卵核成熟前的变化。我的工作证明成熟卵至结合子，核的大小没有什么变化，但是DNA的变化是很大的，这问题值得研究。生物受精时，雌雄核融合方式有两种，分裂前融合如小麦，分裂后融合如百合与马蛔虫，另有中间型。这些方式是受外界条件及雌雄核所处状态不同而有差异。在这些融合方式中，也有核酸变化。受精过程对遗传学很有关系，我在小麦 ×（黑麦+小麦）的混合花粉授粉后得到一个具有多父本性状的植株。另外，苏联的小麦选种学家鲁克良连科在小麦 × 黑麦中，不去母本花粉，结果 F_2 即得到不分离的后代，其产量比对照高，已定名为Lutesene9411。上述现象，是受精过程中雌雄核融合过程，值得细胞学家深入研究。”胡含发言的论断正确与否不论，但对熟悉的小麦受精现象充满自信，争论中也在坚持自己的学术观点，对核酸DNA与蛋白质在小麦受精过程中的作用已着手研究，可见胡含对新学科和新技术的发展是敏感的。

除此以外，在1963年全国植物学会年会和遗传所1963年研究工作简报上，宣读和发表了“小麦黑麦远缘杂交的研究及其在选种上的应用”一文。其中论述了不同年龄雌蕊对小麦与黑麦远缘杂交及其杂种结实性的影响、小麦和黑麦花粉混合授粉与受精选择性问题、花期大气温度对小黑麦结实性的影响、小麦黑麦及其杂种后代种子形成。可以看出胡含在二十世纪六十年代一直是围绕小麦、黑麦、小黑麦的远缘杂交和胚胎发育开展科研工作的，在当时，他在这个研究领域的工作也是很出色的。

1962年4月27日，第二次院务常务会议批准了遗传研究所所务委员会组成人选名单：祖德明、钟志雄、李潘、胡含、梁正兰、汪安琦、杜若甫、崔道枋、谷峰秀。胡含再次进入所领导名单。1963年4月25日，胡含被任命为遗传所第一研究室副主任。1963年12月12日，获批准晋升为副研究员。那时高级职称都需要中国科学院院部评定，胡含也就成为遗传研究所建所以来晋级的第一位副研究员，也成为当时遗传所专业技术职称最高者之一。直至“文化大革命”前的1965年，遗传所也仅有胡含、李藩、汪安琦、梁正兰四位副研究员，还没有一个研究员。1964年1月，胡含被评选为上一年度遗传研究所的先进工作者。从列举的这些工作记录可见，胡含此时无论在科研事业上，还是业务管理水平上都提升了一个层次，综合工作能力在无形中大为提高。

1964年，遗传所工作场所迁往北郊917大楼后，由于交通不便等原因，造成原计划的一些学术报告或讲座被迫取消，学术活动相对减少了，但科研条件大有改善，做出的科研成果也相应有所增加。

917大楼的“传说”

遗传研究所成立初期的几年发展迅速，研究人员和科研项目的大幅度增加导致实验室、办公场所严重不足。中关村地区已挤不出地方新扩建科研场所，基础条件的匮乏已严重制约了研究所的整体发展。为了改善工作条件，当科学院动员一些研究所搬迁到北郊917大楼时，遗传所领导欣然接受。

917大楼是二十世纪五十年代彭真当北京市市长时，要建一座科学城，规划在北郊，南起苇子坑，北至北沙滩的大屯公社、洼里公社范围内。在洼里大屯路北部，要仿造苏联的莫斯科大学格局，建中国科技大学。利用建国十周年大庆时所建十大建筑的剩余材料，先期建成了中国科技大学东配楼，编号为917，后就简称917大楼。1960年至1963年，国内遭遇了三年自然灾害，更重要的因素是与苏联的关系紧张，导致许多建设项目下马，科学城的规划终止，仅余孤独的917大楼还很威武地屹立在北郊的原野上，直至北京申办2008年夏季奥运会成功后被拆除。当时，一出德胜门，往北是一片平坦的农田，远远望去，唯见917大楼很显眼地巍峨耸立。那时大屯、洼里一带是农田，没有马路，只有一条石子路通往豹房村，再往东就无路可行，更谈不上通公交车了。917大楼建好后，闲置了几年，显得格外荒凉，被戏称为“北大荒”。

由于917大楼周边荒凉，中国科学院领导动员中关村的一些研究所到917大楼办公，但都不愿去。当时遗传所是借用“文学楼”和力学所食堂办公，地理所借动物所办公楼，自然综合考查委员会刚组建，在城里也没有办公用房，实验中心也借用动物所办公楼。在这种情况下，院领导召集上述几所负责人开会，由张劲夫副院长宣布，“你们还没有办公楼，现在给你们贫下中农的水平，搬到917大楼”。遗传所、实验中心分配使用大楼主楼的北半部，实验中心使用一层，实验中心后未搬来，一层归遗传所使用。地理所使用主楼的南半部分，综考会使用南半部东端部分。

遗传所委派黄季芳先生负责实验室改建设计，基建科科长王之仪、朱玉珊参加改建工程管理。到1964年终于完成改建，遗传所即从中关村的“文学楼”搬至917大楼办公。在917大楼东边豹房村建了生活住宅区，要求住中关村的职工搬去入住。那时当地没有公共交通，生活条件较差，尤其是大屯中学、小学是农村学校，师资力量薄弱，教学水平低下，因而从中关村搬到917生活区阻力很大。遗传所就要求共产党员带头搬到豹房生活区。胡含就带头搬到豹房居住，他夫人董玉琛每天只好骑自行车到中国农科院上班。那时在豹房生活区居住的困难太多了，除了为小孩上学事情发愁，为大屯中小学教育质量低而苦恼外，交通更是个大问题。那时只有一段约三公里长的石子路从北沙滩通到豹房村，再往东就没路了。由于没有架设路灯，晚上一个人是不敢独自回家或出门的，通常都是结伴同行。有时家住中关村的职工因加班太晚了，找不到同行人，就只能在办公室的椅凳上蜷曲熬一夜。这种状况一直持续到二十世纪七十年代末期，由当时在综考会的归国华侨张烈同志积极向侨联和北京市有关部门反映，请记者现场采访，终于北京市政府有关部门将大屯路两端贯通了，铺上柏油。后来又开通了328路公交车，初步解决了917大楼工作生活不便的问题，受到了广大科技人员的欢迎。为此张烈同志还被大家推选为朝阳区人大代表。那时对胡含而言，难题是夫人董玉琛上下班的问题。为了安全，每天晚上要骑车到北沙滩路口去接，遇雨雪天或冬天更是考验。住宅到单位上班的距离有十几公里远，没法及时联系，长时间焦急的等待，只有经历过才知道艰难。这种情况无法长期维持，董玉琛向中国农科院申请了住房，全家才移居到位于魏公村的农科院生活小区，改由胡含每天骑车一小时到单位上班。胡含从家里到917大楼的实验室上下班都会途经遗传所试验场，因而上下班前后都要到试验田观察实验材料，这种习惯也就一直维持下来了。

遗传所试验农场位于917大楼西面一公里的洼里龙王堂，占地二百四十多亩，可用试验地一百八十三亩，温室五排。在试验场内建立了小工厂，生产加工一些常用的实验器件、玻璃器皿、农具等支撑科研技术工作。“文化大革命”后期，由于江青的批示，新成立的感光化学所从试验场划分出七十亩建所，遗传所的可用耕地减少为一百三十亩。刚开始感觉试验地很多，将部分土地开辟成果园、菜园，后来试验用地增长很快，试验田无法满足需要了，一些繁种、试种就需要到农村另租土地。胡含研究组种植的试验材料是小麦、黑麦以及收集到其他麦类作物，每年要在田间做大量的远缘杂交工作。虽然离家很远，许多当年遗传研究所的老员工都有这种印象，一到小麦开花的季节，早上四五点钟总能在试验田见到胡含的身影。那时胡含为了做田间试验，就在豹房生活区的职工宿舍或农场的工人宿舍找一个床位，整个季节都吃住在单位。当然，类似胡含这样工作的研究人员还有不少，坚持时间最久的还数胡含。

迁入917大楼后，虽然受交通不便的影响，取消了部分外聘专家的学

图6-2　祖德明到遗传研究所视察（1965年。前排左三为胡含，左四为祖德明。遗传发育所档案室提供）

术讲座或报告，但各种好传统和浓郁的学习风气都保持下来了，经历过那个时期的干部职工都有深刻印象。在胡含的印象中，研究所的学术讲座每周照常举办，外请不到专家就由所里各研究室出人演讲。其他外语学习班、同位素班、生化班、生物统计班等，只要有需求就组织举办，自愿参加。政治思想教育活动也不少，人人都要学习政治，接受思想教育。那时，实验室等工作场所内没有人抽烟，无人聊天说话，都在不声不响地忙于实验工作或做记录看文献。遗传所的传统风气在“文化大革命”中也如此，除政治运动外，业务学习班依然坚持办。在那个时代，政治、业务都可算明星了。

遗传所在 917 大楼经历了“四清”“文化大革命”“下干校”等政治运动，经受了风雨，遭受了磨难，但在 917 大楼，遗传所也创造了辉煌！在世界上率先创立了“花药培养单倍体育种理论和方法”，并推广应用；植物原生质体融合研究的成功，促进了“细胞工程和染色体工程学科的发展”；哺乳动物胚胎移植技术的成功，加速了优质种群的繁殖，为优良种畜的快速繁殖做出了贡献；杂交高粱、小麦、甘薯、大豆、棉花等优良品种的选育，为国民经济建设也做出了贡献。与联合国教科文组织共同主办了“植物遗传与育种技术国际培训班”等国际学术会活动。1984 年 10 月，遗传所和中国科协与菲律宾国际水稻所发起和组织的“北京作物遗传操作学习讨论会”圆满成功。结束时在人民大会堂举行了隆重的招待会，会议代表受到了时任副总理方毅、人大常委会副委员长周培源的接见。杂交高粱、甘薯优质品种的彩车，通过天安门广场，接受党和国家领导人的检阅。在 917 大楼先后接待了来自五大洲一百多个国家和地区的千余名学者前来学术交流，遗传所的科技人员数百人次出访讲学，培养出了一批中青年学术带头人，还对来自十多个省市的农民科技骨干进行了育种和实验技术培训。

遗传所的科技成果，先后获得全国科学大会奖，国家科委、国家计委、国家经委及财政部（三委一部）奖，国家科学技术进步一等奖、自然科学发明奖及中国科学院重大成果奖、特等奖、一等奖等。

遗传所在 917 大楼，还荣幸地接待了方毅、张爱萍、王震、胡耀邦、温家宝、李鹏等时任党和国家领导人。917 大楼为了迎接 2008 年北京奥运会，做出了牺牲，如今雄伟的 917 大楼已化作一潭清水，在碧波中掩映着中国科学技术馆的科幻身影，折射出了更加辉煌的未来！917 大楼，在遗传所人的记忆中永存！

在那个年代

1964 年至 1965 年，我国在城乡开展了“社会主义教育运动”，即“四清运动”。所谓“四清”，在农村中是“清工分、清账目、清仓库、清财物”，后期在城乡中表现为“清思想、清政治、清组织、清经济”。这场“四清”运动是中央领导亲自带头，科学院不能落后，必须积极响应。遗传所也不例外，经过动员，大多数职工都积极报名参加农村“四清”工作

图 6-3　参加“四清”工作时的胡含（二排右二。1965 年）

队。遗传研究所共选派了几十名职工参加了农村社教工作队，其中包括二十九名科技人员，也是为了发挥遗传所优势，推动当地的农业科技。

遗传所社教工作队被分配到辽宁省开原县，由所党委书记、老红军钟志雄带队，领导或协助开原县的社教运动。当地也派遣县级机关和公社干部参加社教工作团，组成了十几个社教工作组分赴各公社或生产大队。覃作干同志为社教工作团联络员，负责到各社教小组传送文件和收集社教情况汇报资料，便于工作团及时了解情况和发现问题。胡含响应号召也参加了科学院派遣的“四清”农村工作队，1964 年 10 月 24 日到辽宁省开原县城郊公社八家子生产大队搞社会主义教育运动，并担任了党支部委员和工作组副小组长，同组成员还有遗传所的张炎与吴海珊以及当地的几位干部。

开原县位于辽宁省北部美丽富饶的松辽平原中部，处于世界著名的北纬 42 度农作物种植黄金带上。社教工作队派遣胡含所在的小组到城郊公社八家子大队开展工作。该生产大队算是个小村庄，仅有 75 户 308 人，分为三个生产队。胡含有过农村工作经历，熟知怎样动员群众、发动群众。一下到村里就发展培养了一批积极分子，“四清”运动顺利开展。经过调研，1964 年该生产大队共有 2255 亩耕地，粮食总产量为 27.8 万斤，平均亩产量仅 123 斤，是个低产队。从统计数字看，1956 年合作化初期大队粮食产量 41 万斤，亩产为 182 斤。差距还是很大的。根据当年的意识形态，将这些归因于八家子村存在着严重的复杂的阶级斗争，资本主义势力破坏了集体经济，破坏了农业生产。胡含写的工作小结中提到，在“四清”运动中发现犯错误的干部有 26 人，数量大，而且情况严重。例如，1961 年被干部贪污盗窃的粮食数量占 1961 年至 1963 年粮食被窃总数的 90% 左右，同时当年粮食被干部与群众瞒产和分送三万余斤。在情节上更为严重的是在上述两年期间干部党员带头，与群众一块偷拿起重机厂、农场、畜牧场等国家企业的物资用具。另外还将公社化时社员投入集体的农具偷卖给起重机厂农场，损公肥私。在胡含看来，导致八家子大队的农业生产低于公社化初期水平，集体经济未得到巩固的主要原因是干部和群众贪污盗窃、损公肥私以及不顾集体等资本主义思想行为泛滥的结果。而这些资本主义势力之所以没有能得到应有的打击，则是因近几年来农村中缺乏党的政治工作，领导核心不健全，党支部缺乏战斗力，一些党员干部正在被和平演变。

当年胡含以他在社教小组的经历认为，“四清”运动打击了贪污、盗窃、损公肥私等资本主义势力，发动了群众，健全了领导核心，生产情况有显著变化。充分说明我们不忘记阶级斗争，只要抓住了阶级斗争这条纲，一切工作就能顺利地大力开展。

胡含在“四清”运动的农村工作队时写的“思想小结”可以粗略了解那时国内搞的“四清”运动概貌和胡含的认识观念。这份小结题为“千万不要忘记阶级斗争”。

> 参加“四清”运动，对当前阶级斗争的形势的特点有进一步认识后，检查自己的思想，近年来确实是对阶级斗争的概念模糊了。首先，在自己的工作中表现出不勇于负责，缺乏革命责任心。如1960年初回国后，曾错误地认为遗传所人事问题多，又有学派之争，怕麻烦。因此想到自己应先在业务上做出成果来，不愿承担技术行政任务。关心党的工作不够，这样，实质上忘记了党员职责，放弃了在阶级斗争中党员应起的核心骨干作用。将自己降低为一个普通的技术人员。在运动中我亲眼看到八家子阶级斗争的各种情况，了解到支部刘勤的和平演变和党支部缺乏战斗力。结果资本主义势力得以积极泛滥，给党与国家人民带来莫大损失。因此，认识到必须时刻记住自己的革命责任心，并决心在今后的工作中要勇于负责，勇于承担党所交给的工作任务，并且力争做好。其次，科学研究工作应该联系生产，联系社会主义建设实际，这是党的方针政策，自己本应切实执行。但1960年以来，我组研究工作在选题上是考虑学科问题多，而联系生产实际少，在做法上考虑自己的原有基础多，而对实际需要想得少。其实质是研究工作上强调个人的兴趣与基础，忽视社会主义建设的需要。因此不能主动地使自己的工作符合社会主义建设需要，这是两条道路斗争在科学研究中的反映。认识到这点，联想到自己的科研工作

需革命化，运动结束回所后，当与同志们一道认真总结过去工作，并积极了解生产上以及国家需要，力求尽快做到科研工作主动地符合党的各项方针政策以及社会主义建设的最大利益。①

在这里，胡含是按照当时党的社会主义教育方针谈到阶级斗争，并关联到自身，也提到只要以阶级斗争为纲，什么问题都能迎刃而解。

胡含在报告中也提到知识分子工农化问题：

下乡之前虽然认识到参加农村“四清”运动是锻炼自己工农化，做个普通劳动者的难得机会。在学习文件时领导上也一再提出“三同”的重要性，自己也有过一定的思想准备。但总有些自满情绪，自以为 1945 年到解放区后下过乡，并且经历过比较艰苦的军队生活，挨过饿，出过虱子，患过疥子。因此认为“生活关”对自己来说不难过。但事实说明，并非如此。因为怕虱子、怕脏，自己思想上就不愿意住下来。加上村内确实难找到有地方可住的贫下中农户，所以相当长的时间内没住到贫下中农家去，直到后来队领导一再强调同住的重要，并要领导带头，正副组长一定要住下去时，我才与这队同志搬到新来的移民户家住下。在吃饭上，也是开始吃不惯粗粮，尤其不爱吃苞米饼子，饭量小，已引起群众注意。时间长后，才逐渐习惯下来。另外进村前领导上考虑到大家过去的生活条件，曾提出下乡初始，在生活上不要过分强求，让同志们有适应过程。这本是组织上的关怀、照顾，但自己思想上却强调这一适应过程，而放松了主观上的努力，对同来的年轻同志也缺少严格的要求。所以一些同志初期在生活上的苦恼，就是因为上述认识问题解决不好的缘故。上述事实说明自己下乡初期生活关过得并不好。经过一段“三同”进一步了解群众的生活情况后，将自己近年来的生活与当前农民的生活对比，二者之间的差距很大。回想刚到解放区参加工作时，自己的生活水平较低，革命斗

① 引自遗传发育所人事档案“胡含卷宗”。

志较旺盛。1947 年在山西老解放区工作时，自己的生活也仅相当于中农生活，那时的干部与农民之间的生活差距不大，相互之间关系也比较密切。所以，“三同”不困难。但现在条件变了，自己的生活脱离了群众的生活水平，因此思想感情也在开始与他们疏远。这些事实说明自己的思想正在演变，对此如不警惕，今后的管理很危险。因此，注意自己生活上的俭朴，不忘广大农民的疾苦，关心群众的生活是自己今后要时刻记住，并身体力行的……

今后一定要以此鞭策自己，加倍努力工作，为社会主义建设，为广大农民群众多工作。与此同时，还发现在生产上需要的科研成果必须具有实效高、应用方便与经济等三个条件。而这些正是我们科学工作者在自己工作中，往往容易忽视，但必须加以克服纠正的。

从一些事例中，胡含也总结出：“还需努力清除知识分子自以为自己有知识，因此有优越感、要求特殊等思想。这样，才能保证自己做个名副其实的普通劳动者，从而挖掉修正主义及其社会基础的根子。所有上述这些，都是今后在自己的业务实践与社会工作中要加强锻炼与改造的。”

从胡含在农村工作队的情况看，“四清”对解决农村基层领导干部中存在的不良作风问题和经济管理方面的问题起了一些作用，并且通过在农田耕耘耙种的劳动，熟悉了当地耕作方式，推荐了一些科学种田的技术经验。从中也可看出胡含无论做什么事情都是很认真细致的，也能紧跟形势，在农村同吃、同住、同劳动的“三同”也是对农村现状的一个深入考察的机会。但在以“阶级斗争为纲”的年代里，把任何事物都与阶级斗争挂上钩，思想也在随后的工作和生活中延续一段时间，或多或少也带来一些困扰和影响。总之经过农村锻炼还是有收益的，至少在随后的“文化大革命运动”中能回避政治风险，创造条件，专心从事科研业务工作。完成农村社教工作队的任务后，胡含于 1965 年 7 月回到遗传所继续从事科研与管理工作。

这年遗传所变动也比较大，先后抽调几批人员到山东禹城，参加中国科学院建立的“井灌井排旱涝碱综合治理实验区”工作，治理、改造中低

图 6-4 胡含（左四）在“四清”社教运动劳动后的休息间歇（1965 年）

产田。也是为了解决粮食问题的“保卫战”，被称为“黄淮海战役”。禹城站后来成为中科院重要的野外综合实验站之一，在解决旱涝、盐碱、风沙等方面创造了独具特色的“禹城农业模式”。再就是按照国家计委提出的第三个五年计划方案，加快“三线”建设，以应对不利的国际环境（南有美越战争，北方苏联对我国原子弹试验虎视眈眈）。为此遗传所为应对可能发生的危机，择机在山西省太谷县建立了遗传所分所，又抽调了一大批人员（包括干部、科技人员、工人）到分所工作。这样一来，遗传所人员减少了很多。胡含因参加了社教工作队，回来后就留所工作，并于 1966 年 4 月 21 日被任命为遗传研究所第二研究室主任。

这期间政治运动占据了主要工作时间，科研业务仅维持少数传统的应用项目。如在 5 月 25 日遗传所二室召开会议声讨邓拓集团，胡含在会上就说：“千万不要忘记阶级斗争，在阶级斗争中，没有公平。我二姐在中美合作所被害。这是家恨，也是阶级恨。”有二姐是革命英烈的这层关系护身，胡含在随后的政治运动中避免了可能发生的冲击，相对可以平稳地做工作。

1967 年 1 月 18 日，在“一切权力归革命造反派”的口号下，所党委被夺了领导权。“须在临时革委会的领导下进行工作”，在“紧紧把印把子掌握在无产阶级造反派手中”的口号下，全部党政公章和钟志雄、祖德明等同志的私人印章统统被接管或封存。1967 年 4 月 5 日成立了所革命委员会，行使遗传所党政财文等一切大权。接着在“工人阶级领导一切”的口号下，当年秋天，工人宣传队、解放军宣传队“浩浩荡荡”进驻遗传所并接管所领导权，从此业务领导权掌握在一些不懂科学技术的“门外汉”手中。革委会班子也需要搞“三结合”，吸收部分科研人员，胡含被结合进入所革委会，被动地加入了“造反派”，参与了遗传所革委会组织的各种活动。胡含也知道自己属于知识分子“臭老九”行列，行事上小心谨慎，不做过激行动，更多时候都在默默无闻地做自己的科研工作，给人们留下了好印象。虽然在运动中也受过批判、做过检讨，但最终都能顺利过关。

有一个小插曲，被称作“大鲨鱼事件”。工宣队和军宣队进驻研究所后也好自吹自擂，自称“满大街的标语都是我刷的”，更想做出些大事情，为震惊 下全所，树立权威性以提高工、军宣队的领导地位。在一次全所大会上，工宣队负责人在主席台上慷慨激昂地演说工、军宣队带来的新气象、新变化。随后话锋一转，语气严厉地声称发现了阶级斗争新动向，“遗传所出了一个大鲨鱼，反革命、特务、叛徒。我怎么在这儿讲话，他怎么面不红，心不跳。”鲨鱼是要吃人的，并动员“全所革命群众要把隐藏的大鲨鱼揪出来批斗”。这件事在邵启全、杨庆林、刘桐华的访谈中都提到了。当时不知道说的是谁，都在猜疑。杨庆林当时也是所革委会成员，大会由他主持，他也很震惊，向革委会主任王文质打听，王文质说：“咱们都不知道，他们怎么说，你听就行了，也不要乱表态。”后来含含糊糊地透露了一点情况，才猜测说的“大鲨鱼”是指胡含。

胡含怎么成了“大鲨鱼”？那是工宣队看到“中央文革小组”的一份内部文件，称有一个名叫胡笃融的人曾经出卖过副统帅林彪，正巧从档案中获知胡含的曾用名就叫“胡笃融”。于是，工宣队如获至宝，想立功受奖，但没有笃实证据无法确认，就想在全所大会上不直接点名宣布，意在“打草惊蛇”“敲山震虎”，将潜伏的阶级敌人“大鲨鱼”逼迫露出水面。胡含当时坐在会场下浑然不知，因所提到的那人的年龄和籍贯与己不同，年龄大又是湖北人，风马牛不相及，根本就没在意。工宣队负责人见状既高兴又恼怒，对大会引起的轰动效果很满意，人们都在交头接耳议论此事，但对没出现的进一步举动感到很失望，因为“大鲨鱼”还没有被揪出来。未达目的不罢休，会后提出要亲自组织人员去胡含祖籍调查，即使后来查明那个“胡笃融”在抚顺监狱服刑，依然提出要去核实。当时革委会借口出差外调费用没列入计划不能报销，此事才不了了之。其实这次大会后不久，全所所有人员都知道这回事，指指点点议论，就胡含一人蒙在鼓里。有人背后还给胡含起了一个外号“糊涂虫”，乃胡笃融的谐音。不知真“糊涂”或是假“糊涂”，在所里一些人看来，胡含在整个“文化大革命”中间，表现的一个是冷静，一个是平静，一个是不热情，一个是不积极。他就是搞他的实验，都是平平稳稳的。除了政治学习活动外，业务工作还基本能开展。

1967 年 9 月 5 日至 18 日，遗传所在山西忻县召开了“全国杂交高粱现场会”，胡含以所革委会业务领导身份参加了会议。会议宗旨是为了在全国大面积推广应用杂交高粱，这也是遗传所在“文化大革命”期间的主要应用成果之一。遗传所秉承一贯的传统，理论联系实际，服务于农业生产。白薯、棉花、杂交高粱都研制出许多新品种在全国推广应用，影响很大。特别是杂交高粱，1967 年已推广到 300 万亩，1973 年更是推广到 4500 万亩。杂交高粱较普通高粱增产显著，平均增产高达 50% 以上。

杂交高粱是利用杂种优势原理，选择雄性不育系、恢复系和保持系配制三系组合，选出高产杂交品种。最初的杂交高粱“三系”种质是中国农科院原子能所的徐冠仁院士于 1956 年从美国引入的。1958 年繁殖种子，1959 年选配组合，到 1961 年选配到好的组合，1963 年开始试种，1964 年推广九百亩，平均亩产一千多斤。徐冠仁院士想交给农业部去推广，但有关部门认为杂交高粱是“粗粮”，未予重视。徐冠仁在指导中国科学院遗传研究所青年研究人员开展辐射诱变育种工作的同时，也将杂交高粱种子带来了，希望遗传所能很好利用。为此，项文美课题组的十几位科技人员就开展了杂交高粱“三系”配套研究，一直辛苦地分赴河南封丘、山西忻县等地蹲点推广。徐冠仁院士曾说过杂交高粱推广普及“是科学院一竿子插到底”，推广到农村。当时，遗传所正在组织科研人员学外文、考助研。计划科负责人说“好品种不推自广”，不积极支持推广。面对这些问题，杂交高粱课题组找到胡含和党小组，胡含明确地回答“坚持”！即坚持推广杂交高粱。可见胡含对杂交高粱在全国的推广应用的态度是积极支持的。为推广杂交高粱，1969 年遗传所编绘出版了一本《杂交高粱向阳红》的科普连环画册，随后山西忻州、晋中等地也以同名编辑出版了科普书刊。在杂交高粱推广过程中，同时向全国推广、普及杂种优势利用技术和基础知识，为后来的杂交水稻、杂交小麦等其他作物应用奠定了基础。

当时，杂交高粱推广，也是“全国一片红（红高粱）”，大幅度增产，为全国粮食增产做出了巨大贡献，荣获全国科学大会奖等荣誉。郭沫若院长在表彰大会上赋诗吟诵，赞杂交高粱为“碱地之花”！杂交高粱的彩车也曾经过天安门广场，接受党和国家领导人检阅！1975 年 10 月 15 日，胡耀邦同志到遗传所视察，在谈到杂交高粱时，说道：“杂交高粱不好吃。”的确不好吃，但在那个年代全国性缺粮，杂交高粱无疑对解决饥荒问题发挥了重要作用，手中有粮心中不慌。在以后的杂交高粱选育上，也更加注意品质方面的改良。胡含虽没有直接参与杂交高粱的选育工作，但利用自己身处领导地位的工作优势，在全国推广杂交高粱的过程中发挥过重要作用。

1968 年，遗传所废除了研究室编制，全所改组成五个科研“专业队”。专业勤务组十二名正副组长中，仅有两名助理研究员。

1968 年 12 月 21 日，917 大楼三所的军代表总指挥召集会议，传达了周恩来总理 19 日关于“九大”代表产生决定的讲话。包含五个方面的内容：一、代表产生的指导思想；二、代表条件；三、代表名额；四、代表产生的方法和原则；五、代表产生的时间。另有几个附件，包括代表分配比例规定；各省市和中央机关代表分配人数；解放军代表方案等。其中，917 大楼三个研究单位，下午边学习、边讨论、边提名。据一些老同志的回忆，胡含是被三所提名推荐为党代表的。因胡含是知识分子、老党员、所革委会副主任，姐姐还是革命烈士，是烈士亲属，自然也是红色知识分子、革命造反派、中青年革命干部。那个年代同时具有这样身份的人可谓凤毛麟角，可见胡含那时就有了相对知名度。胡含最终是否当选了党的“九大”代表或出席了党代会，没查找到相关资料和记录，或者是经过院里协商平衡没有推送。但此后顺利地当选了全国第十一届党代会代表。

“九大”召开后，照例举行了庆祝大会。1969 年 4 月 7 日，917 大楼三所群众向“九大”献厚礼大会上，军代表王克伦副总指挥和军代表连润之都讲了话，主要就是表忠心。此后除政治学习外，派性争斗弱化了，一些科研工作也慢慢恢复了。

1970 年，贯彻“九大”“要准备打仗”的精神，遗传所按照工、军宣队的要求实行了军事化管理，将专业队又改为连队编制。在下基层、到农村去工作的指导思想下，5 月 27 日又成立了“走下去”领导小组，胡含任组长，副组长为赵宗良、程光潮，与成员邵启全、陈英、林建兴、钟文南组成一个七人小组，促进全所科研人员下基层支农，推广应用新技术、新品种。在这个背景下，遗传所的科技人员也没忘记积极开创新科技，排除各种干扰，组队开始探索花药培养单倍体育种新技术。

第七章
花粉育苗

二十世纪七十年代初，欧阳俊闻、胡含等一批中科院遗传研究所的科学家在小麦花药离体培养方面取得重大突破，在国际上率先培育出第一株小麦花粉再生植株，于 1973 年在刚刚复刊的《中国科学》上发表了题为“小麦花粉植株的诱导及其后代的观察”的研究论文。该文一经发表，就引起了国内外学术界的广泛关注和高度评价。可以说，这是在“文化大革命”期间，由中国科学家自主完成的少有的原创性的重大科研成果之一。胡含对这项研究成果的取得发挥了重要作用，他本人也从此步入了小麦单倍体遗传学研究领域，并在该领域持续辛勤耕耘了二十余年，直至离休。胡含在小麦单倍体和体细胞遗传学研究领域取得了辉煌的成就，被誉为世界上对植物单倍体遗传学研究贡献最大的五位科学家之一。以下就胡含所在的研究团队开展小麦花药培养研究的来龙去脉做一简要叙述。

连队的一次生产会议

上世纪六十年代我国经历了三年自然灾害，加之恶化的国际环境和连续不断的政治运动，造成了全国性的粮食短缺、生活物品匮乏。党和国家先后提出了“备战备荒”“抓革命、促生产”的号召。遗传所的广大科技人员克服困难排除干扰，在良种培育、粮食生产上都做出了很大贡献。例如杂交高粱的普及推广，一定程度上缓解了无饭吃的问题。国庆十五周年，当遗传所成果的彩车通过天安门检阅时让全所的人兴奋了许久。当时遗传所引以为傲的三大成果是“高粱土豆打猪草（打猪草为一类糖化饲料）”。虽然这句话后来被系统外的一些单位的人调侃，说遗传所名不副实，最多也就是高级农科所或良种站，但当年的这些成果的确激励了遗传所职工的工作干劲。

1970年初，由于运动形势趋于缓和，科学院已经允许做一些与生产实践相联系的基础性工作。3月17日，遗传所召开了全所科研生产会议，对落实1970年科研生产计划提出“五定”要求，即定方向、定任务、定指标、定措施、定人员，并强调科技推广工作不能放松，商讨基础理论如何突破等问题。当时遗传研究所将五个科研“专业队”改为“连队”编制，所属的第三连队为落实1970年的科研生产计划，在连勤务组的召集下于4月23日全连开会商议开展哪些项目的科研业务工作。庄家骏、颜秋生主持会议，从国内的形势到遗传所的现状讲起，全国各行业都取得很大成绩，遗传所其他连队也都取得了许多好成果，自己的连队决不能落后拖后腿。除了现在常用的远缘杂交和化学诱变育种方法外，希望大家集思广益，提出适合连队开展的育种新方法，加速育种进程，尽快取得好成绩向党和人民献礼。那个年代人们就是这样想、这样说、这样干的。

会上，李良才与欧阳俊闻提出了可以开展“花药培养”的育种新方法研究，引起大家的极大兴趣。年前李良才出访日本时见到一篇植物花药培养的报道而获得启示，经商议，觉得这一技术很有前途，能加速培养新良种。虽然缺少详细技术资料，但认为国外能做到的我们也一定能做成功。随后李良才介绍了国际上花药组织培养发展动态。欧阳俊闻曾经有过从事组织培养的经历，因此着重介绍了组织培养的操作程序和所需要的基础实验条件。会议认为，花粉培养也不是高不可攀，只要大家齐心协力，攻克花药培养难关不是没有可能性。

这次会议对胡含来说具有非常重大的意义。正是这次连队会议决定了小麦花药培养及单倍体育种项目的开展，而胡含一生中最重要的学术成果就是在小麦花药培养研究领域取得的。胡含以前从事的研究课题，几乎都是与麦类远缘杂交和胚胎发育相关的，但从未涉及植物单倍体和花药培养的研究。在一个自己完全陌生的研究领域做出成绩是非常难的。然而，胡含以其敏锐的洞察力意识到这项工作的科学意义和应用价值，义无反顾地投入到了这个研究领域当中。科学发现是有时效性的，没有把握住时机就会错失机遇，所以那时决定开展花粉培养单倍体育种至关重要。但是花药培养项目立项过程并不顺利，且还差点就胎死腹中。

全连有几十个人，会上主要发言讲话的就几个人，但争论非常激烈。生产计划工作会议持续开了一整天，上午未达成一致意见，下午接着议题继续开会讨论。部分人员质疑花粉培养的可行性，认为这是天方夜谭，没有详细技术资料参考佐证，遗传所的组织培养基础薄弱，培养条件几乎没有。特别是连队的一位主要负责人陈英就表示质疑，她极力主张连队开展化学诱变育种研究，因为取得成果的把握概率更高些。庄家骏则表示联系实际工作本组问题不大，化学诱变已经在小麦方面开展了，主张争取小麦夏播，立即开展小麦花粉培养的预备实验。胡含则支持开展花粉培养研究，主张进行阶段性的任务，化学诱变与组织培养工作可以结合起来，材料要分期播种，可以随时进行实验，保证在“十一”献礼。田间工作要做适当安排。颜秋生也表示，应集中精力搞小麦、水稻花粉组织培养工作，如果到年底花培工作无结果，再回头抓水稻诱变工作亦不晚。经过大家认真讨论协商，大多数人员都表态赞同开展花粉培养育种的新方案。在这种情形下，陈英也妥协了，表示“在花粉培养的同时，可以同时进行种子化学诱变处理”。意见统一了，颜秋生表示由他来负责撰写科研生产计划报告书，并向所革委会提交开展新育种方法研究的申请报告。即使这样，陈英当晚还从中关村大老远赶往北郊，试图阻止颜秋生提交花粉培养育种方案，再次要求更改为化学诱变和辐射诱变育种方案。幸好被颜秋生直接回拒了，并说：“既然大家都在会议上通过了该方案，就先试试做上一年，诱变育种也可以做，相互之间并不矛盾。连队人员多，可以让一些人开展诱变育种试验。”假使花培育种方案没有实施，就没有后来的一切，欧阳俊闻提起来还很感谢颜秋生能顶住压力不妥协，使花粉培养育种技术在祖国开花结果。陈英虽然曾激烈反对开展花粉培养研究，但花粉培养工作正式展开后，她还是全身心投入了实验工作，并在该领域取得很多成果，这是后话。

胡含自始至终都参加了此次连队勤务会议，会上就强调应该开展具有国际水平的研究项目，对开展花药培养育种方法极力支持，表示应该在水稻、小麦等主要农作物上开展花药培养技术研究，争取获得突破，在国际上显示祖国科学事业的发展和进步。并且从花药培养的原理上进行了一番分析，阐述了选题对科学研究的重要性。可见胡含视野独到，目标都是朝向国际水平的高度看齐，具有远见卓识的眼光。一些与会者至今都对胡含的讲话有深刻印象。在一些人的眼里，胡含是遗传所的米丘林遗传学派“四大金刚”之一。所谓的“四大金刚”是指追随中国米丘林遗传学鼻祖乐天宇的四位得力干将叶晓、梁正兰、胡含和李继耕，被称为叶老大、梁老二、胡老三、李老四。花药培养、组织培养研究属于摩尔根经典遗传学理论范畴，胡含能摈弃遗传学派的偏见，响应并支持花粉育种新技术，很多人当时还感到吃惊，后来就是佩服。

由于这一次契机，胡含参加了探索育种新方法的研究团队，从此走上了小麦花药离体培养研究之路，并取得了举世瞩目的辉煌成就。

世界上第一个小麦花粉植株诞生

时间要追溯到六十年代，花药培养首先在曼陀罗上取得了突破。1964年，印度科学家 Guha S. 和 Maheshwari S. C. 通过花药培养获得了毛叶曼陀罗（*Datura innoxia*）的单倍性胚状体和小植株，并证明小植株来源于花粉[①]。但

① *Nature*，1964，204：497.

这篇重要文章并没有引起中国科学家的关注，甚至没有人读过这篇论文。直至 1969 年末，遗传所的科研人员李良才在一篇由日本科学家新关宏夫撰写的综述文章中看到了有关从曼陀罗、烟草、水稻等高等植物经花药培养成功再生植株的介绍。文中还讨论了这一工作的意义：在育种上可以缩短获得纯系的时间；在理论研究上，有助于在高等植物上进行犹如微生物上一样的遗传操作和分析。这一信息引起了遗传所许多科研工作者的兴趣，包括欧阳俊闻、胡含、庄家骏等。随后，欧阳俊闻根据自己对植物组织培养的了解，就与李良才商议要把这项工作在遗传所开展起来。很幸运，那时新成立的连队要讨论新的科研生产计划，于是也就趁这个机会提出来设想，宣传了这项工作的意义，分析了成功的可能性。打出的旗号是要建立一个育种新方法，加速育种进程，这是符合当时研究大方向的。经过讨论最后达成共识，综合大家意见做出开展此项研究的决定，计划也得到所革委会（当时所领导机构）的支持。

1970 年，开始了花约培养实验，全连的二十多人团结一心齐上阵，参加了花粉培养的前期准备工作。人心齐、干劲足，前期工作很到位，例如用纱布、棉花捆扎试管塞，大家齐动手，几千个瓶塞在谈笑声中就做完了。其中最辛苦的工作当数接种花药，这不是人人都能做的，身体不好、眼神不佳、手指不灵活的都无法胜任。组织培养、花药培养需要在无菌条件下操作，那时还没有空调和空气过滤设施，而接种间是在一个密闭空间，不能通风透气，设立的隔离间、缓冲间也是密不通风。接种前用福尔马林熏蒸消毒，再喷洒 70% 的卫生酒精，紫外线灯始终照射灭菌，仅在接种操作时临时关闭。在那种条件

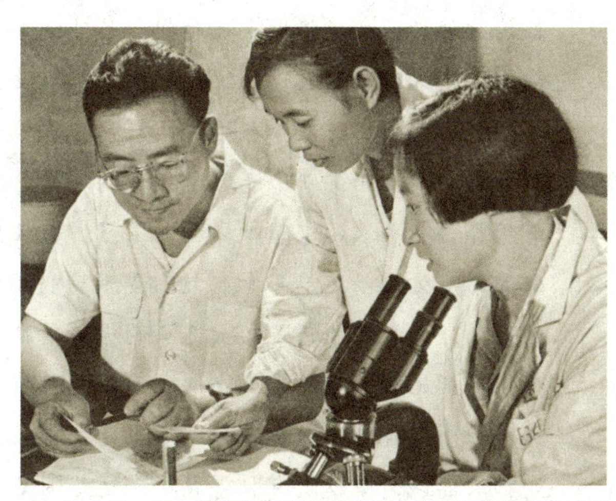

图 7-1　胡含课题组科研人员镜检观察分析花粉发育时期（1973 年）

下工作，光气味就能使人窒息，而且进入接种间要换已灭菌的白大褂、戴口罩和帽子，加上操作台上为消毒接种工具而燃烧的酒精灯，室内氧气严重不足，工作一阵子就头晕眼花，必须出来深呼吸、透透气以缓解疲劳与压抑。这种接种工作，胡含也有过亲身体验，感到从小麦幼穗小花中挑拣出小小花药实在不易，离远了看不清，近了就可能导致污染。接种花药不成，转移愈伤组织或再生苗都可以做，因而胡含依然在时间许可时都积极主动参加这项工作。

具体筹备和开展花药培养的详细过程也可从欧阳俊闻和李良才撰写的回忆文章“花药培养，曾经的辉煌”中获知一二。

计划通过了，下一步就是工作条件问题。关于人力条件，我们连队是一个杂牌军，各种人才都有。有做组织培养的，有做细胞学工作的，人马齐全。在我们连队中老的项目负责人多，而且都很有资历。有人担心团结是个问题，但后来在连队勤务组的领导下，大家同心合力，干劲很大。在设备方面，“文化大革命”前遗传所有许多项目组在做组织培养，“文化大革命”开始后，这些组织培养工作都停了下来，并且把一切器材上交了器材科。这时，我们几乎把所有这些器材包括玻璃器皿、试管架和试剂都领了出来，用小麦脱粒用的大筛子一筛一筛地往外抬，抬了将近半天时间。另外，我们所还有公用的接种室和培养室，这时我们也一并收了起来。所以设备条件方面的问题全都解决了，真可谓“天时、地利、人和”。

我们一开始就以小麦、水稻这两个重要农作物为实验材料，并没有用那些容易做的双子叶植物做练习。而且我们主要从那些为育种而配置的杂交组合 F_1 代取材，这都是因为我们的工作必须和育种实际紧密结合，而且这也正是我们连队的优势所在。当年5月就以大田小麦为材料开始做花粉培养，我们采用了大兵团作战方式，所以接种量很大。但小麦花粉培养是当时国际上还没有人做成功的难题，而我们又是初次尝试，所以没有取得成功。这是不足为奇的，不过还是积累了一些经验。

1971 年 3 月，用温室栽培的春性和半冬性小麦为材料再一次培养小麦花粉。这一次调整了培养方案，在国际上首次突破了小麦花药培养的难关。从 4 月下旬开始，陆续有小麦绿芽分化出来，最后得到了多达 49 株小绿苗。由于小麦试管苗移栽不易，最初又缺乏经验，死亡率很高，最后有 16 株长大成熟，可供研究之用。和水稻的情况一样，这些植株中既有单倍体，也有二倍体，不过二倍体所占比例要低很多。经后代分析也证明，这些二倍体也是单倍体自然加倍的纯合二倍体。

小麦花粉培养成功，引起了各方面更大关注。对农业很重视的老一辈革命家王震将军曾两次专程来所参观，并详细询问情况。有一个辐射育种班的学员来所参观，一位带队的中年妇女在参观后发表了热情洋溢的讲话。其中有一句话说："外国人做出来的我们做出来了（指水稻），外国人没有做出来的我们也做出来了（指小麦）"，这在当时的中国科技界是一个很高的评语。①

经过大家共同努力，当年水稻花药培养就获得了再生植株，1971 年又在国际上率先培育出了小麦花粉植株。相关研究结果于 1972 年 1 月在《遗传学通讯》第一期上发表，题目为"从水稻、小麦花粉培养诱导植株研究初报"。这篇文章严格地说只能算是一份研究简报，署名为遗传所 303 组，正是三连的二十多位人员组成的科研团队共同完成的水稻、小麦花粉诱导再生植株的报告。《遗传学通讯》是内部刊物，1971 年创刊，半年出版一期，主要以赠阅方式在国内发行，但依然引起了国内许多科研人员的关注。

在这篇报告中提到，最先开展小麦花粉培养起于 1970 年春。当时仅获得了愈伤组织的细胞团块，却没有分化出根或芽，但发现关键因素是愈合组织质量与培养基成分的关联。因而在 8 月、9 月开展水稻花药培养时对培养基成分做了一系列改进实验，其中蔗糖浓度提高一倍后所形成的愈合组织比较容易分化出再生幼苗，当年就获得 200 多株水稻绿苗。经过显

① 《遗传发育所五十年发展历程》。2009 年，第 260–265 页。

图 7-2 小麦花粉通过诱导培育出的试管再生苗（景建康摄）

微镜检查根尖染色体，部分植株是单倍体，大部分为二倍体。1970 年有 47 株水稻花粉植株移栽成活，半数自然结实。关于水稻花粉培养基、培养方法主要参考国外的资料，并做了适当改进，也在本期《遗传学通讯》上以 303 组署名发表了题目为“从花粉培养出植株的研究及其意义”的文章。报道了国外相关研究进展，对这项研究的意义和前景做了评估和预测，主要就是能大为缩短育种时间，提高选择性和效率等，在理论研究上也有重大意义。通过离体花粉培养的单倍体和纯合二倍体进行形状分析，研究遗传规律相结合，为育种方法提供理论指导。因有了小麦、水稻失败与成功的两次实践，根据经验做了认真分析，着重于解决第一步培养中影响愈合组织质量的主导因素，培养了上万个花药，终于在 1971 年把小麦花粉幼苗培养出来了。花药培养取自花粉单核时期，采用 MS 培养基，蔗糖浓度提高到 6%，补加 2，4-D 2ppm，水解去氧核糖核酸 10—120ppm，在低于 25℃温度条件下培养，十余天后就陆续长出愈合组织，将愈合组织转移到补加有吲哚乙酸和激动素各 0.2ppm 的 MS 培养基后即能分化出芽和根，长出小苗。当年共得到约 80 株小麦花粉幼苗，镜检证明多数是单倍体，也有少部分二倍体，移栽后有的能自交结实。在 1970—1971 年积累经验的基础上，1972 年的小麦花药离体培养工作设计了几个实验程序，有目的地对培养基、培养方法和条件做了改进，也进行了系统的细胞遗传学观察分析，取得了很大的进展，获得的花粉植株就有几百株了。

正巧在 1973 年，《中国科学》正式复刊了，在复刊后的第一期英文版上发表了以欧阳俊闻、胡含、庄家骏、曾君祉署名的“小麦花粉植株的诱导及其后代的观察”论文。发表时间虽晚了点，但内容却更系统，更有深度。这篇论文不仅仅报道获得小麦单倍体植株，内容还包括多种培养基试验，不同花粉发育时期的影响以及培养初期花粉发育的细胞学变化等。此外，还有愈伤组织质量的组织学描述。更值得注意的是，还观察到了来源于杂种 F_1 的花粉植株后代不分离的现象。

这篇论文的英文版在国外引起很大反响。当时的 *Scientia Sinica* 刚刚复刊，在国外还谈不上发行量。但该论文发表的消息在国外不胫而走，前来索取论文抽印本的明信片纷至沓来。包括植物组织培养的祖师爷之一、法国的 R. J. Gautheret 也寄来索取函。《中国科学》编辑部早料到该文会受到特别关注，主动破例加印了 340 份英文抽印本，很快就被索取殆尽。

邵启全研究员回忆说：“这个花粉培养单倍体育种当时来说在育种上是一个重大的突破。胡先生回国以后，因为他的细胞遗传学基础比较好，一直在研究小麦花粉的离体培养，我知道他们主要是在培养基方面做了很多的工作。同时在选种的遗传材料方面也做了工作，好像到了七十年代初终于在研究上有很大的突破。突破这个花粉培养，恐怕最早是在印度的一个女专家，她做的是曼陀罗。真正联系到农作物上的花粉培养，胡先生是第一个人。我还去看过，最初获得的三株，在一个花盘里面，花粉植株。过去我们传统育种都是靠杂交，复本杂交，然后从杂种里面选择重组的后代。这花粉培养是没有经过受精，直接从（雄性）花粉培养，先培养成愈伤组织，然后再经过染色体加倍，形成二倍体的小麦植株。这个技术上为什么说是一个重大的突破呢？因为用杂交的办法要六七年才能稳定，可是花粉培养的话直接染色体加倍变成二倍体以后，两三年时间就能稳定了。所以说把育种的时间从七八年缩短到两三年。所以这个不仅理论上有重要的突破，就是在育种实践上也是很有意义，缩短育种时间。当时是引起了国内国际很大的重视。从国内影响来说，很多人都在做这个小麦的单倍体培养，我记得有一个农民，叫李德炎，都来学习做小麦单倍体培养。另外国际上的影响，胡先生好像组织过两三次国际会议，当时可能叫植物花粉培养和单倍体育种。你想那个时候我们才刚刚改革开放，在中国召开国际会议是很不容易的事儿，有两三次。我还去参加过一次，胡先生做大会报告，也得到了国际上的支持。我记得有本书对胡先生的评价为：是世界上五个对植物花粉培养和单倍体育种贡献最大的专家之一。”①

花药培养工作刚开始都是二十多人一同做，水稻、小麦培养也没分组，只是每人侧重某方面工作。1972年，遗传所科技人员也分批分期到中国科学院在河南和湖北建的“五七”干校进行劳动锻炼，三连有许多科技人员也被派遣去了干校，从事花药培养的人员有所减少，但工作没有停顿，培养技术的成熟，研究更加深入了。1973年在《中国科学》发表的署名文章，引起了部分未署名的人员不满，为保持团结，平息风波，分头做了调解工作，又在1973年的《遗传学通讯》第二期，以三室一组名义重新发表了“离体培养小麦花药诱导花粉植株”的论文，内容几乎与《中国科学》上发表的相同，在页脚标注了参加工作的全体人员名单十五人，除了原有署名的欧阳俊闻、庄家骏、胡含、曾君祉外，另外十一人是贾旭、郗子英、汤光才、姚珍、胡启德、张炎、李良才、蔡祺星、谷明光、于锡厚、黄大年。又以三室二组名义发表了“诱导水稻花粉植株发生的某些因素及植株遗传学表现的研究”的论文，同样在页脚标注了参加该项工作的十二人名单，即使这样，个别人员的情绪也没化解。这时连队编制已经取消，三连改为第三研究室，原连队人员进行了重组，分设为五个研究组，部分人员分流到第四研究室。从事小麦花药培养遗传研究的组成三室一组，简称301组，组长庄家骏，副组长欧阳俊闻，研究组成员有胡含、曾君祉、贾旭、贾双娥、郗子英。研究所的同事根据人员姓名之特点打趣，称该组是“真真假假、稀里糊涂、欧阳装蒜”。研究组的人员也做了初步分工，分为花药组织培养、细胞学遗传分析、再生植株后代栽培与选育等部分。分工合作，研究工作开展顺利，研制出土豆培养基，提高了再生植株诱导频率。离体花粉培养的细胞学观察与遗传分析都取得显著进展，并选育出许多花粉植株新品系，送往各地试种。

小麦花药培养成功获得再生植株消息传出后，中央新闻电影制片厂闻讯来遗传所跟踪拍摄了301组科研人员进行小麦花药诱导培养并获得再生

① 邵启全访谈。资料存于采集工程数据库。

植株的全过程，剪辑编排成《花粉育株》的短纪录片。当年国庆节前在全国播映了《伟大祖国欣欣向荣》的六集系列纪录片，其中第三集反映科技战线成就中就特别加入了《花粉育株》短片，扩大了国内的知名度和影响力，全国各地纷纷来人学习取经，很快花药培养技术就在全国推广普及了。

率领中国科学代表团访欧

花粉植株培育的成功，极大地提高了我国在国际科技界的地位。1973年6月，意大利育种学家马里亚妮夫妇来中国访问，在中国科学院领导的陪同下到遗传研究所参观访问。胡含作为遗传所业务领导参与接待，并带他们参观了小麦花粉培养实验室，向来宾介绍了我国利用小麦花药培养技术进行单倍体育种的情况。与花药培养相关的外事交流活动不仅使外国人了解到我国花粉培养的成就，也认识了胡含。

同样，胡含也由此引起了中国科学院的重视。为此，1973年我国组织了一个中国科学考察团，任命胡含为考察团领队兼水稻、小麦育种专家。中国科学考察团于8月5日前往阿尔巴尼亚、保加利亚等国家进行了为期一个月的科学考察访问。这是胡含自1960年留苏回国后第一次出国访问，而且是作为科学考察团领队，更显得意气风发。访问的这两个在欧洲相对欠发达国家是当时与我国保持友好关系为数不多的几个国家之一，是我国对外援助的主要国家，考察也是为了对口支援。考察团所到之处都深受欢迎，在考察中胡含与访问的科研单位建立了长期联系。例如遗传所与保加利亚的一所研究机构直到二十世纪八九十年代还一直保持着互换访问学者的交流项目。回国后，胡含提交的考察报告为我国外援提供了参考，收到了很好的成效。以这次考察访问作为开端，以后胡含参加的国际交流活动逐年增加。

“文化大革命”中后期，科技干部都必须轮流到“五七”干校劳动锻

图 7-3 胡含（后排右五）率领中国科学考察团访问阿尔巴尼亚（1973 年）

炼，接受思想改造。胡含也不能例外，被安排于 1974 年 3 月至 12 月到河南省确山县中国科学院“五七”干校进行为期十个月的劳动锻炼。在干校期间还担任了生产组副组长，但因经常回北京出席会议或参加外事交流，实际在干校待的总时间也就三个月左右。4 月 16 日，遗传研究所革命委员会召开大会，胡含回所参加大会，并当选为所革委会副主任，进了当时的所领导班子。6 月 10 日，埃塞俄比亚大使马康南来遗传所参观访问，胡含作为研究所科技业务领导也赶回来参与接待和座谈。类似的活动很多，胡含每次去干校的时间都不超过一个月，也算是在干校接受过了锻炼。

1974 年 9 月，胡含又作为团长带领中国科学代表团访问了丹麦、芬兰等国，进行了首次科学交流与科技合作。《人民日报》对此事进行了报道：“以中国科学院遗传研究所革命委员会副主任、中国作物学会常务理事胡含为团长，中国科学院计划局局长刘继英为副团长的中国科学代表团，结束了对芬兰的友好访问。访问期间，芬兰教育部部长马尔雅塔 · 瓦纳宁、芬兰科学院院长黑尔格 · 居伦贝格分别会见并宴请了全体成员，芬兰国家自然科学委员会主席安蒂 · 库尔马拉代表的芬兰科学院同中国科学代表团就两国科学技术交流问题交换了意见。”

图 7-4　胡含（右二）率领中国科学家代表团访问芬兰（1974 年）

这是胡含首次出访发达国家，再度担任了中国科学代表团团长。时隔多年后中国派出的科学代表团，到访两国都很重视，向中国科学代表团展示了该国最具代表性的科研机构和科技成果。这是一次很成功的科技交流，虽说实质性的科技合作内容尚少，但见识到了现代化的科研条件和科研设施，了解和学习到很多东西。在访问芬兰、丹麦后，中国科学代表团总结整理了一个“出国参观考察报告”，介绍了芬兰、丹麦环境保护和生命科学研究的一些情况。科学技术文献出版社于 1975 年 7 月在国内出版发行了这份考察报告。胡含从事生物学研究，主要关注点是芬兰、丹麦的生物学发展概况，报告中将见到的有关遗传学、分子生物学、生物化学和植物育种等几方面的研究概况都做了介绍。遗传学方面重点介绍了丹麦的两大机构——哥本哈根大学遗传研究所和奥胡斯大学遗传系。哥本哈根大学遗传研究所偏重生化遗传学研究，而奥胡斯大学着重群体遗传学研究。在高等植物代谢调节的遗传控制方面，哥本哈根大学遗传所在系统研究叶绿体遗传的基础上，根据分子遗传学的操纵子学说，研究大麦突变体叶绿素合成的遗传调控，发现高等植物中通过细胞核内调节基因的产物能够控制叶绿素脂的合成，并采用生化分析技术和电子显微镜研究细胞超微结构，结合遗传学分析，从分子水平研究植物代谢调节的遗传控制。他们研究中使用的新设备、新技术都引起了胡含的兴趣和重视。奥胡斯大学遗传系在群体遗传学研究中应用同工酶分析法，结合染色体易位系分析，绘制出了大麦同工酶位点的染色体图，这样同工酶成了控制杂交和鉴定品种特征的生化标记物，便于进行遗传学研究和育种。这些新技术和新方法介绍给国内的同时，也在自己的实验室摸索应用。

考察报告中还介绍了丹麦在细胞遗传学上有关减数分裂机理的研究以及幼胚和花药的离体培养研究情况。这是胡含最熟悉的专业，但在大麦单倍体育种方面，丹麦多采用栽培大麦与野生大麦杂种幼胚进行离体培养，诱导获得的单倍体频率很高，推测是野生大麦的染色体被排斥而引发孤雌生殖的结果。经过技术改进，加倍频率几乎 100%，以此认为较易获得纯合二倍体，可大大缩短育种周期和提高选育效果。花药培养研究方面主要在双子叶植物上进行，与胡含所在的实验室相比较，显然水平还要差一些。

在考察报告中还介绍了一些有关分子生物学和生物化学方面的研究进展以及应用于植物育种方面的情况，这些都是当时国内还不熟悉的应用技术。所以，这个考察报告的出版对国内开展新领域和新技术研究起到了很好的促进作用。此外，考察报告还介绍了丹麦原子能委员会农业研究系、丹麦皇家农业大学遗传系、卡尔斯堡实验室等单位的遗传学研究概况。

在考察访问过程中，胡含还特别注意建立合作关系，在丹麦参观访问哥本哈根大学时就与搞生命科学的几位教授建立了联系。胡含的第一个硕士研究生毕业后就靠这次访问与丹麦建立的关系，送到哥本哈根大学攻读博士。那时胡含还没获得博士生导师资格，送学生到国外深造是必然选择。他要求学生在国外进修期间，将了解掌握到的新科技信息和技术都要及时传递回国，学生也是这样做的，将国际上刚开展的大麦游离小孢子培养新技术等信息传回国内。胡含则安排两位博士生开展大麦、小麦和水稻游离小孢子培养研究，并取得成功。

胡含本身就对新事物很留意，见到、听到的新东西都想学习，及时抓

图 7–5　胡含（后排左四）陪同郭沫若院长接待来访的外国科学家（1975 年）

住可能有帮助的科技要点，因而收获颇多。一些新技术、新方法在回国后就想试验，尽量创造条件来开展。由于当时国内的科研基础条件和政治运动状况，往往要延后多年才能开展起来，所以国内的生物科学水平与国际水平差距很大，但这些国际科学考察活动给胡含后来的科研工作带来很多益处。

科学“新长征”

1975 年 7 月中旬，中央派胡耀邦、李昌和王光伟到中国科学院进行整顿。7 月 16 日，胡耀邦从读书班回到家里，7 月 17 日，时任国务院副总理、分管科学技术工作的华国锋就找他和李昌谈话，宣布中央的任命。同时传达邓小平的指示：整顿首先是党的整顿，关键是领导班子，搞好安定团结，发展社会主义经济和各部门的业务，要坚决同派性做斗争。邓小平向他们提出三点具体要求：一是了解情况，向国务院汇报；二是搞一个科学院发展规划；三是准备向中央提出科学院党的核心小组名单。7 月 22 日，胡耀邦到科学院正式报到之后，就对科学院进行了全面调查研究，起草了呈交党中央、国务院的《汇报提纲》，提出中国科学院党的核心小组组成的建议。10 月，党中央正式任命郭沫若院长继续担任中国科学院核心小组组长，胡耀邦担任第一副组长，李昌、王光伟担任副组长，刘华清、王屏、胡克实等担任核心组成员，稍后又增加了武衡、王建中、秦力生和郁文。王屏出任政治部主任，曹冠群出任副主任。废除了造反派组织头头列席核心组织的做法，贯彻执行邓小平整顿指示的领导班子建立起来了。胡耀邦宣布要整顿各级领导班子和思想作风，科学院要以科学研究为中心。胡耀邦和几位到科学院工作的领导干部，根据邓小平整顿科学院的指示精神，深入各所召开座谈会，针对实际，发动反“左倾”和反派性活动。

为了整顿工作的顺利开展，胡耀邦首先着力纠正各种荒谬观点。他在各种场合，就原本是理所当然而现在被“四人帮”及其帮派分子弄得异常混乱的问题，发表了一系列针锋相对的讲话并采取了相应措施。例如，“四人帮”及其帮派分子说过去科学院是“三脱离”：脱离无产阶级政治、脱离生产实际、脱离工农兵群众；提出要“三个面向”：面向农村、面向工厂、面向中小学。胡耀邦说：“科研人员搞科研就是结合实际，为什么一定要到工农生产中去？科学院就是科学院，不是生产院、教育院、白菜院、土豆院，科学院就是搞科学的，搞自然科学的。‘四人帮’及其帮派分子鼓噪‘开门办所’，否定实验室的工作，让科技人员组成服务队去上街服务，让工农兵进研究所、实验室‘掺沙子’。”可见胡耀邦对“开门办所”颇不以为然。胡耀邦还注意到，科研人员在生活上还有诸多困难，长期得不到关怀。他指示有关人员要想方设法，尽快解决补贴工资、调整住房、两地分居、孩子入托、煤气灶具等问题。这些都是非常棘手的事，他亲自同有关部门领导磋商，请求支持，终于使大部分问题得到解决。这就是后来在科学院被传为美谈的“五子登科（票子、房子、妻子、孩子、火炉子）”。

10 月 24 日，中国科学院团委举行纪念长征胜利四十周年大会，请胡耀邦讲话。在这个有二千五百多名青年科技人员出席的大会上，胡耀邦发表了题为“实现四个现代化是新的长征”的讲话，响亮地提出了“进行新长征”的口号。他热情洋溢地说：“这个新长征是什么呢？这就是毛主席号召我们的，要求我们的，要在本世纪末实现四个现代化，把我们可爱的祖国建设成为伟大的社会主义强国。我们的伟大的长征、伟大的惊天动地的事业的进军号已经吹响了！”

胡耀邦在中国科学院仅仅工作了几个月，但在短短几个月中就来过遗传研究所三次。在科学院召开过三次青年骨干座谈会，提出了进行“科学新长征”的号召，对当时科学院的工作和发展影响重大。胡含参加过胡耀邦召开的全院青年骨干座谈会，并且胡耀邦来遗传所进行的调研和座谈，胡含也都参与了，也按照胡耀邦的要求做了工作调整和部署。

1975 年 8 月 22 日，胡耀邦到科学院报到上班刚好一个月就来到 917 大楼调研，召开了地理所、综考会、遗传所骨干会议。胡含在 9 月 3 日遗传所党委、革委会及党支部书记学习会上传达了胡耀邦在科学院老中青科研人员座谈会上的讲话。10 月 15 日上午，在科学院生物学部主任过兴先、副主任宋振能陪同下，胡耀邦又来到遗传所，与所党委、革委会同志进行了交谈并做了讲话。据与会的杨庆林的笔记，会上胡耀邦首先要求遗传所派几个同志到昔阳县大寨学习，吸收他们的优点，学习他们的试验成果，并问遗传所在广东、上海、云南、江苏有没有试验点，世界主要国家关于遗传学方面情报，在全国研究遗传学的有哪些人。胡耀邦说：对老科学家要做具体分析，对青年人的错误要一分为二。①

当遗传所有人汇报到杂交高粱全国大面积推广增产时，胡耀邦说杂交高粱不好吃。其实大家也都知道杂交高粱口感差，已经开始注意进行品质改良的研究。在胡耀邦讲话后，遗传所加大投入了杂交高粱品质改良的研究力量，此后杂交高粱迅速推出了新品种。而且每次胡耀邦的讲话都在遗传所内进行了传达，并组织学习讨论。那一段时期遗传所基本都是按照

---

① 参考杨庆林先生提供的工作笔记，复制文件留存馆藏基地。

胡耀邦的指示进行思想和工作调整。但胡耀邦仅仅在中国科学院工作了一百二十天后就被迫离开，科学“新长征”刚启动就几乎停止。但带来的影响和作用力深远，可以感到的是基础性研究受到了重视，一些过去砍掉的基础研究项目得到逐步恢复。此后，科学院也成为国内最早恢复正常科研秩序的研究机构。

对于遗传所的科技人员来说，能得到胡耀邦的关注和亲临指导自是兴奋，拥护他倡导的科研管理思想，不要以行政、政治方式干扰科研，长远的基础研究也要搞，等等。唯有对他批评“开门办所”存有疑惑，毕竟这是遗传所的首创，承继于华北农大的科研理论与生产实践相结合的风格。关于“开门办所”，《光明日报》1974 年 11 月 7 日在头版专题报道了中国科学院遗传研究所“实行开门办所，坚持走与工农相结合的道路”，科研工作取得可喜的成绩。办法就是派科研人员下厂下乡蹲点，请工人、贫下中农来所“掺沙子”，与兄弟单位搞大协作。报道称，这样做，不但有力地推动了科研工作开展，也促进了科研人员的思想革命化。全所在京的十九个研究组，在北京等地都发展了科研基点，有近三分之一的科研人员到工厂、农村、畜牧场、医院蹲点。许多科研人员走出去，在全国推广杂交高粱应用、解决玉米杂种优势利用出现的问题，以及培育良种等方面都取得了明显效果。利用花药培养技术进行单倍体育种的方法在全国普及，就连一些公社、生产队都像模像样地建立了花药组培实验室。那几年遗传所的花药培养课题组的研究人员都曾被邀请到各地指导花药培养。由于花药培养、组织培养的兴起促进了无菌超净工作台的生产和改进，无菌操作环境条件得到了改善，使接种花药更易于操作，大量获得花粉再生植株已非难事。虽说花药培养在技术上已获得成功，但农村基层普遍轻视了亲本组合配置与后代选育，也缺乏种质资源和先进育种经验，未能取得实质性成果，在全国县级以下兴起的花药培养育种在几年后就几近销声匿迹了。但当年“开门办所”无质疑还是有效果、有影响的，现在回头看这种类似发动群众搞人民战争的方式来推行科研新技术不可取，也可能带来安全隐患与环境污染问题。此后，虽不再提及“开门办所”，但遗传所仍坚持实施“理论与生产实践相结合”的方针。

难忘的一九七六年

1976年对中国来说是个特殊的年代，一个记忆犹新、大悲大喜的年代。

年初，在科技界掀起了“反击右倾翻案风”运动，遗传所被列为科学院主抓的示范点。[①] 胡含作为所领导班子成员，在运动的严峻时刻也得有所表现，因而参加的政治活动很多，也是为了促进科研生产。

虽然在1976年那么特别的一年里，政治运动与抗震救灾占据了相当多的时间与精力，遗传所的科研业务依然按计划进行。胡含的工作重点仍在科研上。在2月25日的科研工作会议上提出：花粉培养的重点要突出，扩大花粉培养的用途。开展小麦远缘杂交，对混倍体进行遗传学分析，并总结分析了科研上取得的成绩与存在的问题，提出了下一步的科研工作重点。

胡含在小麦花药培养成功后，希望单倍体育种技术尽快应用于农作物新品种的改良，加速从小麦花培再生植株后代中选育新品种。经过温室到大田的加代培育，选育出了一批比较优良的新品系。首次选育出的这批花粉植株新品系分别送往全国多个小麦主产地试种，也在北京郊区的一些生产队以及河北三河、香河等地进行选育试种。每年春夏的小麦生长季节胡含都要到各个试种点观察生长状况，并指导当地农民进行必要的田间管理。胡含一贯重视大田选育工作，每次下乡到试种点从不落空，除认真做田间调查，还要现场分析讲解各个株系的优缺点，选出表现优良的株系，提出进一步扩大试种的方案。由于前几年花药培养获得的再生植株主要采用春小麦与半冬性小麦杂种 F_1 代为材料，而冬小麦花药培养诱导频率较低，选育出来的优良株系相对少。在北京周边采用冬播难以越冬，春播小麦会影响到夏播作物种植，没有选育出适合北京地区种植的新品种。为此

---

① 参考杨庆林先生提供的工作笔记，复件存于采集工程数据库。

图 7-6　小麦花粉育种经验交流会（1976 年，昆明）

将选育出来的花粉小麦新品系送往全国各地，北到黑龙江省牡丹江市，南到云南省昆明市等春麦区进行合作选育试种。其中与昆明市农科所合作选育出一个表现优良的花粉小麦新品系，通过品种审定，定名为“花培一号”，在云南部分地区进行了较大面积的试种。为了进一步推广种植，决定在昆明郊区举办一个全国小麦花粉育种现场交流会。

1976 年 4 月初，全国小麦花粉育种经验交流会在昆明西郊温泉顺利召开，胡含与课题组的半数科研人员都出席了这次交流会，在会上介绍了小麦花药培养的单倍体育种技术方法和取得的进展。交流会的一个重点是对花粉小麦新品种“花培一号”进行了田间考察和鉴定，希望在云南省进行大面积推广种植。

“花培一号”小麦的选育经过与生产上的推广应用，昆明市农科所的寸镇洋研究员在《花药培养学术讨论会文集》（1977）中有介绍。“花培一号”是中国科学院遗传研究所 1971 年利用小麦（科春五号 × 小偃 759）

杂种一代的花药培养育成的春小麦新品种。“花培一号”是利用小麦花药培养进行单倍体育种育成的第一个小麦品种，并且首先在生产上大面积推广应用，为小麦单倍体育种开辟了广阔的前景。寸镇洋研究员在报道中提道:“从 1973 年开始，中国科学院遗传研究所和我所协作，对小麦花粉植株后代培育成的‘花培一号’进行了农艺性状、生活力及能否应用于生产的鉴定。连续四年在昆明市郊区社队进行试验、示范。1974 年在我市两个生产队试种，面积 0.45 亩，折合亩产 604 斤及 666 斤，比当地推广品种‘778’增产 34.2%—53.4%；1975 年布置十个点，面积 10 亩，其中六个点较推广品种增产 4.3%—35.6%；1976 年有 30 个生产队种植‘花培一号’170 亩，亩产 500—700 斤，比当地推广种‘778’增产 12.5%—73.6%。”

当年在昆明召开的全国小麦花粉育种经验交流会上进行的现场鉴定，认为“花培一号”是昆明地区的一个优良品种，可在生产上应用。“花培一号”品种的特性和主要农艺性状：春性、长芒、白壳、白粒。叶片短窄直立，株型紧凑，株高 90—100 厘米，生育期 174—190 天，千粒重 33—40 克，蛋白质含量为 10.74%。早熟、熟相好、抗旱性好，苗期匍匐生长，拔节晚，经受得住昆明地区 12 月至 1 月的重霜冻及 2—3 月的晚雪危害。抗条锈、叶锈、秆锈。分蘖力强，有效穗多，以穗多取胜获得增产。适应性强，不需大水大肥，无论在低洼海排田或瘦红胶泥田及山区梯田上，生长都较好。认为“花培一号”存在的不足之处是穗小粒小、千粒重低。只要认真使良种良法配套，还可进一步发挥增产潜力。因而 1977 年全市种植“花培一号”2000 余亩，又获得了增产，一般亩产 400—700 斤。1978 年全市种植“花培一号”良种一万余亩，在昆明地区能推广到这个面积已经很了不起了。但“花培一号”毕竟是春麦品种，适宜种植的区域有限，对小麦生产的影响也不大。

同年,“花培二号”冬小麦新品系也在国内进行了大面积试种。“花培二号”是遗传所通过花药培养选育出来的第一个冬小麦新品系。亲本选择了生产上种植面积较大的良种，晚于“花培一号”两年才选育获得。选育出来的后代在本所试验地里做了对比实验，生长性状表现良好。胡含与课题组的研究人员都对此寄予厚望，期待能尽快育出新品种，为此进行了加

图 7-7 胡含同育种家胡道芬在田间考察小麦花培后代（1978 年）

代繁育种子，并在北京郊区、河北省的三河、香河县和河南省新乡、焦作市的郊县进行多点试种。“花培二号”的品质、抗逆性和丰产性都表现不俗，但这一年在北京进行区试时遇倒春寒受冻减产，没有通过区试。6 月份到河南省焦作、新乡一带考察试种的“花培二号”新品系的生长状况。花粉小麦新品系的整体表现为植株紧凑整齐，成熟度好，品质优良。虽然以后还在当地进行了推广示范，但因株型过高不符合当地栽培习惯，故未能推进大面积种植。7 月份，胡含课题组的科研人员再赴黑龙江省，考察在牡丹江地区试种的花粉小麦新品系的生长情况，包括“花培一号”等多个品种和品系。这一年当地气候异常潮湿，白粉病大面积爆发，几乎所有的小麦品种都严重感染，减产在所难免，无法有效地采集生长数据。课题组的人员刚返回北京不久，正遇到百年不遇的唐山特大地震，917 大楼严重受损，随即转到抗震救灾行动中。

此后遗传所科研定位改变，课题组进行了重组，研究人员也做了调整，因而品种选育工作放缓，重点转移到基础理论研究和新技术、新方法的探索上，创制了许多新品系、新材料，没再选育推广新品种。直到 1984 年由北京市农科院的胡道芬研究员选育的“京花一号”花粉冬小麦新品种在京郊大面积推广应用，才使花培小麦品种在生产上得以大范围应用。

第八章
科研攻关

1977 年，迎来了“科学的春天”，也成就了胡含的人生和学术地位最辉煌时期。8 月作为党代会代表，出席了在北京召开的中国共产党第十一届全国代表大会。10 月，经国务院批准，被任命为中国科学院遗传研究所第一任所长。1978 年，科学大会召开，推动了全国科技大发展。遗传研究所也在胡含所长带领下进行了一系列调整改革，理顺了科研秩序，促进了科研工作发展。在承担主持的“六五”“七五”“八五”国家科技攻关“植物细胞工程育种”项目中取得很多进展和成果。通过一系列科学研究，发现了小麦花粉植株变异的普遍性规律，阐明了变异的细胞遗传学机制，提出并论证了配子类型在花粉植株中充分表达的理论，建立了高效的花粉小麦染色体工程新体系，以此奠定了胡含的学术地位。其间在研究生招生、派遣留学生、引进人才等方面的工作，都显示出胡含有独到眼界和远见。

遗传研究所第一任所长

1977 年 8 月，在北京召开了中国共产党第十一届全国代表大会，胡含被中国科学院推选为全国党代会代表，有幸出席了这次盛会。这次大会重申在二十世纪内把我国建设成为社会主义现代化强国，并提出党的八项主要任务，标志着一个新时期的到来。

因粉碎“四人帮”不到一年，十年“文化大革命”导致一些基层单位党组织还没有恢复健全或者思想上没有跟上形势，这届党代会代表候选人名单产生基本采取自上而下的方式。所以中国科学院采取由党的领导核心小组提名，再下发全院党员征求意见。6 月 22 日下午四点在院部召开了全院各单位党的负责人会议，科学院党的领导核心小组成员胡克实在会上宣布:“今天上午核心组决定召开各所党的负责人会，传达党十一大代表候选人名单草案。昨晚国务院召集各部委部长、主任会，我院方毅同志参加了。国务院把第一次集中的代表候选人名单发给大家，在党内外广泛征求意见。”提到中央国家机关出席十一大代表候选人为 102 名，会上逐名简介，其名单中已有胡含。简介为“胡含，53 岁，汉，湖南，职员，学生，1945 年参加工作，1948 年入党”。

6 月 24 日上午，遗传所传达了第十一届全国党代会代表候选人名单，各处室组织了党内外讨论，绝大多数党员与群众都同意胡含当选代表，认为胡含有资格，同时也是全所的光荣。但也有个别同志表示不同意，还有很多党员同志对候选人名单产生方式提出疑问。所党委对代表候选人名单产生的过程做了解释，虽然没有召开提名大会，所党委也进行过广泛的调研与征求意见后上报院部的，现在这份代表候选人名单也是经中国科学院协商后再次到各单位征求意见的。遗传所党委按照要求于当晚九点前把征求到的意见集中后，以书面形式派专人送往院政治部。胡含顺利地当选并出席了党的第十一次全国代表大会。

第十一届全国党代会后不久，受中国科学院委托，由遗传研究所组织在北京召开了全国遗传学规划座谈会。这次遗传学规划座谈会把全国从事遗传学科研教学的主要研究单位和学校都邀请到了，遗传学界的知名学者都与会共同商讨中国遗传学的发展问题。这是为全国自然科学学科规划会议召开做预备。座谈会获得预期结果，达成中国遗传学应该统一学科规划的共识。随后，国家科委于当年 9 月 27 日至 10 月 31 日在北京召开了为期一个月的“全国自然科学学科规划会议”，遗传研究所选派了胡含、钟志雄、陈英、杜若甫、邵启全和童克中等同志出席了此次学科规划会议。会议制定出数学、物理学、化学、天文学、地理学和生物学全国六大基础学科及有关新兴学科的发展规划，并提出了《全国基础科学规划纲要（草案）》，以迎接科学大会的召开。10 月 24 日，时任国家主席华国锋以及邓小平、方毅等中央领导同志接见了与会的全体代表。这时国务院任命了一批科学院各研究所所长，胡含也是其中一位，任命胡含担任遗传所所长。当时，胡含是新任命的所长中最年轻的一位。胡含当时感到很高兴也很兴奋，能受到党和国家的信任并委以这样的重任，对科研人员来说是极高的荣誉，同时他也感到责任重大，有很大压力。胡含受命以后就思考遗传所的长远发展，考虑怎样办好遗传所，推动遗传学科发展，做一个称职的研究所所长以报答祖国，决心不辜负党和国家对自己的信任。那时就有意识地向一些单位的领导取经，并找研究所里的很多同志谈话征求意见和建议，逐渐有了一些想法，例如加强领导班子、进行学科调整、理顺科研秩序等举措，初步形成了遗传所发展的设想和规划方案。

在全国科学大会上

学科规划会议后，胡含把主要精力放在迎接全国科学大会召开的准备工作上，这是国内首次召开的全国科学大会，可见国家对科学技术的重视程度，科研人员为此欢欣鼓舞。按照科学院的部署，遗传所举办了讨论、总结、动员各类会议，并推举、评选出一些先进集体和先进个人在科学大会上予以表彰。“文化大革命”期间科研受到很大干扰，遗传所的许多科研人员还是排除干扰，坚持站在科学研究第一线，在杂交高粱、甘薯、棉花新品种的选育推广应用中都取得很大成果，为国家做出了贡献。特别是花药培养新技术，领先于国际培育出小麦花粉植株，更有效地提升了我国在国际科技界的地位。为此，一月份在科学院京区直属单位表彰先进大会

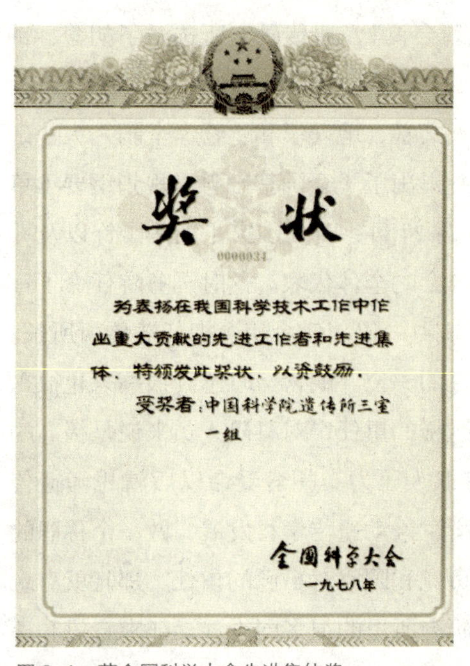
奬狀

0000034

为表扬在我国科学技术工作中作出重大贡献的先进工作者和先进集体，特颁发此奖状，以资鼓励。

受奖者：中国科学院遗传所三室一组

全国科学大会
一九七八年

图 8-1 获全国科学大会先进集体奖

上，遗传所的 301 组等三个部门被评为先进集体，多名工作人员也被评为先进个人，推荐在全国科学大会上进行表彰。

全国科学大会于 1978 年 3 月 18—31 日在北京召开了，胡含作为中国科学院代表出席了本次大会，并被推选为大会主席团成员，受到时任中共中央主席、国务院总理华国锋和中共中央副主席、国务院副总理邓小平的接见。胡含至今依然记得接见时的场景："那时最使我兴奋的是和邓小平握手，第一次与党和国家领导人握手，那一刻我心里非常激动，握手的情景至今记忆犹新。当时有记者拍照，我很想找到这张照片留作纪念，也请你们帮助到相关部门找找看。"全国科学大会的召开是科技界的一次盛会，后来被誉为"科学的春天"，极大地推动了我国科技事业的发展。遗传研究所出席全国科学大会的还有陈英、欧阳俊闻和王瑞丰先生，都是小麦、水稻花粉培养研究组的主要研究人员，这个研究组也被科学大会评选为先进集体。遗传所共有六项科研成果获得奖励，其中"花粉单倍体育种"项目还获得了国家重大科技成果奖。全国科学大会的胜利召开，对遗传所的科技人员起到很大的激励作用。借科学大会东风，中国科学院遗传研究所很快走上正轨，各项科研工作都得以顺利开展。

组办中国科学院第一个国际学术会议

1977 年 12 月 6—15 日，在广州花县召开了全国花药培养学术研讨会，这是胡含担任所长以来组织的第一次全国性学术会议。当时整个科学界都没有从“文化大革命”的状态中完全苏醒过来，他就在国内组织了第一个学术会议，与会者除了来自全国各地的花药培养领域的专家学者外，还吸引了快速繁殖、育种学等其他领域的一些专家来参加会议。1977 年这次全国花药培养学术研讨会对中国植物组织培养、花药培养、细胞工程育种领域是一个非常大的促进，自组织这个会议以后，这方面研究在中国很活跃，持续兴旺了十年左右。在此次会议上显示出中国第一次在国际上培养花粉植株的物种已有二十多个，这也是后来国外对我们中国植物学界比较重视的原因之一，也为组织召开国际植物组织培养学术讨论会奠定了基础。在胡含组织的这个会议推动下，全国各个研究所，包括一些省一级研究所都相继展开了相应的科研工作。

1978 年 5 月，中国科学院在京主办了“文化大革命”后的第一次国际学术会议“中国—澳大利亚植物细胞培养技术学术讨论会”。胡含作为组委会成员和大会主席，为成功举办此次国际学术会议花费很多心血。从筹备、邀请海外学者、接待、日程安排以及会议的每个环节都亲手抓，亲自过问，使得此次国际学术会议圆满成功。

本次国际学术会议邀请到九个国家的十六名外国代表与会，他们都是在植物组织培养领域的著名学者。会议共征集到论文 80 篇（其中我国 58 篇），大会宣读报告 47 篇（我国 29 篇）。年底出版发行了英文版的学术讨论会论文集，颇受国内外读者的好评。今天看来，这次国际学术会议的规模并不算大，参会代表的国家也不算多，但由于是“文化大革命”后科学院组织的第一次国际学术会议，更加之当时我国在该领域走在了世界的前列，所以影响却是非常深远的。

这次国际学术会议之后，《生命世界》期刊 1978 年第 4 期以“繁花朵朵结硕果——中澳植物组织培养学术讨论会巡礼”为题进行了报道。报道提道：

北京国际俱乐部的庭园里，樱桃红透，玫瑰飘香。5 月 25 日傍晚，九个国家的十六名植物学家来到宴会厅和中国科学工作者汇聚一堂，欢庆中澳植物组织培养学术讨论会胜利召开。这是“文化大革命”以来在我国召开的第一次国际学术会议，它像一枝报春花，迎来了国际学术交流的绚丽春光。在迎宾招待会上，中国科学院副秘书长秦力生同志和澳大利亚科学院的斯考克罗夫特教授分别致辞，热烈欢迎与会的各国科学家。灯火辉煌的大厅里，中外科学家互致问候，畅叙友情。英国的柯京教授抑制不住内心的激动，发表了即席讲话。他转达了英国皇家学会的问候，并代表应邀来京的加拿大、法国、芬兰、西德、日本、朝鲜、罗马尼亚和英国的科学家，祝愿会议盛开友谊之花，结出丰硕的科学成果。经过五天的会议，可以毫不夸张地说，中外代表们的愿望圆满地实现了。花药培养硕果累累，花药培养是组织培养领域中新发展的一个分支。在讨论会上，中国科学工作者介绍了用花药培养的方法培育农作物新品种的研究成果。当西德的麦尔切斯教授听说“单丰一号”和“花育一号”水稻已大面积推广时，高兴地与黑龙江农科院的尹光初同志以及遗传研究所的胡含教授热烈握手，祝贺他们用单倍体方法首先得到粮食作物新品种。然而我国科学工作者并不满足已经取得的成绩，他们清醒地意识到在花药培养上还存在不少问题，在讨论会上他们虚心地和外国科学家一起进行了认真的探讨。

关于此次国际会议，中国科学院遗传研究所的外事工作简报记述了与会的国外科学家到所参观的情况：

参加中澳植物组织培养学术讨论会的澳、加、德、芬、法、日、朝、英、罗等国家的科学家一行十五人，五月三十日上午来我所参观。所党委书记金光祖、副书记钟志雄、所长胡含、副所长邵启全，研究室的负责同志对来访外宾进行了热情接待。先由胡含所长向外宾介绍了我所研究工作概况。随后外宾分三个小组分头参观了小麦、水稻、玉米花培、体细胞杂交、遗传工程和人类遗传疾病等实验室和图书馆。外宾对我所态度是热情友好的。对我所上述研究工作印象很好，并给予了较高的评价。如西德科学家梅尔切斯说：“你们自 1975

年以来有很大的变化。研究工作不在于起步早晚，而在于你现在做什么。你们的花药培养，原生质体融合工作就搞得不错。”并向我方索要玉米花药培养基的配方，说：“土豆简化培养基配方是上次你们给我的，我用它获得了小麦花药培养幼苗。”

日本科学家山田看了水稻花粉粒培养工作后连连称赞：“很好，很好！”他问：“这样的工作为什么不发表？”并向我方索取花粉粒培养基配方。他还风趣地说：“有关花药培养工作，日本已输给中国了，再竞争也竞争不过了。看了几个实验室，感到你们生化力量薄弱，要竞争的话，得通过原生质培养，利用生化手段研究细胞膜的功能。”并表示要经常到中国来。山田还送给王瑞丰同志“樱正宗”酒一瓶。

英国科学家柯金对我国原生质体融合的工作很感兴趣，评价较高，说：“你们能在小麦原生质体融合上看到一次分裂，这在世界上是领先的。”当参观小麦花培实验室和图书馆时，罗马尼亚科学家提出要从我国进口接种用的超净工作台和用于培养基的各种激素，如动力精、萘乙酸、2，4–D 和用于原生质体培养用的各种酶制剂等十余种药品，说因自己国家不能生产，向欧、美进口超净台和药品都很贵，希望能从中国订货，并当场开了一个药品清单。

澳大利亚科学家在参观遗传工程实验室时，主动提出需要他们解决什么？问我所需要从澳方引进什么药品？说：“你们需要什么，我有的都可以给，我没有的可以向其他国家索取，一定帮忙。”我遗传工程组同志当即向澳方开了我们需要的十余种限制性内切酶的单子。加拿大科学家向我所介绍了有关国外固氮工作研究进展的情况。加拿大籍华人科学家高国楠，当看到我所宣传栏展示“毛孩”的有关照片时，很感兴趣，并拍了照。我所主动送给他一套“毛孩”的照片。参观结束时，外宾向我所索取各研究室组负责人名单，以便建立联系，相互交流科研工作进展情况。胡含所长代表研究所向外宾赠送了我所有关花药培养论文的抽印本和 1978 年出版的《遗传学报》。

这次国际性学术会议在国内外的影响都很大。其后国际学术交流活动逐渐频繁，胡含前往国外参加各种学术交流也日益增加，几乎每年都在国内组织国际学术交流活动。

中国遗传学会成立

遗传学是生物学领域最重要的学科之一，但中国长期没有成立统一的遗传学会，对学科发展是不利的，这与当时的国情有关。中华人民共和国成立后我国推行全盘学习苏联的政策，生物学界更是全面接受了苏联的“米丘林遗传学说”。由于一些同志过于激进，采取政治手段打压“摩尔根经典遗传学”，导致我国遗传学界出现了严重的学派之争。直到1956年8月，为贯彻中共中央的“百花齐放、百家争鸣”的方针，由中宣部、中科院、教育部联合在青岛召开了为期十五天的遗传学座谈会，才恢复了孟德尔—摩尔根经典遗传学在国内的平等地位。青岛遗传学座谈会的召开，在一定程度上化解了两个学派的矛盾，但两个遗传学术派别对立的局面并没有根本性改观。当时制定学科发展规划依然按照两个学派分别制定，各自为政。

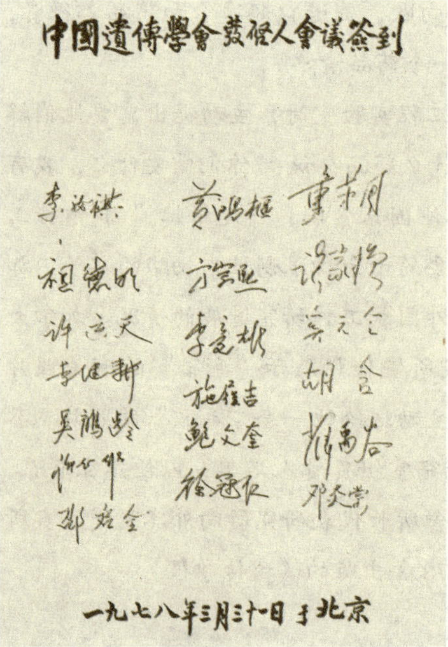

图8–2　中国遗传学会发起人会议签到

在1977年召开的全国遗传学规划座谈会上，国内两个学派的主要学者都出席了。随着科学进步和遗传学的发展，两派学者的认识都有了提高，学术观点已经基本趋于一致。当然，两个学派长期对立，人与人之间还存在一些情绪化对立现象，但学派之争已基本消融了。座谈会就统一的遗传学学科规划进行了协商，也提出成立遗传学会的提议。接下来的“全国自然科学学科规划会议”上，遗传学已经按照统一的学科做发展规划了，建立全国性的统一遗传学会时机已经成熟。

1978 年“全国科学大会”期间，与会的遗传学家经过相互交流沟通达成共识，呼吁尽快成立遗传学会。成立学会有利于展开各种学术交流活动，能更好地促进遗传学研究和教学工作健康发展。经过酝酿，在科学大会最后一天召开了中国遗传学会发起人会议。会议上商定了遗传学会筹备组组成原则意见，推选了北京大学的李汝祺教授、复旦大学的谈家桢教授、农科院的鲍文奎研究员等国内知名遗传学家多人，以及遗传所的胡含、钟志雄、邵启全、叶晓等人组成了中国遗传学会筹备组，并委任遗传所的安锡培为筹备组秘书。

作为国内唯一的遗传学专业研究所，筹建中国遗传学会、筹备召开首届全国遗传学大会是遗传研究所的责任，因而遗传所也当仁不让地承担起全部筹备工作。为此全所上下做了很多功课，起草遗传学会章程、拟定大会议程、草拟邀请与会人员名单、确定大会召开时间和地点，等等。这是件大事，胡含作为遗传所负责人对此非常重视，希望遗传学大会能圆满召开。记得当时所里发动许多人协助搞筹备工作，各级领导都分头去邀请各大学和科研单位的遗传学家出席遗传学大会，有些单位的人，思想还停留在“文化大革命”时期，还奇怪地问，“你们找这些反动学术权威干什么，那些人还靠边站呢”。正是因为召开首届全国遗传学大会促使一批专家学者提前恢复了正常工作，这是召开遗传学大会所始料未及的。

1978 年 10 月 7 日，中国遗传学会成立大会在南京顺利召开，全国有二百多位遗传学工作者出席了此次盛会。这次遗传学大会再次认真贯彻了“百花齐放、百家争鸣”的双百方针，国内的米丘林、摩尔根两个遗传学派老死不相往来的局面从此结束，真正意义上终止了两个学派的学术之争，遗传学家们为发展中国的遗传学事业携手共进。遗传学大会后，各省市相继成立了遗传学分会，第二届遗传学会后又陆续组建了各专业工作委员会。

遗传学大会的召开意义和作用都非常重大，有效地促进了我国遗传学

图 8-3 中国遗传学会第一届理事会全体成员（胡含在前排右六，1978 年 10 月 11 日）

科研和教学的发展。经过民主协商，成立了第一届遗传学会理事会，李汝祺当选为理事长，遗传所的胡含、党委书记金光祖、钟志雄都被推选为副理事长，遗传所的邵启全担任了秘书长，遗传学会挂靠在遗传所，学会办公室也设在遗传所，使遗传所在国内的学术地位得以巩固和提升。遗传所科研事业从此日新月异地发展起来了，此后承担了更多的科研项目，科研经费也迅速增长，科研条件不断改善，科研成果出得更多，贡献也更大。无疑，胡含起到了重要作用。

招收第一届研究生

遗传研究所在 1978 年底迎来了招收的第一届硕士研究生，全所十六名，其中胡含招收了两名。在当时的情况下，围绕招生、制定培养方案、学生生活安排都需要做大量的工作。

有资料显示，1978 年以前全国共培养了研究生一万六千多人，主要在高等院校，中国科学院招收的研究生相对较少，例如中国科学院于 1965 年共招收应届和在职研究生一百五十六人，而遗传研究所在“文化大革命”前仅培养了四名研究生。1978 年恢复研究生招生制度，中国科学院第一届研究生招生就录取了八百六十人，遗传研究所也招收了十六名研究生，占全院招收总数的 1.8%。

研究生报名从 2 月份开始，首届报考遗传所的考生共计二百八十人，5 月份进行了初试。考生都在自己所在的区县参加考试，考试科目有政治、外语、生物化学、普通遗传学和细胞遗传学等五门课程，总分在二百六十分以上的共五十四人，于 7 月份集中到遗传所进行复试，包括笔试和口试。首届招收的研究生年龄差距比较大，但政治基础、专业知识、身体条件等综合素质都很好。他们有丰富的社会经历，工作学习都非常刻苦勤奋，以后大多数都成长为优秀的学科带头人，在科学事业上做出了突出贡献。许智宏院士曾经感慨地说："遗传所首届培养的研究生都是我国生物学领域的栋梁。"

从档案资料记载，遗传所在 1978 年恢复招生以前仅有四名硕士毕业生，是在 1960 年和 1961 年招收的。这四名研究生为曾孟潜、孙传渭、曾君祉、李达模，指导老师分别为李继耕、梁正兰、李璠、陈英。胡含那时是遗传所仅有的几位助理研究员之一，也是最早晋级为副研究员的，怎么可能没有培养的研究生。经查访获知胡含曾在 1960 年招收了一名叫任小平的硕士研究生，该生的入学考试成绩第一，因而对该学生寄予厚望。但该生志不在此，更依恋跟随哥哥任和平，任和平是中国农科院的研究人员，在 1962 年调动到设在武汉的经济作物研究所。任小平也以身体有恙，不适应北京生活工作为由，学习一年后就病退转回南方了。

现在，胡含才算第一次正式招收了研究生，同期招收了黄斌和王兴智两名学生，算是胡含指导的第一届研究生。此后胡含每年都只招收一名学生，虽然直至退休仅直接培养了十几名学生，但个个都很优秀，均取得很高的成就。

遗传研究所机构调整

遗传所从成立之初就偏重植物遗传学。在胡含这届领导班子对原来不适应科研发展的机构进行了调整理顺，注重发挥每个人的长处，安排适宜的工作，并引进人才充实队伍，开辟新的研究领域，逐步建立了分子遗传、医学遗传、动物遗传、微生物遗传等门类齐全的实验室，成了名副其实的遗传学研究所。

1980 年 1 月 31 日，遗传所召开了 1979 年总结大会，会上所长胡含与党委副书记陈照林分别做了讲话。胡含着重对遗传所改革开放以来的科研形势和特点、成果与进展做了全面的回顾和分析。从 1980 年 2 月 5 日中国科学院遗传所简报中可看到胡含对研究所的调整布局做出的努力。

> 1 月 31 日下午，我所召开了 1979 年年终总结大会。会上，所长胡含同志、党委副书记陈照林同志分别做了总结讲话。胡含同志着重就我所的科研形势与特点、成果与进展做了全面回顾和分析。指出，我所在贯彻执行中央关于“调整、改革、整顿、提高”八字方针和科学院“两个侧重”“两个服务”方针，加快步伐实现以科研为中心的战略转移方面，做了大量的工作，有力地推动了科研、生产、管理等工作的顺利进行。1979 年全所三十六个研究项目（任务），按计划完成和超额完成的三十三个，占总数的 91.7%。按实际计划指标算，共一百六十五项指标，完成和超额完成的一百五十四项，占总数的 93.3%，与 1978 年完成的计划指标 76.5% 相比，提高了 15.2%。全所共发表论文五十四篇，较 1978 年四十三篇增加了 20.3%。另外，写了具有较高水平的“研究所工作简报”稿件七十五篇。据不完全统计，有十八个项目组获得了二十八项具有相当水平的阶段性成果和新进展，其中有：巨噬细胞中识别抗原有关 DNA 合成及特性，成功地获得 L615 小鼠白血病脾脏悬浮培养细胞株；兔冷冻胚胎移植成功；产前诊断；小麦单倍体细胞遗传学研究；水稻花粉粒诱导成植株；首次获得甘蔗花粉植株；橡胶花粉植株移栽成活；异源 DNA 导入研究小麦孤雌生殖和棉花远缘杂交等。
>
> 一年来，我所科研形势大好的特点：（1）贯彻“两个侧重”扎扎实实打基础，已经初见成效。通过调整，大大加强了遗传学基础理论研究，一支年富力强的研究骨干队伍初步形成。免疫基因反应、枯草杆菌基因调控等分子遗传学工作，已有了新的发现和见解；以组织培

养为手段，在细胞水平上进行高等植物（禾谷类）的遗传学研究，这是发展我国遗传学所独有的特色，随着高等植物体细胞遗传学研究的深入发展，一些新的试验体系、新的技术、新的方法，正在不断地建立和完善。（2）坚持“两个服务”，支农出现了新苗头。通过育种新方法、新途径的研究，近两年来，由我所培育的有关作物新品种（品系）如多穗玉米、孤雌生殖小麦、夏播大豆等开始在生产上推广应用，得到广大社员的欢迎和好评。（3）广泛应用和引进新技术，已取得良好效果。实践证明，遗传学研究的新进展与某一理论方法的突破，往往与新技术的应用有着密切的联系。所内各研究组已广泛应用同位素闪烁计数、自显影、电泳分析、染色体分带、组织培养、原生质体融合等手段，并建立了试验体系。如测同位素一项就有十九个研究组，用了五种同位素标记了一万多个样品。因而使得全所的研究工作不断向纵深发展，大大加速了科研的进程。

胡含同志深有感受地说：1979 年科研工作之所以形势好、进展快，除了正确贯彻落实中央关于知识分子政策和“双百方针”外，还实行了党委领导下的所长分工负责制，采取有力措施实现安定、团结，明确研究方向，建立正常的工作秩序，保障了科研中心的战略转移。通过“五定”对全所的方向任务提出了：四个方面；五个中心课题；两个重点；三十六个课题组。四个方面是：分子遗传学、细胞遗传学、进化遗传学与应用遗传学。五个中心课题是：基因的结构、表达与遗传工程；动物与人类医学遗传；植物体细胞与细胞工程；细胞质遗传与核质关系；远缘杂交与有性过程的遗传控制。两个重点是：基因的结构、表达与遗传工程；植物体细胞遗传与细胞工程及其两个相应的实验室。初步做到了所有方向，重点室有中心，特点组有目标，贡献人有专业、专长。

一年来，我们狠抓了国内外协作和国际交流。遗传学深入发展需要多种学科的相互渗透和协作。目前在国内，我所已有十七个项目组分别与上海生化所、吉林师大、湖南农学院、首都医院等十多个单位进行了协作。在国外，我所与美籍科学家丁玉澄、付维宁、戴维廉，国际水稻研究中心等建立了对口协作关系。通过这种协作方式，可以从不同的角度去研究一个共同性问题。可以达到时间短、见效快，并取得了一批具有一定水平的阶段性成果和新的进展。随着国外对口协作的不断扩大，使得我所的外事工作与国际间的学术活动异常活跃。全年有十五个国家和地区的科学家来访。我们参加了六个国际学术讨论会（其中三个得到了国际资助），为会议提供了有关分子生物学、细胞杂交、花药培养、遗传工程等七篇论文。不仅交流了学术思想，开阔了思路，结交了朋友，还为我国遗传学工作者进入国际舞台初步打开了渠道。更重要的是，还为我所培养人才，广开了门路。1979 年已有六人分别派往西德、美、英法等国，从事短期工作或学习。无疑，今后还将有更多的同志陆续出国深造，为培养一批学术带头人创造了条件。

在科研管理方面，建立了计划管理、成果鉴定、培干和科技档案等制度，发挥了所学术委员会的作用。使我们有了一个比较正常的工作秩序和学术民主的作风。克服了“吃大锅饭”的现象，调动了广大科技人员的积极性。

回顾过去，形势喜人；展望未来，信心倍增，为了四化，要大干伟大八十年代的第一春。胡含同志说：尽管我们取得了不少的成绩，但还应该看到我们的工作与国际先进水平相比还有很大的差距，还存在不少的困难和问题。在八十年代的头一年里，我们要进一步贯彻执行中央“八字方针”和“七十二条”，不失时机地进行调整、整顿，使我们的科研更上一层楼，为实现四个现代化做出更大贡献。

遵照科学院的要求，进行科研体制改革，更好地使科研工作面向国民经济建设的主战场。胡含所长在主持工作期间，对加强研究所建设和搞好科研工作有自己的一些想法，以下选录几条胡含所长在不同场合讲话记录的摘要，以显示任职期间的工作作风和观点。

他认为“开设一个课题组，不要一下要很多设备，先做工作，尽量少要设备，要多做工作（1979 年 7 月 12 日所学术委员会）。”各研究课题要

“遵守制度，预算包干，节约留用，创收归己（1979 年 11 月 10 日所财务工作汇报会）。”“各研究室要有中心实验室，大型设备最好公用，不要每组搞一套。要如实办科学，需要什么就配备什么（1980 年 1 月 19 日成立第六研究室时讲话）。”“要科学管理，围绕出成果、出人才，按课题为中心，对重点课题要落实条件（1980 年 2 月 25 日）。”“以后要搞中心实验室，比现有的研究室多（当时六个研究室），比课题组要少（当时有三十五个课题组）（1980 年 3 月 7 日）。”“使课题组端正科研方向，被评为一类课题的给予保证；被评为二类课题的先保留；被评为三类课题的要调整（1984 年 6 月 26 日对评审课题提出要求）。”“要提高水平，队伍精干来进行科研活动（1985 年 1 月 15 日在传达院工作会精神会上）。”“在学术面前，人人平等。”“研究室人员靠多带研究生、大学生。”“管理工作要队伍人员素质。”“要适应新形势。”“职能部门要有服务的精神。”“大家多做工作，多做协调（1985 年 2 月 27 日所办公会）。”“申请课题要有特色，要有中心（1985 年 4 月 2 日）。”“要有自信、自尊、自强，要组织一些有后劲的项目。”“行政领导与科研人员间互相指责的多，互相谅解的少，行政管理要提高效率（1986 年 6 月 3 日党委扩大会）。”“目前阶段开发处的同志要多抓，我们遗传所主要是靠我们的科技去开发，我们科技开发工作同志，要去熟悉这方面工作。利用人家的优势与我们的优势联合。我们的技术一定要过硬的。经营管理要参与，要靠他们。在我们这里要体现艰苦办企业的精神，要刻苦、勤劳，要有开创事业的精神。要警惕到花花世界就迷糊了。”“开发要以自己的成果为基础，建立横向联系，建立技术投资为主的联合企业实体。”“专职干部要少，主要靠广大科技人员。基础研究—应用研究—科技开发不矛盾（1987 年 2 月 27 日下午所开发处与华信科技开发公司协作项目谈判情况汇报会）。”“出成果、出人才，积极承担国家科研任务。全所有 82% 的科技人员走上科研第一线，承担国家‘七五’科技攻关计划。”“植物遗传作为重点，能承担较多的任务。”“全所捏成几个拳头，建设几个开放实验室。”“这个任期的工作在内外压力下，取得进展，清楚了学科方向，形成我们的特色，明确办所方向，这些是基础。”“领导班子要对遗传所负责，要有继承性（1987 年 7 月 7 日下午党委会讨论所长任职期间的工作）。”[①]

另外，进行科研体制改革，加强实验室建设，积极争取承担国家科技任务方面。从1984年起，胡含所长和钟辉书记走出去，向院科研体制改革较好的单位学习，分赴成都生物所和长春应化所取经，带业务处长杨庆林随行。回所后，从10月起，书记和胡含所长等所领导组织全所有关的高中级科技人员，分成五个评审组，对全所七十一个研究课题展开认真的学术评审，对一些学术思想不清、工作基础和条件较差的课题进行调整，新增设了一些学科前沿和新兴领域、有生命力的课题，如植物基因工程方面的一些课题，使我所研究课题的质量和水平有所提高，更具有特色。

又经过充分酝酿和广泛征求意见，特别是各室主任的意见，所党委和所长研究决定，取消原来的研究室，分期分批组建一批学术方向明确、基础好的、有生命力的实验室。另设十个学术小组，来加强对实验室的学术指导。原来七个研究室有正副主任十五人，五十岁以下只有二人，占13%。改为实验室后，实验室负责人五十二人，五十岁以下的有二十二人，占42%，使一批中青年科技骨干走上了组织、领导科研工作的第一线，挑起了担子，锻炼了才干，加强了科研的活力。在承担国家“七五”科技攻关计划项目中，三十八个实验室中有二十二个承担了任务。在全所承担的六十五个课题负责人中，中青年科技骨干占了72%。

在“六五”国家科技攻关时，遗传所承担了十七项任务，共获得科研经费一百零八万元左右。由于承担研究课题的科技人员努力，结果有五个课题获得了国家计委、国家科委、财政部的工作奖，有八个课题获“三部委”表彰奖状，有四项获中科院“六五”科技攻关重大成果奖。

所领导动员广大科技人员积极争取，多承担国家“七五”科技攻关任务。受中科院合作局委托，由遗传所牵头，组织全院十七个生物领域和部分新技术研究所的四十多名专家召开了“主要农作物新品种选育技术研究课题”论证会，集中科学院的综合优势，组织以遗传所专家为主的编写组，编写了水稻、小麦、玉米、花生、油菜、大豆、大麦、薯类、甘蔗及

① 参考杨庆林的工作笔记，复制文件存于馆藏基地。

谷子等十种作物的院级申报书，上报农业部。后又组织以遗传所专家为主的专家组参加农业部主持的论证会。经过艰苦努力，使中科院的十个研究所在“主要农作物新品种选育技术研究项目”中承担了四十多个研究课题。全院在此项目中总获得科研经费二百多万元，其中遗传所在这一项目中主持或参加的专题六项，承担课题二十二个，占全院承担课题的60%。获得科研总经费一百二十七万元，占全院获得经费的57%。由于中科院主管部门努力争取，将国家“七五”科技攻关计划的“主要农作物常规育种项目”主持单位交给了遗传所，聘请胡启德先生为项目负责人。与参加单位科技人员充分合作，取得了一批重要成果。

在国家“七五”科技攻关中，遗传所主持或参加的专题十八项，承担研究课题六十五个，获取科研费四百五十多万元。全所总投入高、中级科技人员一百七十多人，加其他人员累计达三百零九人次，占全所科技人员的74%。体现了遗传所绝大多数科技人员走向了为国民经济建设服务的主战场。

遗传所是一个基础研究和应用基础研究为主的研究所，这类课题占62%。积极申报国家自然科学基金课题，也是遗传所科研经费来源的主要渠道之一。据1984年至1987年统计，总申报数为一百一十七项，获准四十四项，中选率为37%，高于全国平均水平30%。四年获得经费支持一百六十三万元。遗传所申报的课题有相当高的水平，在全国同行中有较强的竞争力。

国家“863”高科技计划，刚开始策划时处于“绝密”状态，遗传所的刘良式参加了生物领域的研讨会。1987年7月7日，胡含所长听取了刘良式关于“863”计划情况的汇报。根据“生物领域”计划，商讨遗传所如何争取承担项目。如针对植物抗虫、抗病、耐盐碱等植物基因工程研究；水稻雄性不育及杂种优势的利用；细胞及染色体工程等。汇报中还提到“863”计划生物技术领域专家委员会有意向要遗传所选派一位委员。所长原定由刘良式出任，所里也给他准备了实验室。但刘良式已决定全家调广东工作，胡含所长多次挽留无效。在刘良式离所后，所领导决定由朱立煌担任。当时朱立煌还在比利时进修，胡含所长立即与他通电话，要他及时返回研究所，出任“863”计划生物领域专家委员会委员。后来经过努力争取，将“863”计划生物领域第一主题办公室依托在遗传所了，由业务处处长杨庆林兼主任，陈永强任常务副主任，还配备了会计及其他人员。由于胡含的大力支持，以及陈永强常务副主任的积极努力，第一主题办公室密切配合国家科委主管单位中国生物工程中心的工作，工作很有成效，也受到专家们的好评。

当了解到“863”计划中，还有归军口“航天领域”的“空间生命科学”的项目时，经胡含所长批准，1986年12月24日由杨庆林、蒋兴村赴上海分院，参加“空间生命学术讨论会”，提交了利用搭载卫星，开展农作物航天育种的申请计划。蒋兴村在会上做了开展农作物航天育种的设想和建议，最终获得立项。1987年1月12日，北京空间中心张斌处长在八大处召开会议，决定遗传所参加卫星搭载试验，搭载农作物种子和开展细胞学研究。所长批准蒋兴村开设课题组，配备实验室和工作人员，正式开展农作物航天育种课题研究，也开启了我国开展“航天育种”领域的第一步。

积极组织好“863”高技术研究课题的申请，关系到遗传所的学术地位和声望，也是重要的科研经费来源。根据中央对承担“863”高科技计划任务的要求，遗传所在保证绝大多数科技人员完成国家“七五”科技攻关计划的前提下，组织部分精干的、有优势、有较好基础的实验室，编写了十四份申报书，经专家组评审通过十二项，中选率达71%。1984—1986年获得项目经费六百一十万元。

由于科研体制改革，发挥了各实验室的积极性，勇于承担国家科技计划的相关课题。“七五”期间，全所二十二个实验室都承担了科研项目。全所科研经费从以往的每年几十万元增加到每年二百多万元，“七五”期间，五年总获得科研经费一千二百多万元。科研经费主要支出是科研器材经费。遗传所1976年器材经费为二十九万元；1977年器材经费为四十八万元；1978年器材经费为七十万元；1979年器材经费为八十万元；1980年器材经费为九十五万元；1986年器材经费为一百八十六万元。

根据胡含所长要“办好中心实验室”“大型设备要公用”的思想，更好地为承担的国家科技计划任务服务，加强全所公用实验室的建设，做了以下几项重要工作。

第一，加强所技术室的建设，调王苏生研究员任技术室主任。成立所技术领导小组，聘黄季芳研究员为组长。装备了电子显微镜等大型设备，购进近百台单价在万元以上的仪器，至1989年全所已有仪器设备7491台件，固定资产达1248万元。

第二，向院申请世行贷款二十万美元，从美国Nepoco公司引进一千平方米的大型现代化温室，1986年4月通过验收，投入使用。

第三，加强科学院京区唯一的负压实验室建设，增强其为京区科研单位服务的能力和水平，最终建成与微生物所联合的“植物生物技术院重点实验室”（植物基因组学国家重点实验室的前身）。

第四，利用承担国家“863”计划和“七五”攻关计划课题的实力，向科学院申报建设“重要农作物细胞与染色体工程及其在育种上的应用国家重点实验室”。经多次专家评审，1989年1月获批准建设，1992年12月22日正式建成，并更名为“植物细胞与染色体工程国家重点实验室”。李振声院士任主任，胡含研究员任学术委员会主任。

所长的述职报告

胡含担任遗传所所长十年，在即将卸任前做了一个述职报告。报告是1983年5月继任所长以来至1987年3月的工作总结，但涵盖了胡含十年任期的工作成绩。该报告全方位展现了遗传研究所那些年的整体面貌，从中可以较为全面地了解胡含所长任职期间的主要工作成就和工作风格，也可较完整地了解遗传所的发展历史。

自1983年5月我任所长至今已三年九个月。这期间，在党中央十届三中全会的方针路线指引下，在院党组和所党委的正确领导下，以及全所职工的共同努力，按照中央内部提出的“依靠”“面向”的方针，坚持四项基本原则，坚持改革、开放、搞活，进行科研体制改革。努力做到认识上，自觉改革不是消极被动。工作上，实事求是，不一刀切，搞好团结安定。如整党中提高了同志们的认识，彻底否定“文化大革命”，克服派性，增强了团结，落实知识分子政策；如政治上平反冤假错案、改变政治结论、退还查抄物资等；业务上，提职调动科研骨干积极性；生活上，解决住房等，调动全所同志的积极性共同为国家的“四个现代化”做贡献。回顾这段工作，我所在科研成果，培养人才方面，取得不少成绩，同时在工作过程中，进一步明确了我所的科研发展方向。

一、出成果、出人才，积极承担国家任务

1983—1986 年正是完成国家“六五”规划，开始“七五”规划之时，近四年全所共有科研成果三十项，获国家、院、省、市、部委奖二十五项。历年获奖情况是：1983 年一项，1984 年两项，1985 年四项，而 1986 年十八项。这二十五项奖的级别是：国家科技进步二等奖两项、院特等奖各三项，省、市、部委一等奖三项、二等奖五项、三等奖两项，此外，还有三委一部工作奖五项，这些数字说明我所的科研工作正在逐年发展。同时，这些成果的社会效益和经济效益都是难以估算出来的，大大超过了国家每年给我所的经费约二百二十万元。例如：我所培养出的“诱变 30 大豆”和“科红 1 号”小麦两个优良品种近年来每年种植面积各有百万亩以上，若以每亩增产 45—60 斤，每斤折价，小麦 0.17 元，大豆 0.345 元计算，两者合计 1984 年总增值 4467.01 万元，1986 年总增值 6984.5 万元。此外，还有玉米、薯类、棉花、花卉、奶牛胚胎移植、北京白鸡的良种推广，以及优生、妊娠早期产前诊断等，这些成果和技术的经济效益和社会效益都是很可观的，也就是说国家对遗传所的投资是有效的，我所同志对国家是有贡献的。只要我们将科研工作调整得更符合国民经济科学发展的需要，我们是有潜力的，将会做出更多贡献的。

在基础理论与应用基础研究上，从历年来我所申请院和国家基金的情况来看，我们的工作也是在逐年发展和深入。例如：1983 年我所被批准基金项目四项；1984 年申请五项，批准三项，中选率 60%；1985 年申报国家基金、院基金、合同支持和青年基金共六十五项，批准数二十四项，中选率为 40%，而当年全国基金中选率约 20% 左右；1986 年我所申请国家基金十八项，批准九项，中选率为 50%，而当年全国基金中选率为 28.9%。上述数字说明我所的基础研究和应用基础研究工作在全国同类工作中是有竞争能力的，也就是说是有水平的。

在人员培养上，随着我所科研工作的逐年深入发展，我所的科技研究人员也在逐年成长。如 1986 年的专业职务聘任情况是：我所原有正研二人，现新聘任九人，共十一人，新聘任副研究员和高级工程师三十九人，全所高级科研人员从原来的三十四人，增加到六十七人。此外，还有管理、技术等部门提副研和高工十二人。与此同时从初级科研人员中晋升了四十人为中级科研人员。这项工作的完成，使我所各级科研人员的结构比例得到进一步改善，高、中、初比率为 1∶2∶1，高级科研人员的增加为年富力强，活跃在科研第一线的中、青年科研骨干进一步发挥作用创造了条件。如提职前正、副研究员 34 人，平均年龄 60.4 岁，提职后高研 67 人平均年龄 56.8 岁，在年轻化上，略有下降（下降了 3.6 岁）。我们对在职干部的培养，主要是通过上专业进修班，英语学习班和国内、外的学术活动，从而提高他们的专业和英语水平。此外，我们还着重抓了研究生的培养工作，自 1978 年以来，共招收硕士研究生一百三十一人，其中三十六人已取得硕士学位，另两人获英国和加拿大博士学位，共计三十八人已获学位。目前在研究生院和在所的研究生五十三人，在国外学习攻读博士学位的四十人，近两年，还为其他高等院校、科研单位代培硕士研究生十九人。自 1986 年起，我所被国家批准为博士生授予单位，正在培养博士生一人。此外，全所先后分别向美、英、法、西德、日本等十一个国家派出访问学者和研究生八十四人，其中访问学者四十四人，攻读博士学位的四十人。所有这些措施，对培养我所和兄弟单位的学术带头人和开展国际间学术交流起了促进作用。

由于我所近四年来，在出成果、出人才方面做出了成绩，所以我所在“七五”攻关规划中，承担了国家相当多的重要任务。如“六五”攻关任务中，我所仅承担课题十六项，获攻关经费一百零八万元，而“七五”期间在细胞工程、基因工程、常规育种、优生和林木基因工程等方面主持了十八项课题，参加课题四十三项，共计承担了六十五项研究课题，五年获资助金四百四十余万元，任务增加了四倍，经费亦增加四倍多。在上述六十五项攻关任务中，约有高、中、初级科研人员三百一十九人次参加。这些情况表明，我所的科研人员在承担国家任务上是有能力和有潜力的。只要政策对头，充分调动他们的积极性，我所同志是能够，也是积极主动承担国家任务，为社会主义四化建设做贡献的，这是一支好的科研队伍。

在国际合作上，过去主要是通过国家外事渠道邀请一些专业对口专家来所讲学和短期工作，他们是丁玉澄、付维宁、小野一郎、卡尔逊、岛田多喜子、戴维廉、斯特宾期和伯恩斯、苏俐辉等，近年来，除了院、所邀请了宋仁美为我所名誉兼职教授外，日益增多的国外的大学、公司邀请我所同志出国讲学和做访问学者，由对方支付旅费和生活费。如杜若甫、陈正华、魏荣瑄、吕德扬、颜永杉、贾旭等。近几年，我所的科研工作已具备相当基础并逐步形成特色，为国际学术界所瞩目的植物体细胞遗传学、单倍体遗传育种上，开展了国际合作研究。如美国孟山都公司对我所小麦花药培养研究成果很重视，与我所301-1、303以及301-2、102、301-3和602等实验室合作研究三个小麦生物技术课题，两年提供资金十五万美元；美国固特异橡胶公司与305实验室协作橡胶细胞工程研究，两年提供资金十万美元；日本麒麟啤酒公司与我所301-2、501实验室合作进行啤酒大麦品种试验研究，两年提供资金五万美元。上述五个课题共获资助金三十万美元，这些国际合作研究虽然仅是刚开始，是初步的，但它必将为我所的科研工作逐步走上开放，走向国际，提高科研水平，培养科技人员做出贡献。

在科研改革上，首先我们对全所课题进行了初步调整，各课题负责人自己提出本课题的研究方向、任务，学术领导小组讨论评议后，进一步明确本课题的方向和任务，逐步形成特点。在上述工作的基础上，我们调整了原来的七个研究室建成三十八个实验室，其目的是加强学术领导，减少层次，提高工作效率，科研骨干年轻化，促使一批年富力强的科研骨干脱颖而出，调动他们的积极性，从而提高我所承担国家任务的能力，增加我所科研工作的活力。关于这一改革，虽然一直存在不同的意见，可以继续探讨研究，但就科研骨干年轻化以及增加承担国家任务和促进我所科研工作的活力，其效果都是明显的。如原来七个研究室共有正副主任十五人，五十岁以下的只有二人，占总人数的13%，而调整为三十八个实验室后，实验室负责人为五十二人，五十岁以下的二十二人，占总人数的42%，他们的绝大多数都已被提职为高级科研人员，并走到科研领导岗位，挑起重担，锻炼才干，从而更多地为国家承担了攻关任务。我所承担七五规划六十五项课题的负责人中，六十岁以上的老科研人员十八人，占27.7%；五十岁到六十岁之间的中年有二十七人，占41.5%；而五十岁以下的青年有二十人，占30.8%；中青年科研骨干合计72.3%，是我所承担国家任务的主力。

二、科研方向

研究所的科研方向，必须符合国家经济建设和科学事业的发展，同时必须实事求是地根据遗传所的发展历史和现状来制定科研方向，这是两条很重要的原则。根据这些原则进行改革，首先应动员和组织主要科研力量到为经济建设服务的主战线上，促进科研与生产的紧密结合，同时应吸引和造就一大批优秀人才开展高水平的基础研究和应用研究的基础性工作。建立开放、流动、联合的实验室和研究中心，面向国际竞争。

1986年我所安排的科研课题共九十个，有二百七十位科研人员参加。其中基础研究包括应用基础二十九个，占总课题数的32.2%，参加人员九十一人，占总人数二百七十人的33.7%；应用研究五十一个占56.7%，参加人数一百五十二人占54.3%；发展研究十个占11.1%，参加数二十七人占10%。这些情况说明，我所已有66%以上课题和科研人员直接参加与国民经济紧密结合的应用和发展研究。目前的问题是应根据改革、开放、搞活的方针，动员和组织我所科研人员根据自己所承担的科研任务，在不同层次加强横向联系，以及通过多种途径开展开发工作，促使我所各课题的特长和成果，尽快地在农、林、牧、渔、医、工（轻工）以及教育各方面发挥经济效益和社会效益。

从遗传学的分支学科来看我所1986年90个科研课题，可分为四类：植物遗传58个占总课题数的64.4%，参加人员173人，占总人数270人的64.1%；动物遗传22个占24.4%，参加人数59人占21.9%；微生物遗传4个占4.4%，参加人员19人占7.0%；人类医学遗传6个占6.9%，参加人数19人占7.0%。上述情况符合遗传所近年来的发展实况，说明我所植物遗传学课题和人员都在40%以上，是我所的重点。同时动物遗传、微生物遗传、人类遗传、医学遗传等领域也有所发展。我所是一个以植物遗传学为重点，其他领域也有发展的综合性基础学科研究所，这一情况在我所承担“七五”规划的65项课题中也可看出，如植物遗传53项占81.5%；动物遗传7项占10.8%；微生物（分子）2项占3.1%；优生（医药）2项占3.1%。我所承担国家“七五”攻关任务中，植物遗传占81.5%，这一情况更说明，植物遗传学是我所的重点，能够较多的承担国家任务。

随着分子遗传学和遗传工程研究的发展，植物分子遗传学和植物遗传工程日益为我所重视。这是因为它有重要的应用前景，同时也是因为植物遗传学进行分子遗传学研究比较复杂，进展较慢，许多问题有待人们探索。因此在国际上遗传学的发展，人们重视分子遗传学与经典植物遗传学相结合，开展植物分子遗传学与遗传工程研究，这是当前遗传学的重要前沿之一。而我国植物遗传学，尤其是体细胞遗传学水平与国外相比，差距相对较小，基于上述原因结合我所的基础和实际情况，重点发展植物遗传学和植物分子遗传学，开展植物遗传工程研究是有其战略意义的。

近年来，在院生物学部支持和组织下，在我所建成负压实验楼，组建了植物分子遗传、遗传工程实验室。由周光宇先生为顾问，朱立煌为室主任，有马诚（学部）、荆玉祥（植物所）、申同健（生物物理所）等同志参加的管理委员会，负责实验室的学术领导和管理工作，挂靠在遗传所，我所负责党、政、后勤等方面的领导管理工作。现已有我所朱立煌、王斌、徐乃正等三个实验室在该实验楼工作，他们都从事植物分子遗传学、遗传工程研究，享有较好的实验条件，在较短时间内，取得可喜的成果。此外，在院计划局支持下，1986 年我所在试验场建成一千二百平方米的现代化大温室，可以自动调控温、湿度，为植物遗传学和植物分子遗传学、遗传工程研究提供良好条件。值得提出的是，基于上述遗传学发展趋势和国家建设需要以及我所现有基础和特点，我所一些原来从事分子遗传学和生化研究的中、青年科研骨干同志主动地与从事植物遗传学的课题和同志靠拢，利用他们的植物材料，协作研究共同感兴趣的遗传学问题。这样做是充分尊重各专业的特长，在组织上不靠行政指令，在业务上进行横向联系，发挥多学科综合性研究的优势，很容易形成自己的特色。我所有一批这类研究课题，正在朝着这种方向组织和发展，它是形成我所植物遗传学特点和优势的好方法、好途径。

至于基础研究包括应用基础，我所现有课题与参加人员都在 32% 左右。由于我所是基础理论研究所，就根据院的改革方针，在遗传学的前沿领域努力拼搏，提高遗传学水平；开拓以遗传学为背景的新技术，促进遗传工程等高技术的形成和发展，形成自己的特点和优势。力争首先建立植物分子遗传、遗传工程开放实验室，面向全国，面向世界，促进遗传学水平的提高。

三、行政管理

为了科学研究的顺利进行，除了科学政策、体制以及科研方向的制定和管理外，我所职能部门的同志做了大量的保障工作。如办公室、业务处、物资处、行政处、人事保卫处、试验场、技术开发公司、会计室、劳动服务公司、图书情报室以及技术室的同志辛勤劳动，对遗传所的发展具有重大的作用，工作是有成绩的。各个部门的负责同志做了认真的工作总结，我与邵启全同志的述职报告，就是在他们的总结基础上写成的。在这里我不可能全面反映他们的工作，仅就我主管的业务、人保、行政和开发几方面工作，向大家做简要的汇报。

行政：遗传所行政管理包括试验场、服务公司共有十九个工种，正式职工一百一十一人，临时工七十一人，服务工作面广战线长，由于队伍素质不高，骨干力量不稳定。如本届任期一直没有行政副所长，我们对改革工作缺乏经验，工作体制和制度不完善，所以对科研工作的保证做得不够，加上过去我们没向同志们及时汇报，解释的少，大家相互理解也少，所以群众意见多，工作同志有怨气。但是三年多来，我们的行政工作还是有进展的，维持了后勤工作对科研工作的保证作用，有些工作与部门积累了一些经验，工作有改进、有成绩。如试验场，在用工制度上进行改革，通过与密云县科委科技合作，采用培养农村知青的雇用工制，经过三年试行，完善了管理制度，显著地提高了试验地的管理质量，做到了不误农时，及时除草，同时进行了田间规划，增加了试验地。试验场的面貌有所改观，深受科研同志的好评。另外负压实验楼的四位老工人同志（付志祥、张秀珍、马振喜、吴振洲）工作主动，认真负责，当试验设施、水、电等条件发生问题时，他们随叫随到，及时解决问题，他们与植物分子遗传、遗传工程实验室同志团结好，保证科研工作，有为科研服务的思想，使得科研人员满意，促进了科研工作的顺利发展，在短期内获得可喜的成果。

供电问题是917大楼多年来我所未能解决的老大难问题，这是因为北京市供电不足，尤其是北郊没有保证，加以电线老化，危及科研工作，而又缺乏资金。在上述情况下，我们与北郊办公室以及兄弟所研究，做了几件事，改善了供电状况：第一，1985年改接917大楼电线分路，使停电现象显著下降；第二，启用新配电室。今年2月917大楼开始增容，以后再改由立水桥线路供电，争取双路供电，以保证科研用电；第三，正在进行917大楼分层用电改造的设计图和经费等筹集的准备工作，力争今年开始改造。

基建工作三年内完成了四百一十多万元的基建投资，完成了46288m^{2}的建筑，除了科研、生活用房的维修外，近三年完成了负压楼、动物实验楼、动物中心实验楼、温湿自动调节的大温室、试验场暖气管道的修建、试验场食堂、试验场招待所等建设，这些都是基本建设，对改善科研实验条件有重要意义。

科研用房的调整，是改善研究条件的重要内容之一。行政科同志在我所科研课题调整的基础上，与有关同志多方协商调整了二十二个实验室的工作用房。此外，他们与工会分房小组同志按照制定的分房原则及有关政策，调整分配了一百六十九户生活用房，其中高研十七户，中、青年科研骨干四十二户、研究生七十五人、大学生十八人、工人十六户、大龄青年九户、华侨三户、特殊困难三户。值得提出的是我所老高研，除了个别户外，他们的住房条件都得到了改善，这里虽然是因科学院行政管理局等建了宿舍大楼，提供了条件，但我所行政科、处同志多方争取，协商分配，做到基本合理也是至关重要的。

我所北郊职工子女上学问题，是影响科研人员不安心的因素之一，我所行政处、工会与全体家长共同努力，充分利用所内多余物资和中关村三小建立了稳定的良好关系，解决了北郊职工子女上学难的问题。

我所车队司机同志少，大轿车老化，司机同志在困难条件下辛勤劳动，完成了出车任务。1986 年全年大、小汽车已行驶 104091 公里，应耗油 21054 公升，而实用油 17796 公升，节约油 3258 公升。另外全年大、小汽车共出车 3389 次，其中接送职工 1238 次占总出车次的 36.53%，科研用车 584 次占 17.23%，接送学生 540 次占 15.93%，以上三项共占约 70%，而所领导、老干部与人保用车 243 次占 7.17%，其他行政、基建等各单位用车次数各占总用车次的 5% 以下。上述数字说明，我所车队在出车上主要还是保证职工上下班和科研用车，同时司机同志注意节油，为保证工作用车做出了贡献。

工会同志大抓计划生育的宣传教育工作，并注意安排和落实，改变了过去没完成计划的局面。

开发：为了贯彻中央关于体制改革的精神，在院领导下我所先后成立了科技开发培训中心（开发处）与实验动物技术开发公司等。后根据院对公司进行整顿的精神，将我所中国科学院实验动物技术开发公司与开发处合并，统称为中国科学院遗传研究所新技术开发公司。

近两年开发处同志做了许多工作，积累了不少经验，进一步明确了今后发展的方向。自1985年以来，我所开发业务主要有下述四项内容:（1）技术转让，如薯脯和净化淀粉新工艺、花卉组织培养技术的转让。（2）举办各种培训班，如举办了分子遗传、遗传工程技术培训班和原生质体融合技术培训班等。因为培训班有实习操作，传授新技术，深受高校教师等的好评和欢迎。（3）举办函授班，如快速养猪函授班，全国有二十六个省市、自治区的单位和个人共有四千二百人参加。通过函授学习，一些学员来信反映，快速养猪法，效果显著，产生了经济效益和社会效益。（4）组织新型仪器的研制和销售，如技术室同志研制的凝胶干燥器成功，其性能与国外产品类同，但价格每台要便宜两千多元，1986年销售六台，共收入4651元。通过上述开发活动，1985年科技开发总营业额达51.7万元，除去成本，提成以及上税等，获利润15万元；而1986年因处理上年薯脯机、薯粉机等遗留问题，全年的总营业额减少，但仍达十九万多元，除去成本等，获利润七万元左右。经过两年的工作实践，在科技开发上，我们主要的体会和经验有二:（1）科技开发工作必须依靠广大科研人员，依靠科技工作的成果。这样可开发的途径是多样的，同时也是可靠的。（2）要重视智力开发，如办函授班、培训班等。一方面可产生良好的社会骨干，促进知识更新，对科研人员本人及对被培训人员都可做到教学相长。基于这些体会，我们正在筹办“遗传工程”函授大学（或学院），面向全国在职职工、大学落选考生和自学青年等，这项工作是为满足目前社会上自学成才人员的迫切需要，补助高校的不足而筹办，同时也可发挥我所科研人员的才智，为社会进行智力投资。这项工作如能实现，必将产生较大的社会效益，获得一定的经济效益，同时也是为了离退休老科学家，老同志安排一些他们力所能及的工作，以发挥他们的余热。

开发工作具有重要意义，希望全所同志都来关心它，这项工作将加强科研工作同经济发展相结合，与教学相结合，促进国民经济的发展，同时也是将我们的特长——智力劳动向社会索取应得的报酬，这些收入反过来将支持我所的科研经费和改善科研人员的工作条件和生活条件。

四、存在问题和建议

根据上述工作总结和当前科研体制改革的要求，检查我们过去工作，我们的主导思想是明确的，努力做到自觉地、实事求是地进行改革，注意团结稳定，调动大家的积极性，同时通过多年的改革实践，进一步明确我所的科研方向。遗传所是以植物遗传学、植物分子遗传学、遗传工程为重点，其他学科领域也有发展，综合性的基础学科研究所，在学科发展方面逐步形成特色，承担国家任务，这些认识和工作，都应坚持和发展。但也应看到，我们距离建成开放型、面向国内外，拥有优秀人才，学术上高水平，对国家和遗传学有贡献的所室，还有较大的差距，明确这一实际，做如下建议。

第一，在我们的主导思想上要坚持四项基本原则，清醒地认识到要坚持社会主义方向，就要深入改革，提高全所的同志的素质，正确认识坚持四项基本原则和坚持改革、开放搞活的相互关系。促使大家自觉地、实事求是地进行改革，同时明确我所的科研方向，对科研体制改革、对所的工作和自己的工作要有信心，要看到我们的队伍基本上是好的，只有这样，我们才能统一认识，团结协作，更好地完成国家任务。在学科发展，遗传学发展上，我们应认识到我所现有的研究课题，不论是基础理论，应用基础研究，还是应用、开发研究，都应注意深入研究，加强力度，提高遗传学水平，形成自己的特点和优势，并加强与国内、外学术单位以及高等学校的合作，在遗传学各领域，做出优异成绩。这些基础的、深入的工作，不仅是符合当前国家建设和科学发展的需要，同时也是为“八五”和更长远的研究提供准备，以解决国民经济发展的后劲问题。

为了达到上述要求和目的，我们应组织精干的队伍，首先要按任务定编、定员、逐步形成梯队，加强人员流动。其次今后国家分配来所的大学生和合同工都不多，应加强研究生、代培生、进修生的培养。各实验室除保留少数固定人员以外，应多培养代培生和进修人员。这样，一方面为兄弟单位和高校培养有用的专业人才，这是加强横向协作的好方式。同时因为有培养任务，工作质量能够得到保证，对研究工作有促进作用。这种方式，我所各实验室已积累了不少很好的经验，值得总结。人保、业务、行政和试验场负责同志已对此问题做过讨论，正在制定规章制度，加强对研究生、代培生和进修生的管理，解决他们的住宿等生活问题。

第二，在行政管理上，我所各职能部门的同志做了大量工作。职能部门负责同志大都是积极肯干的，但是我所的行政管理工作与同志们的要求差距还很大，与客观发展形势很不协调。追其原因，一方面因本届任期我们一直没有行政副所长，行政处等干部一直未配齐，业务所长不熟悉这方面工作。另一方面需要提高行政干部的素质，加强为科研服务的思想，改进工作作风和工作方法，同时应制定各种切实可行的规章制度，加强科学管理，加强计划性，并应认真执行和监督检查，建立良好的工作秩序。同时，应加强民主管理，及时向全所同志，尤其是科研骨干同志介绍和汇报所工作的情况和问题，加强领导与群众之间的相互理解，制定会议制度，加强对话，发扬民主、改进工作。

此外，我们应强调和发扬艰苦奋斗、自力更生、勤俭节约的优良作风，把我们的行政、科研工作做得扎实可靠。为此，应加强岗位责任制，提高工作效率。

第三，领导班子的团结和稳定是搞好工作的关键，近一年来，党委改选后，所常委和所领导在工作中能相互信任、相互谅解，所以在许多重大问题上，我们能较好地完成任务。此外，领导班子的稳定和连续性也很重要。因为我所目前所取得的科研成果，人才培养以及承担的国家攻关任务和我所的科研方向，都不是短期形成的，它有其发展过程。领导干部保持稳定和连续，有利于完成所承担的国家任务，发挥已形成的特点和优势，保持和发展我所在国内、外遗传学界已建立的良好联系，尽快形成开放型的，面向国际、拥有一批优秀人才、能够承担国家任务、学术上高水平、对国家和遗传学有大贡献的研究所。

图 8–4　胡含所长（右一）向中科院方毅院长（中）等领导汇报工作（1982 年。遗传发育所档案室提供）

> 以上是我述职工作的简要汇报。在我任职期间，由于我的工作不深入，在作风方法上简单、急躁，致使工作受到影响，上述工作也因认识水平的限制，存在不少问题，希望同志们多多批评。①

从以上述职报告中可见，在胡含任所长的十余年时间里，遗传研究所在科研工作、行政管理、人才队伍建设、科研和生活条件建设等各个方面都有了长足的发展，为后来遗传所走向辉煌奠定了坚实基础。胡含所长功不可没。

除此以外，胡含先生非常重视培养中青年科技骨干，在发现人才、使用人才方面多有建树。不仅大胆选用青年骨干担当重要课题负责人，一旦发现有能力的青年人就提供条件，给予适当的岗位进行锻炼培养，从一个事例中可见一斑。陈永强在日记中记述一件事，那是他分配到遗传所工作一年多的时候，设想提取玉米 DNA 在实验室开展转移实验。从报道中见到动物所的童第周教授和美籍华人牛满江教授在金鱼中进行了 mRNA 的转移，获得了突破性的结果，由此激发他联想到了用 DNA 来进行转移实

① 胡含 1987 年 3 月 3 日。引自胡含《述职报告》，原件在遗传发育所档案室。

验。1979 年 6 月他就开始了 DNA 的提取工作，采用发芽的大豆进行提取，经过连续三天两夜持续工作，终于提取到纯化的大豆 DNA。他的笔记本中记述："在植物中抽提 DNA，当时在国内尚未有先例，因而我的工作很快受到单位的重视，经过大量的查阅外文资料，我终于在连续工作几个通宵后，在一个周五清晨 3 时完成了实验，拿到了第一批 DNA 的纤维状沉淀物。取得结果后很兴奋，心情激动无法入睡，连夜整理资料写出整个实验报告。在 8 点前即给邵（启全）和蒋（兴邨）分别打电话，报告了我的实验情况。他们都很高兴，还特意找来了所长胡含同志，向他介绍了情况。胡含同志对于我的工作当时就给予了很好的评价。记得在年终总结时，胡含所长还专门在总结报告中提到了我，他在讲到我的工作和干劲之后，以提问的口气说：'这样的同志可爱不可爱？'，会场上齐声回答'可爱！'。我虽然早已羞红了脸，但心中却是很甜的。"① 不仅在大会上褒奖，并于 1981 年推荐陈永强公费出国进修，回国后根据他的才干，安排他负责科技处工作，1986 年又推荐到"863"计划办公室工作，还曾担任过遗传发育所的党委书记。虽说这些成就是凭着陈永强自身的勤奋和努力，无可否认胡含为他的成长提供了发展空间，至今他依然心存感激。

国家科技攻关十五年

在国家"六五""七五""八五"科技攻关项目中，胡含主持了植物细胞工程项目，十五年中与全国近二十个研究单位组成项目合作研究攻关团队，均顺利完成了承担的课题任务，获得国家计委、国家科委和财政部的特别嘉奖，颁发了荣誉证书。

1983 年初，国家经委和国家科委分头组织各有关部门和地方，对"六五"期间确定的三十八个科技攻关项目进行了技术经济论证。先对项

① 引自陈永强日记，原件本人收藏。

目做选题划分，然后明确每个项目及课题的主持单位、承担单位、经费分配等，签订攻关专题合同。之后，“六五”攻关计划便进入了实施阶段。

在三十八个项目中又选出了对国民经济全局关系重大的七个重中之重项目，其中第一项，即农畜育种技术及繁育体系。

“六五”攻关计划在农畜育种方面，育成小麦新品种三十多个，区域实验面积达四千万亩，约占全国小麦播种面积的10%。新品种一般增产5%—10%；育成水稻新品种达四十个，推广五千万亩，平均每亩增产一百斤左右；育成蔬菜品种四十六个，也进行了大面积推广；马铃薯茎尖脱毒技术趋于完善，找到了防治马铃薯因病毒侵染导致退化减产的技术，平均亩产提高五成到一倍，基本解决了全国种薯繁育体系的技术问题；黄羽肉鸡筛选出优质型杂交组合四个，快速生长型杂交组合五个，一般比地方品种增重达五成，饲料消耗降低约三分之一。胡含主持了“植物染色体及染色体组工程”项目，取得很大的进展和成果，为“七五”攻关项目中主持专题打下良好的基础。

“七五”科技攻关计划的制定是根据《1986—2000年国家科技发展规划》(十五年规划)的方向与任务。在内容设置上考虑到同“六五”科技攻关计划的衔接，经国家计委、科委和经委共同商定后，从拟订的一百六十八个项目中选出七十六项共三百四十九子项，作为“七五”国家重点科技攻关项目，预计经费三十五亿元，其主要内容包括四个方面。其中在农业方面，着重抓好良种选育和粮食转化，争取在“七五”期间使我国粮、棉、油等主要农作物品种更新换代一次，提高品质、抗性并增产10%。攻关计划管理在“六五”攻关计划管理的基础上前进了一步，实行分级管理，由组织协调部门、主持部门和承担单位三级组织实施。组织协调分别由国家科委和国家经委负责，其中国家科委负责农业、能源、化工、社会发展和部分新兴技术项目，共三十三项。

胡含在“七五”科技攻关项目中，主持了编号为75-71-05-01的“应用细胞工程技术培育农作物新品种”专题项目。细胞工程是生物技术的一个重要分支，它与植物遗传研究相结合可以直接为育种服务；与DNA重组结合又可开展基因工程研究，探讨高等植物的遗传机理。该专题包括二十八个子专题，研究范围涵盖了染色体工程、水稻、小麦、大麦、玉米、大豆、油菜、甘蔗、橡胶、芦苇等多种农作物和经济植物。全国二十二个研究单位共同承担了该专题的科技攻关任务，部分子专题也由多家单位共同承担，子专题负责人约有四十人。细胞工程专题协作单位聚集了国内该领域的精兵强将，包括西北植物所的李振声、中国农科院作物所的庄巧生、品资所的董玉琛、东北师大的郝水，以及北京市农林科学院的胡道芬、南京农大的刘大钧、四川大学的罗鹏、中国水稻所的赵成章等一大批院士和著名学者。“七五”攻关采取分级管理，胡含是细胞工程专题承担人、主持人，专题管理也就放在遗传研究所。每年要协调二十二个单位、二十八个子专题的科研工作，其工作量是非常大的。胡含的课题组承担了其中的两个子专题，“小麦花粉植株染色体工程育种”和“用细胞工程技术培育啤酒大麦新品种”。专题总经费二百一十万元，每个子专题的经费都较少，最多的十二万元，最少的仅有一万五千元，胡含课题组的两个子专题的总经费也仅有十万元。在 1986 年，看似这点经费也足够使课题正常运转，那时物价相对较低。

“七五”攻关是胡含主持最成功的项目，取得了一批高水平的成果，

图 8-5　国家科技攻关项目细胞工程育种专题验收（胡含在前排右七。1990 年）

在项目验收时交出了一份出色的答卷。由胡含、王恒立主编出版了《植物细胞工程与育种》论文集，这本论文集就是汇编了这个专题五年（1986—1990）来的主要成果，共收录论文七十五篇，分为花药培养、染色体工程、体细胞无性系变异和细胞突变体筛选、组织培养、新技术改进五部分。最后还附有国家品种审定委员会审定的水稻、小麦和橡胶新品种名录，以及用细胞工程技术创制的优异新品系与新种质名录和简介。在花药培养方面，五年期间选育出花粉水稻和花粉小麦新品种六个，通过了国家或省级品种委员会审定，另有两个花粉小麦新品种通过了区域试验。植物染色体工程主要用于基因定位和异源基因的导入，用以提升小麦的育种技术水平。从八十年代初就组织了染色体工程育种研究，经过“六五”和“七五”协作攻关，首先由我国创制了小麦、黑麦、山羊草、冰草、偃麦草等多种近缘植物的双二倍体，以及小麦的单体系统和缺体系统。在此基础上又创制了各种异源附加系、代换系和易位系等染色体工程材料，包括各种抗病、抗旱和高蛋白类型的材料。在创造上述遗传资源的方法上也有许多创新：①利用小麦远缘杂种染色体自然加倍的特殊小麦种质创造了一种简便的获得双二倍体的方法；②花药培养技术与染色体工程技术相结合，建立了花粉植株的染色体工程新体系，不经过受精过程即可获得缺体、单体以及各种异附加系和异代换系；③在发现小麦标记性状的基础上，开发了一种缺体回交法，不用异附加系也可创制异代换系，从而简化了染色体工程程序。其次，在植物组织培养技术进步的促进下，体细胞无性系变异和细胞突变体的研究也取得了很大进展，为水稻、小麦和玉米等作物选育出早熟、矮秆等优良品系。结合人工诱变方法进行细胞突变体筛选，选育出抗病、抗除草剂、抗逆境胁迫、抗氨基酸及其类似物的突变体。新技术的改进研究上也取得长足进步，建立了先进的细胞学技术，广泛地应用染色体分带技术，以及凝胶电泳、等电聚焦等生化技术和分子杂交技术，并使用生化标记和分子探针深入分析各种遗传性状，为进一步利用这些种质资源提供了依据，对研究遗传与育种中的重大基础理论问题打下了坚实的基础。由于在“七五”攻关项目上取得优异成绩，成果显著，获得国家两委一部授予的集体特别嘉奖。

建所三十周年

胡含任所长期间，也遇到不少困难，甚至是阻力。在这种情况下，经常会听到胡含说："我是遗传所老人，我要对遗传所负责。"在他临近卸任时，所里对下届所长、副所长人选争议不休，无法协商出一致的意见。胡含抱着对遗传所负责的态度，找到周光召院长，推荐在西北植物所很有成就的李振声先生来遗传所任所长。李振声五十年代就在遗传所前身的遗传选种实验馆工作过，一直与遗传所保持联系与科技合作，共同承担了国家科技攻关项目，对遗传所的总体情况比较熟悉。胡含先生的推荐得到院里认可，全所人员也多数满意，使遗传所下届所长的人选得以落实。1987 年，胡含所长卸任后，由李振声顺利接任，平稳交接。由于李振声在科学研究方面取得的成就，以及具备的政治素质和领导能力，后来担任了中国科学院副院长，分管全院生物、农业等方面的工作，并兼任遗传所所长。李振声不负众望，不久当选为科学院院士，成为遗传所的首位院士。李振声通过小麦远缘杂交，选育出小偃系列优良新品种，为国家的粮食增产增收以及遗传育种理论研究方面做出了卓越贡献，2006 年获得国家最高科技奖。胡含为遗传所引荐了一位好所长。

遗传研究所在 1989 年 9 月举办了所庆三十周年大会，所长李振声做了主题为"团结起来，为发展我国遗传科学做出新贡献"讲话。李振声所长讲话很全面，概括了遗传所三十年的发展历程和取得的成就。特别是近十几年的发展，从中可见胡含所长为此做出的贡献和发挥的重要作用。

李振声在遗传所建所三十周年纪念大会上说道："三十年，对于一个人来说正是三十而立，朝气蓬勃的黄金时代，对于一个研究所也正是茁壮成长、蒸蒸日上的发展阶段。遗传所三十年的历程，是一个从小到大，研究水平不断提高的发展过程。今天，我们大家共聚一堂，庆祝三十周年，总结三十年的历史经验教训，发扬成绩，共商在改革开放中，加强党的领导，坚持四项基本原则，团结奋斗，进一步地搞好遗传所建设，这是一次使人振奋精神而又很有意义的活动。”①

李振声追溯了遗传所的前身遗传选种实验馆直到正式成立中国科学院遗传研究所的这段历史。建所后，当时专职副所长为钟志雄，兼职副所长为祖德明，全所共有研究人员四十五名，技术人员三十七名。1977 年胡含出任遗传所第一任所长，1987 年换届后由李振声继任所长。三十周年时发展到全所总人数四百六十六人，其中高级研究人员八十八人，中级研究人员一百四十九人。共有三十八个实验室，研究内容涉及植物遗传、动物遗传、微生物遗传、人类群体遗传、医学遗传、免疫遗传及进化遗传等一系列遗传学研究领域。三十年来，共取得科技成果三百三十二项，其中，国家级科技成果九项，院、部级科技成果五十三项，所级科技成果二百六十二项。可见遗传所的发展迅速，取得的成绩骄人。

三十年来遗传所的发展大致经过了三个阶段，即三个十年。六十年代，遗传所的科研人员根据杂种优势利用三系配套理论，选育高粱的不育系、保持系和恢复系，先后育成了一个不育系和三个优良杂交组合，推广面积曾达到二千余万亩，并在全国范围内普及和推广杂种优势利用的技术和基础知识，为后来杂种优势在包括水稻在内的其他作物上的应用奠定了基础。七十年代，随着国际上生物技术、细胞工程的兴起，遗传所率先开展了花药培养研究，最早获得了小麦和水稻等花药培养的再生植株，在国际上首先提出了花药培养单倍体育种的新途径。并首先利用这个途径培育成了小麦“花培 1 号”、水稻“花育 1 号”花培品种等。不久这项新技术就被我国许多科研和育种单位所采用，育出更多更好的作物新品种，使我国在这一领域处于国际领先的地位。在这一阶段，植物原生质体培养、细胞融合和其他组织培养技术也迅速地发展起来，达到国际先进水平，有些还处在国际领先地位。细胞工程技术在遗传所的发展带动了体细胞遗传学的发展，提出了许多重要的研究课题。在科研的实践中，一批学术带头人也成长了起来。八十年代，遗传所学科的发展方向就比较明确了，植物体细胞遗传学与分子遗传学相结合，细胞工程与基因工程相结合，形成了遗

① 见遗传所所庆油印本，原件存放于馆藏基地。

传所学科发展的主流。在这个时期，植物细胞工程的研究又进一步取得了重大进展。与此同时，在植物分子遗传学和基因工程方面我们的队伍在不断地壮大，研究工作也取得了重大的进展，正在逐渐地接近国际先进水平。

在总结报告中李振声也提到遗传所在微生物遗传学、医学遗传学、人类群体遗传学、动物遗传学、免疫遗传学以及进化遗传学等研究方面取得的一批有重要学术意义和应用价值的成果，填补了国内空白，有的还进入了国际先进行列。遗传所在国民经济的主战场做出了新贡献，科研成果产生了重大经济效益和社会效益，累计经济效益已达二十亿元。还详尽地介绍了近年来遗传所在科学研究的第二个战场，即跟踪国际上高技术的发展方面也做了重要部署，特别是在植物细胞工程、植物基因工程、奶牛胚胎工程和免疫抗体的基因工程方面取得的一批在国内领先或达到国际先进水平的成果，以及在基础研究方面获得的重要进展和成就。

统计分析了三十年来遗传所的基本状况。科技人员共发表学术论文一千三百六十七篇，出版学术专著和科普著作四十六部。从 1978 年恢复研究生培养制度以来，累计招收博士生八人，一人被授予博士学位，七人在读，有四十五人正在国外攻读博士学位。累计招收硕士生一百七十五人，八十二人已获硕士学位，六十一人在读。派往国外的进修生、访问学者三十九人，已有二十八人回国。近十年来，积极开展了在职人员的培训工作，已有三十四人先后获得大专文凭。科技人员参加各种短训班二百九十六人次，党政及管理干部参加各种短期培训三十四人次。通过这些培训，提高了各类人员自身的工作水平和素质。在职人员中已晋升研究员十九人，副研究员、高级工程师等六十九人，助理研究员、工程师、实验师等中级科技人员一百四十九人，初级科技人员一百四十二人。三十年来，先后装备了二十八个实验室，建成实验场一处，现代化的大温室一座，负压实验室一个，添置各种设备共计七千四百六十一台（件），固定资产总额达一千二百四十八万元。目前尚在筹建之中的还有世界银行贷款项目“重要农作物细胞与染色体工程及其在育种上的应用”实验室。

三十年来，遗传所开展的国内外学术活动对活跃学术思想产生了良好作用。自改革开放以来参与国际学术交流活动得到进一步加强，近年来接待了来自美、日、英、法等数十个国家和地区的上千名专家学者来访。与此同时，本所的大批科技人员也纷纷派往国外考察、参观、讲学、参加各种国际会议。通过这些国际间的学术交流活动，既增强了与各国科技界的友谊，又活跃了学术思想，培养了学术骨干，对推动科研事业发展起到了积极作用。为了加强国际学术交流，遗传所编辑出版了英文版《遗传学报》和《植物遗传操作》两个新杂志。在过去的两年中，遗传所又有多个项目获得了国际资助，新争取到了世界银行贷款“重点学科发展项目”中的一个子项目。这些国际合作大大推动了遗传所的科学研究。

最后李振声所长做了回顾和展望：

回顾建所三十年的历史，我所之所以能以较快的速度发展主要有两方面的原因：第一，是客观上受到两种因素的推动，首先是我国国民经济建设发展的需要，特别是发展农业生产和控制人口增长的需要；其次是六十年代分子遗传理论的重大突破，特别是近二十年来遗传工程、细胞工程与其他生物技术突飞猛进的发展。第二，我所广大干部和职工，在各级党政部门的领导和支持下，通过自己的主观努力，适应国民经济建设发展的需要并且紧紧跟上遗传学发展的前进步伐。具体表现在选题上，我们注意到了国民经济建设的需要与科学发展的前沿领域，在工作条件上我们争取和建立了必要的实验室设备与田间试验的条件；在人才培养上通过采用学习与实践，国内和国外相结合的途径培养了一批有一定独立工作能力或具有独创精神的学科带头人；在国际方面，我们开辟了多种渠道保证了与国际学术界同行的积极学术交流，并得到了一定资金支持。在政治思想工作方面，我们不断向党员和全体职工宣传党的各项方针政策，保证了研究所正确的政治方向。这些工作是我所全体职工共同努力的结果。

展望未来，我们中国科学院在充分研究我国国情和院情的基础上，经过中央批准已经有了一个明确的办院方针，就是三分之二的科技力量投入国民经济建设的主战场，三分之一的力量从事基础研究。根据上述的办院方针，联系我所实际，我所过去提出的“以植物遗传与植物分子遗传、植物遗传工程相结合为主要发展方向，其他学科如微生物分子遗传、动物遗传、人类医学遗传等相应发展”作为我所的学科发展方向是适宜的，应该坚持下去。其次，为了加强我们的竞争能力，我们应该继续克服人员和课题分散的现象，适当集中力量形成拳头。第三，继续重视对青年科技人员的培养与教育工作，帮助他们了解国情，了解实际，提高政治素养，扎根国内，增强为发展我国遗传学与国民经济建设事业而献身的精神。第四，加强行政与后勤管理工作，在国家暂时困难时期，一方面要坚持勤俭办所的原则，另一方面还要千方百计克服困难，保证各项科研工作的必要条件。第五，加强党的领导与政治思想工作，加强廉政建设，加强以党委为核心的凝聚力，发挥党员的模范作用，要建立健全政治学习与组织生活制度，发挥职代会的各项职能，发扬各民主党派和各群众团体在建所中的积极作用，团结全所同志努力把我所办成一个既能为国民经济服务又能为发展我国遗传学不断做出新贡献，朝气蓬勃，不断向上的研究所。①

图 8-6 遗传所建所三十周年纪念活动（1989 年 9 月 25 日，胡含在前排右五）

① 参见遗传所所庆油印本，原件存于馆藏基地。

李振声所长的讲话回顾了遗传所建所前与建所后三十年的发展历程，全面翔实地讲述了不同时期全所广大科技人员在国民经济建设主战场上做出的成绩和贡献，以及在基础研究和高新技术研发上取得的成就。所取得的科研成果均产生了巨大的经济效益和社会效益，部分研究项目还达到国际领先水平。虽然报告中没有专门提及胡含，但可以看出提到的发展理念和管理模式都是已往的传承，大家都知道遗传所的发展壮大和取得的成就，特别是八十年代以来取得的成就与胡含所长为遗传所的发展做出的不懈努力和辛勤付出密不可分。

学术交流与科技合作

胡含从七十年代到 2000 年间，出国参加国际学术交流会、国际学术组织活动数十次，几乎走遍了世界上的主要国家。在国际学术交流中应邀做了数十次学术报告，同时国内举办了许多学术交流活动以及承担一些国际合作交流项目。完整记述全部学术交流活动和科技合作的效果是很难做到的，只能从资料中列举一些数据，从众多的学术交流活动和科技合作中摘取一二，以展示胡含在合作交流方面的贡献。

在所长任职期间，胡含在邵启全副所长的协助下，遗传所的科技外事活动十分活跃。自改革开放以来，遗传所参与国际学术交流活动进一步加强。1977—1984 年间，接待来自美国、日本、英国、法国、西德、澳大利亚、墨西哥等一百四十三个国家、地区的一千二百多位学者来访。与此同时，遗传所派往国外考察、讲学，参加各种国际学术会议代表等共计三百多人次，提交学术论文二百六十多篇。为加强国际学术交流，遗传所编辑出版了英文版的《遗传学报》和《植物遗传操作》等杂志。

从接待外宾的简报看，1977 年接待阿尔巴尼亚、日本、美国、朝鲜等国外宾六批二十四人次。1978 年来自九个国家的十六位著名科学家参加了在北京召开的“中澳植物组织培养学术讨论会”。当年还接待了来自美国、

图 8-7 中国科协主席周培源接待印度农业部部长斯瓦明那桑（Swaminath，胡含作陪。1982 年）

墨西哥、法国、波兰、日本等国的科学家共八批三十二人次。1979 年接待来自美国、日本、澳大利亚、英国、波兰、墨西哥、西德等国十五批一百五十多位科学家。1980 年又有十三个国家和地区的近一百位学者来访。1981 年与菲律宾国际水稻研究所、联合国教科文科技国际细胞研究组织，在北京举办了“植物遗传与育种新技术国际培训班”和“植物体细胞遗传学及其在禾谷类作物中的应用”国际学术讨论会。这年还接待了二十多个国家和地区的一百五十多位科学家。1982 年，有十六个国家的七十七位科学家来研究所交流访问。

这几年中，共邀请四十九位外国专家来所做了六十六场学术报告。还

图 8-8 “植物体细胞遗传学及其在禾谷类作物中的应用”国际学术讨论会（1981 年，北京友谊宾馆）

与美国波士顿大学的丁玉澄教授、康涅狄格州立大学的付维宁教授开展对口协作。还邀请美国密执安州立大学、西德马普植物育种所、日本国立遗传所等单位的专家来所讲学、进修、短期工作共十二人次。1979—1982年，通过国际合作发表的学术论文有四十多篇。

1983年以后，到遗传所访问的有三十个以上的国家和地区的科学家近五百人次。派出国际合作项目六十七项，共八十一人次。参加在国内召开的国际会议一百六十五人次，提交论文一百三十二篇。一批项目与美国孟山都公司、英国剑桥植物育种所等国际著名的科研部门合作，获得三十万美元的资助经费。1984年10月，遗传研究所与中国科协、菲律宾国际水稻所共同发起和组织了“北京作物遗传操作学术讨论会”。出席会议有来自三十多个国家和地区的代表一百七十四人，来自国内的代表一百六十九人。会上宣读论文一百六十一篇，展出墙报论文一百零一篇。还在人民大会堂举行了隆重的招待会，时任国务院副总理方毅、人大常委会副委员长周培源等领导到会祝贺。在第十六届国际遗传学大会及第六届亚太地区植物育种会上，遗传所应邀代表占中国代表的四分之一以上。1987—1988年，遗传所有五个项目获得了美国洛克菲勒基金会的资助，一个项目得到日本麒麟公司的资助，还争取到了世行贷款的“重点学科发展项目”中的一个子项目。

通过这一系列的国际间的学术交流活动，提升了遗传所在国际上的学术地位，增强了与各国、各地区间科学家的友谊，又活跃了学术思想。通过国际科技合作，遗传所毋庸置疑从中受益多多。在国内举办的几次国际学术交流会，几乎都是由胡含所长主持或担任主席，来访的国际学者大多以胡

图 8-9　在印度参加第十五届国际遗传学大会（1983年，胡含提供）

含所长名义邀请。增强国际间的学术交流与合作是胡含的一贯主张，从数据中就可看出遗传所在那些年总走在国内各科研单位的前面。

从一些事例中可加深对胡含的了解。例如1987年4月24—26日，胡含应联合国教科文组织的邀请前往保加利亚，出席了在Alberna Bulgaria召开的“生物技术与遗传工程在农业上的应用”国际讨论会，同行的还有遗传所的陈英。这次国际讨论会有来自十二个国家的科学家约五十人出席，共举行了十个专题报告，胡含在讨论会上做了“用花药培养研究配子无性繁殖系变异和配子分析”的专题报告，受到与会者的普遍关注。在报告会后举办的七个专题圆桌讨论会上，与会者非常重视我国在作物单倍体基础研究和应用方面取得的成就。提出在单倍体植物育种应用上，为什么中国能够领先？在单倍体细胞遗传变异的研究上，为什么也是中国领先？胡含做了回答并介绍如下：中国讲究理论联系实际，单倍体研究重点放在作物育种上。目前在中国，水稻、小麦、玉米和甜椒，通过花药培养已培育出一批花粉植株新品种并在生产上推广应用。全国已有花粉水稻新品种十五个，推广面积为四十七万公顷（七百万亩），小麦品种七个，推广面积二十万公顷（三百万亩），以及玉米自交系一百个以上，花药培养技术已是作物育种上的重要手段之一。此外，胡含还毫无保留地回答了人们关心的提高花粉植株诱导频率的主要技术要点：①选用合适的基因型供体和提供良好的生长环境条件；②应用N6和马铃薯改良培养基；③严格选择适宜的花粉发育时期的花药进行培养；④建立良好的培养条件和方法，如温度条件，分步培养以及悬浮培养等。与此同时，通过花药培养，我们进行了植株水平的配子分析，研究结果表明花药培养可以获得常规杂交难以得到的新类型，为扩大花药单倍体育种的应用范围提供了理论根据。

回国后，胡含把参加此次讨论会获得的有关植物生物技术和遗传工程在农业上的应用的主要新进展、新技术、新方法都整理成文，介绍到国内。例如快速无性繁殖中，再生植株组织“玻璃化（vitrification）”问题解决方法；在离体培养时是否可以进行遗传转化等问题。那时胡含对细胞遗传工程方面的研究很关注，介绍了苏联Y. Gleba等人建立的选择系统获得体细胞杂种，表明通过原生质体融合可以转移细胞雄性不育性状，以及用根瘤农杆菌转化烟草与颠茄叶肉原生质体融合，研究高等植物的转化，为植物遗传操作提供了新途径。还有英国的 E. Cooking 报告中涉及细胞遗传操作中的几个前沿问题，在番茄、水稻不同种间的原生质体进行融合，获得游离细胞再生植株，特别是用不同倍性、不同种的烟草叶肉原生质体融合，获得了异源五倍体植株。

因而胡含指出，生物技术、植物遗传工程在农业上的应用，对生物学、遗传学、育种学以及其他学科的应用与发展有重要意义。因为这些技术，目前发展很快，而且重视相互联系，这样它的应用前景就将更为广阔。快速无性繁殖、花药培养与原生质体游离、培养和细胞杂交三项生物技术，在 1969 年意大利召开的小型学术讨论会上，科学家曾预言即将应用于实践。事实上，前两项即快速无性繁殖与花药培养已应用于农业生产，而原生质体的游离和再生，因为禾本科的水稻原生质体再生植株成功，使这一技术应用于农业生产已日趋成熟，将成为可能。近年来的研究表明：对上述生物技术的深入研究，必将更广泛而有效地应用于农业生产。与此同时，与上述生物技术相结合，进行异源的目的基因转移，开展分子遗传学的转化研究，现正蓬勃开展，这一新的研究动向很值得我们重视。我们应在已有的工作基础上继续深入研究，发挥原有的优势——细胞工程、细胞遗传操作技术，同时应开展国内外的合作研究，将分子遗传学、基因工程的 DNA 重组技术等与上述技术相结合，采用我国特有的遗传资源，发挥不同层次学科，如经典植物遗传学、植物体细胞遗传学和植物分子遗传学等相互配合的优势，研究实践上和科学上提出的重大遗传学问题，这是我们当前的首要任务。

科技合作方面试举一例。胡含课题组曾与日本麒麟啤酒公司合作，合作的目的是在中国建设啤酒酿造的原料基地，试种麒麟公司培育的啤酒大麦当家品种“甘木二条”。中国栽培啤酒大麦和酿造啤酒的历史短，适宜种植啤酒大麦的区域主要在苏北至邯郸这一纬度范围，但也是大麦黄花叶病的高发区。黄花叶病是土壤传播的病毒病，每年必须轮作，否则可能会造成大面积减产或绝收，因而种植面积很少。“甘木二条”啤酒专用大麦具有一定的耐病性，主要是品质好，非常适宜酿制优质啤酒。而中国幅员辽阔，希望在中国找到更好的啤酒大麦产地。为此胡含联系轻工部食品酿造发酵所参与合作，在国内从南到北，与江苏、山东、河北、黑龙江、湖南等省的一些基层农科所协作进行广泛的区域试种。经过几年的栽培试种，针对各地的气候地理条件做了适当改进，品质产量都达到了标准。可惜因经济收益不高，最终没能实现大面积推广种植。洽谈的北京几家大型啤酒厂都有外资参股，主要从澳大利亚等国直接采购加工后的麦芽为原料。在国内仅接受大麦直接送到厂里，检验合格才收购，不负责产地收购和运输。遗传所属于科研单位，没有条件组织生产运输销售，农民也就失去了种植动力，但也从合作中学到了大麦选种和种子预处理的一些新方法。当然最大收益也许是获得了宝贵的外汇资助，用这些经费引进购置了先进的科研仪器设备，例如当时先进的人工气候光照培养箱等，国内厂商参考后也很快开发出同类设备，极大地改善了实验室的科研基础条件，这些经费也支持了科研人员参加国际学术交流。

研究生培养也是国际科技合作的一个重要部分。胡含所长主持所工作期间，自 1978 年以来，共培养研究生一百九十一人，送到国外攻读博士

图 8-10　在南京“863”会议期间考察（胡含右二，1986 年 5 月 14 日）

学位的有四十多人。胡含所长对研究生培养持开放态度，研究生在所毕业后，只要有出国深造的意愿和条件，都高抬贵手，积极促成。那时处在改革开放之初，全国大多数单位出于本位主义考虑，为留住人才设立了一些土政策，培养的研究生必须在本单位工作服务几年以上才能流动，否则要求补交几万元的培养费才准予调离或者出国深造。而胡含认为培养出的人才都将成为国家栋梁，在任何地方发挥作用都是为国争光，因而遗传所从不向自行联系工作单位的研究生收取费用，并鼓励自费留学。尤其是，胡含还利用自己在国际上的知名度和人脉资源主动推荐研究生出国学习或工作，此举是非常明智有远见的。当科学院启动“百人计划”引进人才政策时，学业有成的留学人员都争相到遗传所工作，在科学院引进人才中首屈一指，从而提高了承担国家科研任务的能力，促进了遗传所那十几年的高速发展。例如，胡含先生早期培养的一名研究生黄斌，结业后公派送去英国深造，二十五岁就获取了博士学位，成为中国派送国外联合培养的第一位女博士。归国后，中国科学院专门为她举办了欢迎会，新闻报纸也对此事进行了报道。在国外经常会碰见从遗传所出去的科研人员，有的已主持一个实验室，有的被聘为教授。例如胡含的学生吴晖霞、王亦兵、张文俊等，以及陈英的学生渠荣达、业务处的孙永华等众多出自遗传所的科研人员都在海外做出了杰出的成就。尤其是李继耕的研究生李家洋，也是通过胡含推送到美国进修深造，学成归国后，除了出色的科研工作外，还被聘为遗传所的所长，后又担任了科学院副院长、农业部副部长、中国农业科学院院长等要职。

至 1987 年胡含所长卸任时，全所职工共四百九十三人，其中高级研究人员八十三人，中级科技人员一百二十三人，初级科技人员八十六人。通过积极的科技交流活动，锻炼培养了一批学术带头人。通过承担国家科技攻关计划和“863”高科技项目，一批中青年实验室负责人中，多数晋升为研究员或副研究员。这些举措对推动遗传所的科研事业起到了极大的促进作用。

第九章
基地建设

植物细胞与染色体工程国家重点实验室，是中国科学院遗传研究所建设的第一个国家重点实验室。该实验室于1989年批准建设，1992年正式对外开放，1995年通过国家验收。在国家重点实验室的策划、申报、答辩和建设过程中，胡含做出多方面的努力，发挥了重要作用。实验室建成后，胡含出任第一届学术委员会主任委员，在实验室重点研究方向把握、正常运行与对外开放、科研装备添置与更新、科研基础条件建设、研究队伍建设与人才引进等方方面面，无不有胡含付出的心血。而且胡含本人的科研成果大多也是在这个国家重点实验室完成的。

申请建设国家重点实验室

1984年，为加快我国社会主义现代化建设，围绕国家发展战略目标，面向国际竞争，增强科技储备和原始创新能力，原国家计委启动了国家重点实验室建设计划。对国家重点实验室的定位与总体要求是：国家重点实验室作为国家科技创新体系的重要组成部分，是国家组织高水平基础研究和应用基础研究、聚集和培养优秀科技人才、开展高水平学术交流、科研装备先进的重要基地。国家重点实验室是依托大学和科研院所建设的科研实体，实行人财物相对独立的管理机制和“开放、流动、联合、竞争”的运行机制。国家重点实验室的主要任务是针对学科发展前沿和国民经济、社会发展及国家安全的重要科技领域和方向，开展创新性研究。实验室应在科学前沿探索研究中取得具有国际影响的系统性原创成果；或在解决国家经济社会发展面临的重大科技问题中具有创新思想与方法，实现相关重要基础原理的创新、关键技术的突破或集成；或积累基本科学数据，为相关领域科学研究提供支撑，为国家宏观决策提供科学依据。国家重点实验室计划是我国为开展基础研究和应用基础研究，满足国民经济、社会发展及国家安全需求的一项前瞻性战略决策。时任遗传研究所所长的胡含清楚地认识到国家重点实验室对提升遗传研究所科研水平和地位的重要性，一直关注国家重点实验室建设的发展情况，并着手构思策划在遗传研究所申请建立一个以小麦研究为主的国家重点实验室。但限于当时的人员队伍和科研条件，一直没有组织申报。到了 1987 年，李振声从中国科学院西北植物研究所调到北京接替胡含任遗传研究所所长。机会来了。首先，对国家重点实验室的重要性，李振声与胡含一致认为是遗传所科研事业（尤其是小麦研究）进入发展快车道的良好契机；其次，具备三个方面的特色或优势：①以胡含为代表的研究团队在小麦花粉单倍体培养和遗传学研究领域取得了举世瞩目的辉煌成就，当时居国际领先地位；②李振声团队在小麦染色体工程和远缘杂交育种方面成绩斐然，育成了以小偃 6 号为代表的小偃系列新品种，累计推广种植面积过亿亩，是世界上小麦染色体工程育种应用最成功的范例之一；③魏荣瑄研究员刚刚从美国进修回来，在分子生物学研究领域有一定优势。于是，李、胡二人就把国家重点实验室申报工作正式提上了工作日程，开始组建核心队伍和撰写申请报告等工作。当时初拟的实验室名称是“重要农作物细胞与染色体工程以及在育种上应用重点实验室”，这个名称是由胡含主持的国家科技攻关项目名称演变而来。经过一年多的筹备和努力，1988 年进入了正式申请阶段，提交了在中国科学院遗传研究所建设“重要农作物细胞与染色体工程以及在育种上的应用重点实验室"的申请报告。

1988年，国家计委在成都召开了重点实验室遴选立项审议大会。会上，胡含代表中科院遗传所进行了立项申请答辩。答辩中详细地介绍了遗传研究所在小麦单倍体遗传学和染色体工程研究领域的代表性成果，深入浅出地概述了相关研究对农业可持续发展和保障国家粮食安全方面的战略意义。最后，由于提出的申请特色明显（小麦、单倍体、染色体工程），工作基础好，核心成员在国内外都有较高的学术地位，具备基本的科研设备和设施条件，因而顺利通过了首轮答辩，初步获准立项。此后，又经过数轮答辩、审核、调整等一系列艰难的过程。在申请立项以后的审核答辩会上，胡含依然应答如流，顺利通过首轮审核。1989年上半年进入最后评议阶段，先期已提交了实验室总体可行性研究报告。报告中包含实验室的学科背景、主要研究方向和内容、具备的基础、建设规划、经费预算、人才培养以及开放管理设想等方方面面。提出了拟开展的小麦染色体工程、单倍体诱导与遗传育种、体细胞变异与细胞筛选、小麦核质杂种的遗传分析和利用、小麦特异种质的分子标记和基因定位五个研究课题及其意义和应用前景。评议会是由中国科学院邀请生物学相关的国家重点实验室的专家组成评议专家组，对实验室的重点研究方向、课题设置、人员配备等提出一些具体要求，同时也对实验室建设和发展提出一些指导性意见。例如提出"鉴于本实验室涉及专业技术较广，学科范围跨度较大，所以要求研究人员具有较强的专业知识和多学科基础。为此对跨学科研究上的培养应予以足够重视，并根据研究发展方向引进高素质专业人才"，"同时为了学科的发展以及更好地为农业服务，逐渐加强基础理论研究，深入探讨作物细胞工程基础的染色体结构、功能和行为之间的关系"。按照专家建议，再一次对申报书进行了修改补充。由于申报的实验室研究方向中包含有育种应用部分，为此又增加了几个以育种为主要研究方向的课题组。最后，于1989年7月获得国家计委正式批复，批准在中国科学院遗传研究所建设"重要农作物细胞与染色体工程在育种上的应用"国家重点实验室，依托单位中国科学院遗传研究所。

首任国家重点实验室主任为李振声，副主任为魏荣瑄、贾旭和张文俊。胡含因超龄，不在实验室任职，被推选任重点实验室第一届学术委员会主任。实验室筹建初期拟定的固定编制人员共十二人，其中九名研究人员为李振声、胡含、魏荣瑄、李安生、张炎、贾旭、李大玮、张文俊、朱有光，基本上都是各课题组的负责人，另有行政秘书一人为孙奎，技术支撑人员二人，为文玉香和赵锡松，文玉香同时兼任学术秘书。

首届学术委员会委员十六人，均聘自国内一些大学和研究机构的著名学者，计有中国科学院的李振声院士、中国农科院原子能所的徐冠仁院士、中国农科院作物所的庄巧生院士、东北师大的郝水院士、中科院植物生理所的沈允钢院士与洪孟民院士，以及北京大学的朱徵教授、南京农业大学的刘大钧教授、中国农科院的辛志勇研究员、贾士荣研究员、中科院西北高原所的陈集贤研究员、中科院植物所的朱至清研究员等，委员还有遗传所所长陈受宜、副所长朱立煌，学术力量可谓非常强大。重点实验室班子组成了，实验室建设与研究工作也就逐步展开了。

实验室的主要学术方向确定为研究重要农作物经济性状遗传变异规律。利用细胞与染色体工程、分子遗传与常规育种技术相结合，研究重要农作物外源基因导入、基因突变和染色体水平的基因分布和表达，创造新种质和培育新品种，为开辟育种新途径提供依据。研究方向则根据国际上植物科学研究的现状与发展趋势，从我国农业发展需要出发，结合实验室研究基础与战略定位。虽做过多次调整修订，但总的研究大方向始终未变，主要调整的是具体的研究内容和阶段性目标。

实验室启动建设中，在讨论拟定重点研究方向与研究目标过程中，胡含敏锐意识到实验室名称带来的局限性，在追踪国际植物遗传学研究前沿上，分子遗传学、基础理论研究上普遍要使用模式植物为材料，“重要农作物”名称限制了一些基础理论或分子遗传学研究的开展和科研项目的申请。胡含提出应变更实验室名称，调整为“植物细胞与染色体工程国家重点实验室”，获得实验室全体人员的赞同。1991 年向中国科学院和国家计委递交了申请实验室名称变更的请示，当年获得批复，更名正式生效。现在回过头来看，实验室名称的变更是很有前瞻性的，为后来研究领域和范围的拓宽和人才的引进及队伍建设铺平了道路，也为争取承担更多的科研项目奠定了基础。

国家重点实验室的建设与开放

植物细胞与染色体工程国家重点实验室是中科院遗传所获准建设的第一个国家重点实验室，遗传所也想尽力给予支持，苦于没有条件。初期没有运行经费，也没有独自的实验室空间，还是维持申请之初的三个课题组，也就是胡含、李振声、魏荣瑄等三个课题组在原来的实验室各自独立运行。到 1990 年又根据实验室的发展需要接纳两个课题组，但仍然分散在各自原来的实验室运行。重点实验室正常运转开展工作，需要有实验室等基础条件支撑，所以建设独立的实验室已成了当务之急。胡含与李振声两人使出浑身解数四处奔走集资，多次到国家科委、科学院的多个部门求助，为争取一点建设经费的辛劳不言而喻。功夫不负有心人，总算集资到二十万元，在遗传所的试验场西区设计建设了一座两层约六百平方米的科研实验小楼。这个实验小楼主要作为公用开放实验室，简称染色体小楼。遗传研究所又将试验场废弃的锅炉房和附属的一排平房分配给了重点实验室，经过改造，实验室所属课题组都从 917 大楼集中搬到染色体小楼周边，便利了协调开展科研工作。但基础条件还是比较差，缺乏必要的现代化的科研仪器设备。

1992 年，是植物细胞与染色体工程国家重点实验室利好的一年，为了促进我国重点学科的建设和发展，国家计委采取了利用世界银行贷款资助国家教委和中国科学院建立的七十五个重点实验室的政策。贷款资助自 1991 年 6 月开始实施，初期支持的是高教部所属的重点高校，1992 年起也给予了中国科学院资助，共获得两千万美元贷款。中国科学院已经建立了二十个重点实验室，每个实验室平均可获得一百万美元左右的贷款资助，折合人民币约六百万元，还贷期限为十年。植物细胞与染色体工程国家重点实验室实际获得世行贷款九十万五千美元，这笔贷款主要用途是科研仪器设备购置和更新改造。为此重点实验室利用这笔世行贷款购置了一批先进的现代化仪器设备、引进建设了现代化自控温室等急需的科研设施，基本达到了国外同类实验室的同等条件，并且正式获得批准成为国家开放实验室。

有了这笔贷款很兴奋，怎样充分利用，把钱花在刀刃上，购置到真正急需的仪器设备，这也很费思量。实验室各课题组都根据自己的需求提出购置清单，汇总后发现多为中小型设备，不符合实验室发展需要，再次明确了贷款经费要用于共用实验室科研装备建设，主要是添置急需和必备的大中型精密仪器设备。为此展开调研考察，多次反复协调论证，最后拉出一份清单，组织几个采购小组分头进行调研考察。

胡含可以说是见多识广，毕竟这几年多次到世界各发达国家出席学术讨论会开展学术交流，并顺道参观考察当地的大学和研究机构，从中了解到科技新动向。胡含平时就很留意各种新技术、新方法的应用，发现有兴趣的都会介绍给大家，一些有苗头的生物技术都要在自己的实验室试试。一旦发现有可行性，多半会安排开展这方面的研究。因而胡含推荐实验室选购的仪器设备是激光共聚焦显微系统与计算机图形工作站。这在当时非常先进，激光共聚焦系统在国际上刚研制出来不久，已经应用到生物学研究领域。当时胡含就敏锐地意识到激光共聚焦扫描显微技术应用到分子和细胞生物学研究上将发挥很大的作用。激光共聚焦扫描显微镜是在传统荧光显微镜成像的基础上，采用激光作为光源，使用激光扫描装置和共轭聚焦装置，利用微机控制的数字化图像采集和处理的技术。使用共聚焦显微镜，研究者能够采集组织或细胞内部的荧光标记信号、在亚细胞水平观察重要离

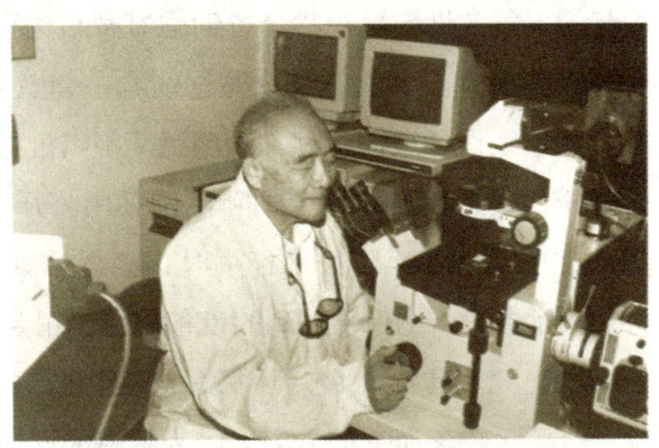

图 9-1　胡含在操作使用激光共聚焦显微镜观察细胞（1993 年）

子浓度的变化、观察组织或细胞的形态学变化和内部微细结构、对样品进行断层扫描并重构和分析组织或细胞的三维空间结构等。对图形工作站了解的人更少，毕竟国内台式电脑刚开始普及，部分课题组还没配备电脑。为此胡含对两种仪器的功能与用途做了普及介绍，细胞、染色体的观察分析都是通过显微镜，提高图像分辨率可以更好地研究细胞亚显微结构，通过图形工作站对观测的生物显微图像进行定性定量自动分析、数字化处理等。通过科普宣传引起了大家的极大兴趣，获得赞同，列为首选仪器设备，由胡含负责组织考察调研。

胡含组织调研小组查阅了国际上激光共聚焦显微系统和图形工作站的生产厂家、型号、性能等，与厂商都建立了直接联系，对样机进行了实地考察和试用体验。每次进行调研考察和洽谈，胡含都亲自带队前往，自带样品在厂家的工程技术人员指导下亲手操作，详细了解仪器设备的性能指标和使用效果。图形工作站重点考察了两家不同的型号，发现生物领域研究的应用软件还很少，用于细胞染色体结构和化学分析的软件不太成熟，操作难度大、重复性差，暂不考虑。而激光共聚焦显微系统当时已有四个国家开发生产，其中日本欧林巴斯的产品操作软件已经在台湾做了汉化，据说操作使用方便，但没有在大陆推出，其他厂家的部分型号国内已有用户，但北京尚无用户，不方便对用户访问，但对样机进行了细致考察，携带试验样品做了各种测试。通过考察调研，胡含向实验室重点推荐了激光共聚焦系统。图像分辨率介于光学显微镜与电子显微镜之间，通过荧光染料标记，能定性定量观察分析细胞显微结构和化学组成与分布，适用于染色体工程研究。实验室讨论通过选购一套激光共聚焦扫描显微操作系统，放弃图形工作站采购计划，增购另一小组推荐的激光显微切割系统。使用世行贷款购置设备要按照国际惯例采用公开招标形式，在国内还是首次。为此在撰写设备采购技术标书时，胡含认真核实标书中的每一项性能指标、技术参数，力保采购到的设备符合使用要求。

激光共聚焦显微镜启用后，对使用效果都很满意，有效地提高了细胞、分子生物学研究的能力。因为独特的性能和效果，重点实验室专门安排一位研究生负责操作管理，以熟练操作技巧和提高应用技术开发，使用机时占各类分析仪器首位。那个年代全国同类设备极少，也因此吸引各大专院校、医院的研究人员来共享共用，常需要排队预约使用。胡含的研究课题与几位学生完成的毕业论文都借助激光共聚焦显微镜取得很好的成果。共聚焦显微技术发展很快，此后细胞与染色体工程重点实验室每隔几年就会更新换代购置新型号以提高分析研究水平。1995 年，植物细胞与染色体工程实验室组织举办了“激光共聚焦显微镜研讨会”，会议邀请了四位著名的美国专家做学术报告和示范操作，共有四十多位国内外学者参加了研讨会。这个研讨会对于在中国生物科学研究中普及激光共聚焦显微镜技术起到了推动作用。激光共聚焦显微技术是先进的分子和细胞生物学研究技术，目前激光共聚焦扫描显微镜已成为细胞遗传学、组织化学、分子细胞生物学、神经科学、药理学等研究的重要仪器，可见胡含具有敏锐的前瞻性眼光。

国家重点实验室通过验收对外开放

1992 年 9 月初，中国科学院计划局组织专家对植物细胞与染色体工程国家重点实验室进行了论证，审议实验室是否具备对外开放能力。论证委员会由九位专家组成，主任委员鲍文奎、副主任委员郭仲琛。评审意见认为深入研究小麦的遗传学和改进小麦育种体系，对于培育高产、优质、抗病和抗逆的小麦品种，满足食粮和工业的需要具有重要意义。实验室提出的以细胞与染色体工程同分子遗传和常规育种相结合，引入外源基因，创制优良种质，研究染色体组成、传递和表达规律是一种有新意的方向。加之实验室具有丰富的经验和坚实的基础，通过染色体工程技术培育出小偃系列高产优质小麦品种，还创制了蓝粒单体系统，花培研究也培育出小麦和水稻花培新品种。因而论证委员会专家组一致认为中国科学院遗传研究所植物细胞与染色体工程国家重点实验室基本建成，研究人员落实，研究任务较明确，仪器设备基本到位，已达到开放实验室条件的要求，同意开放。1992年12月22日获得批文，正式批准植物细胞与染色体工程国家重点实验室对外开放，开放实验室每年获得国家运行经费一百万元左右，可从中拿出部分经费支持对外开放课题。

重点实验室经过统筹安排，在1993年就计划拿出经费二十一万元用以支持开放课题。当年共收到十六份开放课题申请书，其中十份申请是遗传所的，六份申请来自外单位，具体申请情况如下。

李滨“小偃6号小麦品系选育及其易位染色体中异源片段变异情况的鉴定”；吴晖霞“稻麦游离小孢子培养技术及雄核发育中细胞骨架研究”；张胜雯“小麦中异源抗白粉病基因的生化标记研究”；张相岐“小麦花粉植株及其亲本的遗传学分析”；贾旭“小麦三属杂种抗病株系遗传学分析”；李继云“不同基因型小麦对土壤难溶养分的活化和吸收机理”；胡适全“用细胞遗传学和原位杂交方法检测导入普通小麦的外源基因”；张玮“原位杂交鉴定外源易位系及基因在染色体上的定位”；穆素梅“兰粒单体小麦的研究”；张炎“小麦核质杂种的遗传分析和利用”；孙敬三“通过有性杂交向小麦导入玉米基因的可行性分析”；李大玮“利用属间杂交染色体消失产生小麦单倍体”；陈漱阳“小麦——华山新麦草异代换系的选育”；陈集贤“春小麦高产育种的新种质创造及育种”；朱有光“大豆体细胞胚胎发生及其调控机理的研究”；薛启汉“小麦游离小孢子外源基因导入研究”。申请经费约七十万元，但能支配的预算经费仅二十一万元。僧多粥少，怎么选择支持重点也是难题。胡含参与了选项评议，拟定了试行原则，重点支持年青科研骨干和外单位科研人员，或有基础，能自带项目经费的课题。最终选择支持了十个课题，胡含的两位学生申请的课题获得资助，平均每个课题两万元。

1995年10月28日，胡含参加了植物细胞与染色体工程国家重点实验室的国家验收会。之前，胡含已于10月1日在遗传所办理了正式离休，但仍忙于工作。月初到解放军农牧大学考察指导工作，12—17日出席了在山东泰安举办的中国遗传学会第五次代表大会，回所后接着参加了博士生答辩等活动，更重要的就是准备实验室的国家验收。植物细胞与染色体工程国家重点实验室在验收会前提交验收报告书，全面总结了实验室成立以来的发展状况和取得的科研成果。验收专家委员会由时任中国科学院副院长的许智宏院士以及庄巧生院士等十多位著名专家学者组成，按照国家重点实验室规定的条件和要求进行了严格评议审核。重点实验室主任李振声汇报了实验室立项建设几年来的发展和成就。这期间也是国家“八五”科技攻关时期，植物细胞与染色体工程国家重点实验室共承担了三十四项科研任务，其中十一项是国家攻关，其他为“863”、国家基金、院重大和国际合作项目，均按时完成或超额完成任务指标。介绍了实验室建设、开放课题设置、国际合作交流、人才引进培养和经费执行与完成情况等。重点是通过染色体工程技术育出数十个有特色的新种质和新品种，产生了很好的社会效益和经济效益，为国家做出了很大贡献。胡含代表学术委员会，重点汇报了实验室在基础理论研究和学术领域取得的成就，在国内外学术刊物发表的论文报告从每年几篇到现在每年数十篇，不仅数量增长，质量和学术水平都明显提高，在国内外学术界的影响也有显著提升。另外还汇报了重点实验室近几年获得的各种科技奖，特别提到了胡含研究的“小麦

图 9-2　植物细胞与染色体工程国家重点实验室正式通过验收（三排左三为李振声、左五为胡含；二排左五为庄巧生、左六为许智宏，1995 年 10 月 28 日）

花粉无性系变异机制与配子类型的重组与表达规律”项目，刚刚于 10 月 20 日荣获中国科学院自然科学二等奖。验收专家委员会认真听取了汇报，实地考察了实验室运行总体情况。经过审议，肯定了实验室的研究发展方向和取得的成绩，达到国家重点实验室标准。当年顺利通过国家验收，实验室宣告正式建成。

1995—1997 年，开放课题增加到二十四个，除了少数几个课题用运转费支持外，更多的课题以自带经费或课题组承担的方式参与开放课题的研究，有效地扩大了开放课题的支持和研究范围。胡含鼓励自己的学生去申请开放研究课题，其中五位博士生和代培生的申请项目获批。这些项目有李文泽“大麦花药培养中内源激素变化及甲基化 DNA 的研究”；瞿绍洪“玉米转座子 Ac 在烟草中的转座行为研究”；张怀刚“小麦细胞无性系 Glu-1 基因突变的遗传分析”；郭向荣“禾本科作物小孢子体外培养中的发育生物学研究”；王二明“普通小麦染色体分子水平识别体系的建立”。从申请设置的研究项目看，胡含的研究已向细胞遗传水平与分子遗传研究相结合的方向发展，追踪国际较前沿的研究课题，而且研究都取得了很大进展。

1997 年 12 月 23 日，染色体工程重点实验室召开了第二届学术委员会第一次会议，成立了新领导班子和新一届学术委员会，年轻的归国博士王道文研究员担任实验室主任，李振声院士任学术委员会主任。胡含应邀在会上做了学术报告，因已正式离休，不再担任职务，继续留任学术委员会委员。这一年重点实验室获得科研成果奖励五项，其中胡含的课题组获得了国家自然科学二等奖。在这项奖项里，胡含先生系统总结了二十多年来从事小麦花粉无性系与配子类型重组和表达研究中取得的一系列成果。这也是实验室的成就，在工作总结中称，“国家自然科学二等奖的获得不仅标志着我室在该领域里的研究已达国内外先进水平，而且还反映了国家对我室在过去及将来从事该项研究的充分肯定与重视”。1998 年，国家对重点实验室进行评估，从 1995—1997 年三年内，实验室在国内外学术刊物上发表论文七十三篇，其中胡含领导的课题组就发表了三十三篇，并获得国家与省部级科技奖三项。

学生心目中的导师

在实验室建设过程中，也非常重视引进与培养人才。胡含培养的研究生有二十人，其中硕士生七人，博士生十三人，还有博士后一人，其他代培学生和进修学生数人。学生虽不多，个个都十分优秀，无论在国内或国外都取得骄人的学术成就，后来几乎都成长为科学精英或学科带头人。

胡含与所指导培养过的学生始终都保持着联系和往来，师生关系非常融洽。学生毕业后天各一方，但每当学生从世界或祖国各地来到北京，总会登门拜访看望老师。这种情谊是怎么建立维持起来的？老师在学生心目中的印象如何？从访谈中撷取胡含指导过的第一位硕士研究生、第一位博士生、第一位博士后和最后一位关门弟子对老师的访谈资料，从中窥视他们心中老师的形象。

王兴智是胡含于 1978 年“文化大革命”后首届招收的两名硕士研究生

图 9-3　胡含实验室的部分学生和工作人员（胡含前排左三，1985 年）

之一，也是胡先生培养毕业的第一位研究生。虽然 1960 年胡含曾招收过一名研究生，叫任小平，但因病退学，没有毕业。与王兴智同年招收的另一名硕士研究生叫黄斌，一年后公费派遣出国，在英国攻读博士学位，因而王兴智成为胡含的第一位毕业获得硕士学位的研究生。1981 年，王兴智毕业后不久就到丹麦深造，1988 年获得哥本哈根大学遗传学博士学位。1995 年回国在东北师大任教并从事科研工作，主要从事植物转基因的研究，曾担任过国家植物转基因基地（吉林）首席科学家，兼任吉林省农业科学院客座研究员，并先后主持和参加国家和省部级重大科研项目多项。曾任中国遗传学会副秘书长、常务理事、中国植物学会植物生理和分子生物学专业委员会委员、全国科学技术名词委员会委员、遗传学名词审定委员会副主任、吉林省遗传学会理事长、《遗传学报》《遗传》《分子植物育种》编委等社会职务，成就斐然。

在访谈中，王兴智谈到初次见到胡含老师的感受："入学报到后，由于胡老师非常忙，一直没见到他。终于有一天胡老师有时间了，我们去见胡老师。当时胡老师就给了我一本书，这本书就是印度的 Maheshwari 编写的《植物胚胎学》，Maheshwari 教授是世界上获得第一例花粉植株（曼陀罗）的指导教师，他的学生叫 Guha。读了这本书，学到了植物胚胎学的一些基础知识，对整个植物胚胎学有了一个大概的了解，为以后的科研工作奠定了非常重要的基础。胡老师没说太多话，因为他时间紧，我们见他心里也很紧张。因为见着这么有名的科学家，又是所长，心里真是有点儿忐忑不安。

"见了老师以后就完全放松了，胡老师就像一个慈祥的父亲一样，印象真是深刻，说话语气非常平和，而且经常面带微笑。第一次见面对胡老师的印象非常好，没想到这么著名的科学家还这么平易近人。那次以后，再见胡老师就没有什么障碍了，只要有事情需要找他就主动与他联系，只要他有时间，就一定会见我们，跟我们谈。"

谈起以后在工作学习中留下的印象："胡老师很少说教，主要用他的实际行动来感染我们，这一点我印象非常深刻。当时胡老师工作非常繁忙，指导研究生只是他工作的一小部分，所长的工作，国内国际学术组织的工作，工作量都很大。他身教在哪儿呢，他那时候骑自行车上下班，无论什么时候，只要有时间就去看我们的实验材料，冬天到温室，夏天到田间。他经常晚上也在实验室加班，在我们显微镜旁边，跟我们学生，还有郗子英老师、景建康老师一起讨论研究，处理一些实验中遇到的各种各样的问题。老师这么做了，我们学生也就自然而然地去做了，就不用告诉你这个那个。作为导师，他从不会在一些小事情上去说什么的。说老实话，我们那时候还是比较成熟的，但是他的身教确实给我留下太深的印象。

"那时候科学院研究生院不像现在这么远，骑自行车一会儿就到实验室。因为我年龄比较大，实验室工作的基础比较薄弱，所以入学后都急着进实验室做实验。所以晚上或者周末，只要有时间我都会到实验室开展实验工作或向老师学习。有的时候也动手做一点刷试管、灭菌、采集样品等工作，很快就把自己融入组织培养团队和程序里头去了。入学第一年，胡老师对我的指导意见主要是把研究生的课程学好。因为我大学毕业至考取研究生已时隔十二年，好多新知识都没有掌握，所以胡老师就特别嘱咐我要学好新知识。另外就是要学好英文，因为我上大学比较早，学的是俄文，所以胡老师一再强调一定学好英文，对今后开展工作非常重要。

"研究生期间所做的研究工作是做小黑麦和小偃麦与小麦杂种 F_1 的花药培养，取得的一个重要结果就是证明了利用花药培养技术可以使杂种 F_1 的各种配子类型在花粉植株水平上充分显现出来，是快速获得附加系、代换系等染色体工程材料的有效途径。这项研究成果直接或者间接地成了胡含老师后来提出的配子类型在花粉植株中充分表达的理论的主要依据。

"当时我也没想到能做出这样的结果。我在实验过程中发现不同的花粉植株的染色体的数是不同的，这与小麦品种的花药培养结果大不相同。小麦花粉植株一般来说都是二十一条或者是四十二条染色体，但我做出的花粉植株染色体数从十七条到二十七条不等，当时没看出有什么规律，没有一个为主的染色体数，当时就有点茫然。我做的是小麦和小黑麦及小偃麦的杂种一代花药培养，而当时我们实验室的人都做小麦，所以就没遇到这种现象。我在做的过程中一边做一边想，为什么会出现这些现象，染色体数差别这么大。这个过程中，就经常与胡老师探讨这些问题。后来我们仔细地研究了小麦和小黑麦染色体的组成，就理解了为什么会出现这种现象了。原来是杂种 F_1 代有小麦又有黑麦染色体，而不同染色体数的花粉植株及其比例是有规律的，花粉植株的染色体数就是把杂种 F_1 配子染色体数和染色体组成在花粉植株水平上都显现了出来。所以后来才发现这项工作还是很有意义的，这时胡老师也点明了这个结果应该从这个角度去理解，去解释。后来又采用分带技术进行了染色体组成分析，果然发现黑麦染色体的数量是不同的，这样就比较清楚地解释了这一现象。而且这一项研究工作也揭示了一个新的途径，使我们在传统的小麦花药培养基础上，发现了用小麦和小黑麦远缘杂种进行花药培养的特点。因为它有两个不同的染色体组，一个黑麦，一个小麦，组合到一起，在花粉植株的水平上就会产生这样的现象。正是因为它在配子水平上会这样地组合，所以就为染色体工程开辟了一条新的途径。用小麦和它的远缘杂种 F_1 代的花药进行花药培养，就能在植株水平上展示这些配子类型。而且这项工作后来得到国际上的认可，发表在 *TAG* 杂志上，一投稿就接收了。

"这项工作老实说是有点开拓性的，得到这个结果以后胡老师和我们研究组大家都非常高兴。在答辩的时候，当然顺利通过了。在原来的小麦花药培养基础上，能开辟这么一个新的思路，取得了一个初步结果，证明这条途径可能在染色体工程上发挥重要的作用，所以硕士毕业以后我就留在实验室继续开展和探索这个领域的工作。后来的几位研究生也在不同杂交组合中，利用远缘杂种来创造各种类型的资源材料，如抗病的、优良株型的，还有其他各种有用的类型。在很多研究生的陆续工作基础上，使这项工作逐渐地充实，形成了体系，在世界上也为育种工作提供了一种指导。丹麦的嘉士伯实验室的 Wettstein 教授，他是美国科学院院士，因为与胡含老师在学术上经常有交流，是很好的朋友。他来遗传所访问的时候，就发现胡含老师有这样的研究思路，于是他就希望我能到嘉士伯实验室去，用我已掌握的知识去从事小麦染色体的减数分裂的研究，用我们的花粉植株染色体分析技术，结合他们的电子显微镜技术，研究小麦 5B 染色体在减数分裂中的作用，解决这一科学难题。

“我是1984年12月21日到嘉士伯实验室的，到1995年夏天才离开，一共有十一年。一般来说在国外能在一个实验室长期待着的多半都是做得比较好的，最后是我自己想回来了。我在丹麦期间做的一个研究工作非常有特色，就是证明了叠氮化钠创造的突变体在DNA水平上到底发生了什么变化。叠氮化钠是一种常用的化学诱变剂，这种诱变剂从五十年代就有人开始使用，用来创造各种植物的突变体。但是没有任何人能够说明到底发生了什么变化。我就和我的同事一起，通过转基因瞬时表达技术，证明了叠氮化钠在DNA水平上引起了AT之间的转化，还引起了它剪切位置的变化。这样就第一次在DNA水平上说明了叠氮化钠对植物诱变产生了什么变化，研究结果后来发表在美国科学院院报上。实际上在我们之前类似的工作都发表在*Nature*或*Science*上，我们当时急于要出这篇文章，所以就发到*PNAS*上了。应该说这项工作是独创的，而且很有意义。

“在国外期间，胡含老师一直在关注我在做什么工作，而且还一直关注嘉士伯实验室的其他工作。比如，我们有一个丹麦人做的博士论文，他做的是用整粒大麦的种子发芽以后，去研究这个种子上各种酶的变化。研究好了以后，把这个种子再保存下来形成植株，这样选择有关酶的指标高的植株来繁育成后代去进行育种工作，这样在种子的水平上就知道这个种子在遗传背景上是好还是不好。胡含老师对这个非常有兴趣，告诉我一定把这件事学好，带回来。我确实与这个人经常交流，最后我回来是把他的论文和他的学术思想全都带回来了。

“有两条我感受最为深刻了。一条就是胡老师从来都是以身作则，用身教来影响我们这些学生。比如说胡老师经常出国开会，每次出国去机场之前，总要在实验室做好最后一张幻灯片，忙得不亦乐乎。那个时候做幻灯片要做显微照相，照完后还要冲胶卷，冲完胶卷还要做成反转片，做完了还要反复比较哪张片子更好。每次都是这样。老师对待工作精益求精，一定要把最好的结果、最新的结果带到国际会议上去，展示给国际同行。生活中胡老师其他爱好很少，工作上从来都是全心全意。

“我们的胡老师是著名的科学家，却那么平易近人，像慈父一样对待学生，非常难得。所以，这两方面优点融合到他一个人身上，我们的胡老师就是一个非常难得的好人。胡老师既在学术上有巨大的贡献，又待人谦和，平易近人。胡老师对世界小麦花药培养研究的贡献是非常大的，让世界了解我国在花药培养和植物组织培养领域的成就，使我国在该研究领域跻身于世界强国之列。当时我印象很深，胡老师经常组织各种中外国际研讨会，而且和几个早期做植物组织培养的人都成了非常好的朋友，这对中国这个领域的工作做出了巨大的贡献。"

陶跃之是胡含招收的第一位博士生，1983 年毕业于北京师范大学生物系，同年考取中国科学院遗传研究所硕士研究生。1986 年胡含获得遗传所第一批博士生导师资格，随即就将陶跃之由硕士直接转读博士，成为遗传所培养的第一位博士生。1988 年作为中英联合培养的博士研究生到英国的剑桥植物研究所，后来的 John Innes Centre 攻读学位，并获中英奖学金和女皇奖学金，1992 年获博士学位。1991 年应聘于澳大利亚联邦科学院热带牧草及作物研究所，2001 年调澳大利亚昆士兰州农业部任高级研究员、生物技术实验室主任。主要从事高粱、大麦及各种豆类植物的生物技术及育种新技术研究。2003 年回国，现任浙江省农科院研究员，作物与核技术利用研究所作物分子育种研究室主任、院学术委员会副主任，兼病毒学与生

图 9-4　胡含最早的两位博士生陶跃之、王罡与英国导师（1988 年）

物技术研究所所长。

陶跃之在采访中谈道："我是1983年从北师大来遗传所的，第一次见到胡老师，印象还是挺深的。1983年师大毕业前报考遗传所的硕士研究生，考完以后很紧张地等考试结果。有一天突然接到面试通知，当时在面试现场对胡老师的第一印象就是一个很和气的老头。所以以后当面称呼胡老师，背后我们都叫他胡老头。胡老师当时问：'你为什么要报考这个染色体工程？'说实话当时我对染色体工程到底是啥也不清楚，就说我觉得染色体工程可能会对咱们国家的农业做一些贡献吧，冲着这个就报了。胡先生当时说：'染色体工程肯定会对农业做出贡献，但不是马上就能做贡献，你以后通过学习就会了解了。'以后我对他这句话理解得越来越深刻，因为这个学科的确不是像我们报考时感觉的那么简单、那么直接。我是1983年到1986年先读硕士，然后转读博士。所以我一直说自己是遗传所的第一个博士。从这个意义上来讲，可能算是胡老师博士的开门弟子。当时还有一个插曲，到现在我看遗传发育所五十周年所庆的材料里，我的名字还是陶跃文，不是陶跃之。因为从一开始谁就把这个名字给写错了，将'之'写得像是个'文'一样，最后还是陶跃文。见了胡老师，他也不叫我陶跃之，叫我陶跃文，我心说您老先生怎么也把我名字都给弄错了。所庆文集记载的博士我已不是第一个了，张巍成了第一个，原因是我本来该1990年毕业，但到1992年才答辩，所以毕业就变成第二个了[①]。

"我研究生期间的题目是对来源于六倍体小黑麦与普通小麦杂种F_1的花培植株群体进行染色体和遗传分析。所以我先用小黑麦与普通小麦做一个杂交，然后对杂种F_1进行花药培养，建立一个花粉植株群体，再对整个群体进行遗传和染色体分析，从中筛选出抗白粉病等优良性状的花粉株系，最后对这些株系做进一步的分子生物学鉴定。所以我觉得老先生一直是想把花药培养技术直接用到作物遗传改良中去。同时随着新技术的发展，他还想把新的分子生物学技术，如RFLP技术、同工酶技术，还有染色体分带技术等结合在一起，应用于染色体工程研究。

① 因为胡含将陶跃之作为中外联合培养的学生送英国学习，因而延迟了答辩。

“当时派我到英国去实际上就是去学 RFLP 标记技术等分子生物学技术，所以我在英国的几年，一直做非整倍体系列的遗传分析工作。远缘杂交可以说是最早的转基因，非整倍体的遗传分析实际上也就是最早的基因定位。所以实际上我们是在利用花药培养技术开展转基因工作，利用花粉植株这样的特殊群体开展基因定位工作。当时我在英国的导师 John Snape 博士的指导下，建立了一套非整倍体。通过杂交把二十一个非整倍体材料都做了出来。然后做田间表型评估和比较分析，把好多重要的农艺性状定位到了染色体上。同时又把其中几个有特殊性状的株系，用 RFLP、同工酶分子或生化标记技术，结合细胞学做了精细的确认。这几块工作的结果还是挺好的，都先后发表在 *TAG* 上。”

陶跃之谈到他毕业答辩的有关情况时说：“我是 1992 年回来答辩的。实际上 1990 年论文就已经完成了，但当时由于这样那样的原因，没有能够按时回来进行毕业答辩，就到澳大利亚工作去了。在澳大利亚工作期间，于 1992 年回来答辩。我是与王罡（胡含的另外一位博士生）一起答辩的。我答辩的论文内容当然就是六倍体小黑麦与普通小麦杂种花粉植株群体的遗传分析。1988 年到英国后不久，也就一个多月吧，胡老师就去剑桥参加小麦遗传学大会。他看我在那挺好，他也很高兴。剑桥植物研究所的很多人就是在那次会议上认识了胡老师，建立了合作关系。此后我们实验室的好几个人，包括王罡、季静、王亦兵、张文俊都通过这个合作去了英国的那个研究所。

“从我个人来讲，胡老师对我有特别的帮助，不仅是转博，出国、推迟回国答辩等一直在帮我，2003 年我回国找工作（其实从 2000 年开始就想要回来的），他也帮着我联系。这辈子我都不会忘记的，他是我的恩师。

“1990 年所以回不来，因为有一些形势上的原因，但是我那时候还是非常坚持要回来，其实胡先生也希望我回来。但是在 1992 年能顺利地安排我回来答辩是很不容易的。在国外好多人说，你放弃算了，还要国内的学位干吗？找个机会再重读不就完了吗？我说这是我的工作，也是老师的心血，所以肯定还是要回来答辩的。但是当时那个情况下回来答辩，大家都替我捏一把汗。现在回过来看，我们对当时国内的形势并不是非常了解，好多所谓的担心是多余的。

“墙内开花墙外香，胡老师要在外面就是大名鼎鼎的大科学家，因为我们在国内，实际上在我们自己研究室大家觉不出来，在所里觉不出来，只要出了圈，一提起胡含，大家都觉得是了不起的人物。到了国外以后，与国外同行交流，其实他们真的是对我们国内的好多谁谁都不一定知道，但是一说到中国的胡含（Han Hu）教授，外国同行都非常清楚。就像这么一个大人物，其实我们接触下来，因为在一个实验室，都觉得老先生就是挺和善的一个老头，还挺书呆子气，社会上的人情世故他懂得很少。我们学生与他真正是纯粹的淡若水的师生关系。

“我还记得1987年他做了一个什么小手术，那时我跟着他已经三四年了，从来不知道他家在哪，听说他手术出院回家了，我说咱们去看看他，当时师弟小张之前去过，我说我们去找胡先生，到他家去看看他。见面后老头挺高兴，完了又讲实验工作进行的怎么样。到十点多了，书记王恢鹏也去看他了，我们就说，‘那胡老师我们走了。’他就很认真地问：‘那你们还有什么事？’搞得我跟小张无法回答，心说，就是来看您的，我们哪还有什么别的事啊，可老头还在那里问。回来的路上小张跟我说：‘他第一次去找胡老师，探讨课题研究方面的事，一直谈到下午四点多。胡老师就问，四点半你回去还能赶上晚饭吗？小张说我也不知道能不能赶上晚饭，老师说，那你就赶快走吧。’要是按照一般的人就觉得，你专门去看老师，不管真假，你在我这吃饭这句话也是在嘴边上的话，但是胡先生绝对不会这样（跟你客套）。纯粹师生的感觉。

“我还记得一件事，印象比较深。他是所长，他真的不搞特权。我还记得我到所里的时候，我们研究生一个班有十几个人，从研究生院上完课回所，一下子过来十几个人，住房紧张，没地方住。当时正值暑假，其他同学都先回家了，我要做实验，所以就一个人先来所里了，由于没床位就把我安置在上一年级的宿舍里。于是就去找所行政科。科长说：‘哪有宿舍，一下子来这么多人，所里房子那么紧张，上哪去找？’那时候我刚好是研究生干部，也年轻气盛，就发生了争执。当时我也没有跟胡老师说，有一天胡老师笑着说：‘小陶，听说你跟人家吵架了，还拍了桌子。’他说，‘你不要跟人家吵嘛。’所以从这些事情就可以看出来，他是一个做学问的人。虽然是在一个行政岗位上，但是他真的是属于那种不搞特权的人。

“另一个我还觉得当时遗传所尤其对年轻人出国政策很宽松，所以从遗传所出去的人惦记着回来的比例很高。我们实验室出去的，基本上最后都或迟或早地回来了。这点上，遗传所做得很好，我就觉得与我们胡先生当时推行了非常开明开放的政策有关。对自费出国不卡，流动到其他单位也不卡。例如当时薛勇彪出国从发育所走不了，最后通过胡老师这里才走出了国门，等于在我们所拿了个通行证才出去的。因为这样，大家实际上都记着这个帮助，还念着这份情。我觉得包括李家洋也好，薛勇彪也好，出去以后还能够回来，给所里面或者给我们生命科学界带来的变化也是有目共睹的。这个我觉得应该归功于胡先生的远见。他的这种开放的心态，在当时还是挺不容易的，好多单位对学生出国就是卡，就是不让出去，我们当时研究生一个班还有其他所的，出去后在国外还遇到一些其他高校或科研单位的，他们出国时都与原单位搞得很僵，包括我妻子的单位，非要签字，像签卖身契一样，否则就不让出去，搞得相互没有一点信任。遗传所在这一点上做得非常好，非常宽松。我觉得我们所当时不管师生之间，还是一般的工作人员与领导之间，都有一种起码的相互信任，这在当时是非常不容易的。现在已过了二三十年，再回头看，就看出效果了，好多人对遗传所仍怀有感恩之情，现在又回来工作了。”

张相岐是遗传与发育生物学研究所植物细胞与染色体工程国家重点实验室的研究员，博士生导师。他是东北师范大学郝水院士培养的博士生。1991 年在中国科学院遗传研究所获准设立博士后流动站，张相岐是第一个进站的博士后研究人员，他的合作导师就是胡含，当然就是胡含指导的第一位博士后，由于此后胡含没再招收博士后研究人员，所以他也是胡含指导的唯一一位博士后研究人员。胡含离休后张相岐接掌了该实验室，因而与胡含联系最多，保持经常往来，即使胡含离休多年了，依然时常进行一些学术方面的交流。

张相岐回忆了他选择到遗传所胡含课题组做博士后的经过。回忆中说

图 9–5　胡含指导课题组的学生在温室调查小麦花粉植株生长状态（1993 年）

道：“我是 1990 年取得博士学位以后，分配到辽宁师范大学生物系工作。由于对科研工作非常感兴趣，而当时辽宁师大的科研条件和环境又不是很好，就有了到科研条件较好的单位做博士后的打算。于是，我就与我的博士导师郝水院士谈了这个想法。郝水先生非常支持我，并根据我的基础和研究领域建议了三位合作导师：中国科学院遗传研究所的胡含研究员、兰州大学的郑国锠院士和武汉大学的杨弘远教授。当年 10 月份，借北方七省市遗传学会学术研讨会之机，到北京中科院遗传所拜访了胡含先生，向胡含先生表达了有意到遗传所做博士后研究的愿望。可当时遗传所的博士后流动站还在审批当中，知道这个情况后稍有失望，但胡先生表示，根据当时所了解到的情况，在 1991 年获批建站非常有希望，让我等一等。在那个年代，办什么事都比较慢，时间一晃就到了 1991 年的夏季，遗传所建站迟迟没有得到批准。于是，我就开始正式与兰州大学的郑国锠院士和武汉大学的杨弘远教授联系，并且都得到了肯定的答复。但是，从我个人兴趣和科研工作基础考虑，还是最想到遗传所来。于是在 1991 年的 8 月份，就又一次与胡含先生进行了电话联系。当时胡含先生非常高兴地告诉我，据可靠消息，建站的批文近期就将下达。此后不久，遗传所终于收到了建立博士后流动站的批文。于是，胡先生马上电话联系我，但当时我家里还没有电话，所以电话就直接打到了辽宁师范大学的总机，好在电话总机的值班人员很负责任，跑到家里通知我到学校总机接电话。虽然不远，但来回也有大约二十分钟时间，胡含先生就一直在电话机旁等待着。电话接通后，胡先生告知我遗传所已拿到建立博士后流动站的批文，并表示非常欢迎我到他的实验室做博士后研究，于是我当时就决定到遗传所来了。

“1991 年 12 月 25 日，我终于正式到遗传所报到了。进站后，胡先生建议的研究题目当然是我最感兴趣的小麦花药培养和花粉植株的遗传学研究，同时也继续着原来在辽宁师大开展的植物原生质体和细胞培养的工作。经过两年的努力工作，到 1993 年底出站时，在小麦花粉植株遗传学研究方面已取得了很好的进展，除了获得了一大批小麦远缘杂种的花粉株系以外，采用染色体分带、原位杂交（当时染色体原位杂交还是一项非常新的细胞遗传学技术）、同工酶标记、抗病性鉴定等方法分析清楚了一些小麦花粉植株的染色体组成，并在国家一级学报上发表了几篇论文，所以出站时非常顺利。由于当时按国家政策，博士后出站的同时可进行技术职称的评定，所以当时出席我博士后出站报告会的是遗传所学术委员会的全体成员。通过报告、质询和答辩，最后以全票通过了出站报告，并晋升副研究员职称。出站后，继续留在植物细胞与染色体工程国家重点实验室从事科研工作至今。

“1994 年初，胡含先生主动找我谈，希望我到国外工作一段时间。一方面是了解一下发达国家的科研水平和亲身感受一下不同的科研环境，另一方面，也是更重要的，是提高科研工作能力。于是，胡含老师在当年夏季于印尼巴厘岛召开的洛克菲勒基金会资助项目的总结汇报会上，找到美国 USDA 的小麦遗传学家 J. P. Gustafson 教授谈希望送我到他的实验室进行合作研究，研究内容就是小麦花粉植株的遗传学。在介绍我的研究工作情况时，给他看了两张我做的小黑麦代换系和附加系的基因组原位杂交（GISH）的照片。当时 Gustafson 教授听完胡先生的介绍和推荐后，只打着手势说了一个词“OK”，于是我出国的事就定下来了。当年 11 月份，我以高级访问学者的身份到美国位于密苏里大学哥伦比亚分校的 USDA 的谷物遗传学实验室开展了十五个月的合作研究。附带说明一下，Gustafson 教授的实验室就是世界小麦遗传学界的泰斗级人物、前美国遗传学会主席 E. R. Sears 教授原来的实验室，Gustafson 教授作为助手长期与 Sears 教授一起工作。所以，可以说这个实验室当时是从事小麦遗传学研究的年轻人最向往的实验室之一。

“合作研究期间，我的主要研究工作仍然是小麦花粉植株的细胞遗传学，在国内前期研究的基础上，完成了两篇论文，先后发表。除此之外，还在 Gustafson 教授的指导下，开展了 RFLP 标记在小麦染色体上的原位杂交定位工作。这在当时，乃至现在看来都是一项技术性非常强、难度非常大的工作。经过八个月的辛勤工作，终于把一批 RFLP 标记定位到了染色体的相应位置上。这项研究工作后来发表在‘Heredity’上。在此期间，胡含先生时刻关注着我在美国的工作情况。由于当时在我国电子通信系统尚未建立，E-mail 还没有开通，所以胡先生就经常通过纸质信件和昂贵的越洋电话与我保持着经常的联系。到了 1996 年的元旦过后，突然胡先生打电话给我，说自己已正式离休，希望我马上回国接替他的工作。于是，我就听从老师的召唤，匆匆料理一下手头的工作，于 1996 年 3 月初回到了遗传所。回所后，我就一直在植物细胞与染色体工程国家重点实验室从事小麦遗传学研究至今。”

张相岐研究员谈起他对胡含老师的印象时说：“胡老师给我的总体印象，也是最深的有三点：①活跃的学术思想、严谨科学态度和一丝不苟的敬业精神；②对学生和晚辈的负责态度和不遗余力地提携；③给年轻工作人员和学生充分的发展空间。

“胡先生对于学科前沿、新的研究领域（生长点）和新的技术方法总是非常敏感。比如，决定开展主要农作物花药培养研究的时候，当时我国正处于‘文化大革命’后期，科研工作几乎处于停顿状态，也没有人了解国际上在这个领域的研究进展情况。但当欧阳俊闻等提出要开展这方面的研究，胡先生就敏锐地意识到这项技术的重要性，毅然参加进来并坚持了二十多年直至离休，并取得了举世瞩目的成就。后来又陆续开展花粉游离培养、染色体原位杂交、分子标记、转座子研究等课题。请国外专家来所讲学、与世界上相关领域的实验室开展合作研究和人员交流，以及组织召开国内国际学术会议等都充分体现了胡老师的学术思想非常活跃，对新知识、新技术接受得比我们年轻人还快。还有另外一件事也能看出胡先生的学术思想有多么活跃。胡先生离休以后，虽然胡先生不常来实验室，但是联系还是很多的，也常到他家里去。有一次我和另外一位同事去家里拜访他，他当时正在读有关表观遗传学的书。就此，胡先生居然与我们讲了近一个小时的表观遗传学。他的表观遗传学知识比我这个还在科研一线工作的人还要多一些，理解的也更深一些。他甚至提出摩尔根遗传学和米丘林遗传学在表观遗传学水平上是否可以统一起来的问题。当时就使我特别吃惊，也特别佩服我的老师。这些老一辈的优秀科学家对于重大科学问题的敏锐程度和理解深度真是我所望尘莫及的。

"胡老师对待科研工作的态度非常严谨。比如，对于课题组要开展某一个新的课题，胡先生都要经过深思熟虑。首先是目的，即想做什么和想达到什么结果，当然这里面也包括创新性。然后是是否具备开展这项研究的技术（途径）和设备条件，最后是我们自己是否具备实现目标或说完成任务的能力。只有这三个方面都想好了、都具备了才开展工作。如果当时某个方面条件还不具备，那就继续积累，创造条件。有关科研选题，胡老师曾经就当年开展小麦花药培养的情况有过一段话，虽然我已记不清原话了，但它表达的意思我至今仍记忆犹新。他表达的意思是：我希望你们能够理解，解决某一重大科学问题对未来科学及社会发展的影响往往是不可想象的，所以科研选题非常重要。当时我们决定做小麦花药培养的时候难度非常大，也不知道能不能成功。但是为什么就义无反顾地做了呢，并且一直坚持至今（当时是 1994 年），就是认识到了这项技术的创新性和重要性。植物单倍体培养技术是当时的前沿技术，非常具有挑战性。更重要的是，我们认识到这项技术在农作物育种上有明显优势和有广泛的应用前景。对待研究结果更是严谨得很，一旦有谁取得新的实验结果，胡老师一定要亲自看。六七十岁的年纪，在显微镜前一坐就是几个小时，而且一定让我们陪在他身边，经常还一边看一边问、一边讨论。往往是我们认为已很有把握的结果，胡老师还是要求再重复。

“胡老师乐于提携帮助后辈在遗传所是出了名的。当年受条件限制，可以说想出国、想进修几乎是所有年轻科研人员梦寐以求的事情，但却很难。对绝大多数人来说，是名额（公派出国指标）没有，钱没有（自费出国学需要很多钱），途径也没有。由于胡先生有相当高的国际声望，所以当时在胡先生实验室工作的年轻科研人员和学生几乎都出国了，当然现在大部分也都回来了。我也是胡先生在一次国际会议上，向美国的一位教授介绍了我的工作，通过这个途径把我送到美国进修的。据我所知，当年遗传所对于出国深造的人从来不卡，非常开放。很多遗传所的，还有外单位的，很多人出国参加学术会议、进修、留学都是胡老师帮助联系或办理的。最近还有一位回到遗传所发育工作的‘百人计划’人员说起当年出国的往事，他也是胡老师帮忙联系出国留学的。他之所以又回到遗传发育所工作，就是当年读研究生时对遗传所的‘开放’态度印象很好，对胡先生、对遗传所始终心存感激之情。

“胡老师指导学生，也包括年轻的科研人员，做课题的时候从来不做硬性规定。都是首先把这个课题的科学问题说清楚，然后看你的反应，有没有兴趣，你有兴趣就可以了。他从来不说你具体要怎么怎么做，而是给你提供一个方向或目标，最后告诉你这个课题在技术上是可以实现的，或还有哪些难点，需要攻克的，给你信心。也就是说，他只是指给你一条路，怎么走那是你自己的事情，给你充分的发挥空间，而不是把你框在一个由他划定的框子里。科研工作的灵魂是创新，有创新就必有难点。胡老师对待难点问题往往是这样的：他认为在实现目标的途径上有一些节点，所谓节点就是关键或有困难的、需要你去突破的地方。一般他会把困难点在什么地方、解决困难的关键是什么都会讲清楚或提供一些必要的参考文献。我觉得胡先生的这种培养人的方式，对于一个有科研浓厚兴趣的年轻人来讲是非常有利的。”

张相岐研究员在访谈中还谈道：“我发现胡先生在同行圈内的人缘儿特别好，朋友特别多。我来遗传所之前就知道胡先生在花药培养领域做得非常好，有国际影响，名气非常大，来了以后参加一些国际国内的学术会议，接触一些来访者，我发现胡先生对这个领域理解非常深，知识面非常宽。谈起来总是滔滔不绝，头头是道。另外我也发现他在这个科研领域的朋友特别多，包括著名学者、国际友人，其他实验室的，或者是其他单位的学生、研究生都慕名而来，想跟胡先生谈一谈。胡先生从来都不拒绝，态度非常谦和，非常有亲和力，说话总是慢悠悠地娓娓道来。这一点在我来不久的时候就印象特别深，原来这么一位大科学家一点架子没有，对谁都一样。”

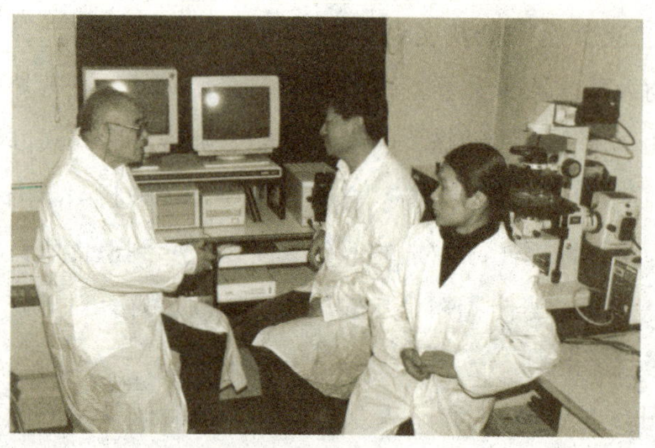

图 9-6 胡含先生与学生进行工作交流（1999 年）

张相岐博士于 1998 年晋升为研究员、博士生导师。目前仍领导着一个创新研究组，继续从事小麦细胞遗传学和分子生物学研究工作。2002 年，遗传学研究所与发育生物学研究所和石家庄农业现代化研究所合并成“中国科学院遗传与发育生物学研究所”后，曾担任分子农业生物学研究中心副主任。还曾担任过国家“863”计划重大育种项目的总体专家组成员、国家自然科学基金委会生命科学部专家评审组成员等职。主持过“863”项目、“973”课题、国家转基因重大专项重点课题、国家自然科学基金重点课题、中科院重大项目和重要方向性项目等多项科研课题。在国内外发表学术论文一百四十余篇，作为主要完成人获国家自然科学奖二等奖和三等奖各一项，申请多项发明专利。胡含先生离休后还时刻关心着他这位弟子的工作和生活情况，弟子的每一点进步和取得的每一点成绩都与先生的培养和教诲分不开。

瞿绍洪研究员于 1992—1996 年在中国科学院遗传研究所攻读博士学位，是胡含招收的最后一届学生，也是他的关门弟子。毕业后到美国俄亥俄州立大学从事水稻抗稻瘟病基因研究，2004—2008 年在加利福尼亚大学戴维斯分校从事植物转座因子研究。2008年作为学科带头人回到浙江省农业科学院工作，从事转基因生物技术及水稻抗病基因研究。在水稻抗纹枯病基因和抗稻瘟病基因克隆与转基因育种、玉米Ac-Ds转座因子在水稻无选择标记转基因育种上的应用等研究上多有建树。现任研究室主任，并兼任浙江师范大学研究生导师。

访谈中，瞿绍洪博士谈道："我当初决定报考胡含先生博士研究生的时候是1991年的冬天。我当时是湖北大学生物系的讲师，在上海开会的时候，在中国科学院上海生物化学研究所的一个学术会议上见到了胡老师。那是我第一次见到胡老师，当然，在那之前对胡含先生是比较敬仰的。我硕士毕业已经五年了，想继续深造，在植物遗传学领域攻读博士学位。正好在会上见到胡先生，觉得他是一个非常和蔼可亲、很随和、对年轻人非常好的老专家。我谈了我的意愿以后，胡先生当时向我介绍，说1992年遗传所要招博士的老师有四位：在植物遗传学方向有胡含先生和李振声先生，人类遗传学方向有杜若甫先生，分子遗传学方向有童克中先生。

"第二年的春天，我就到遗传所负压实验室的考场来参加笔试。一个月以后，就接到我们所人保处的通知，说要参加面试。我感到有点吃惊的是，胡先生给我面试的时候，他非常出乎我的意料，因为我是怕面试考不取啊，胡先生说：'瞿绍洪，是这样的，我有三个研究方向，一个是小麦的染色体工程，一个是水稻远缘杂交，一个是大麦的小孢子培养，你从这三个中进行选择，如果这三个你能选得来，我就录取你。'所以这样我就选了一个，后来就到遗传所读书了。

"在胡先生招收我们最后一届的学生中，完成博士学位的有三位。我硕士是在华中农业大学读的，读水稻遗传学专业。胡先生就安排我做水稻远缘杂交，但是后来又有一些调整，因为胡先生有另外一位跟朱立煌先生合招的一位博士生，叫毛龙，他也在做水稻远缘杂交研究，那一块就比较挤了。后来胡先生也是照顾我个人的意愿，就是让我做植物分子生物学，比较新一点的研究方向，所以我就做玉米转座因子，诱导植物产生突变，就是这么一个方向。胡先生挺好的，为我铺垫了一些路，利用他在英国的合作关系，跟英国John Innes Centre要到了一些Ac/Ds转基因载体。我就边摸索边做起来了。研究的方法是利用胡先生实验室单倍体组织培养技术，首先做烟草花培，获得单倍体植株，然后通过农杆菌转化的方法，把玉米的转座子导入到单倍体烟草里面去，最后研究转座子的行为。在当时这是一个很新的方向。所以，从我选题过程可见，胡含先生对后辈还是很灵活的，还会给你做很多铺垫。有困难的时候，特别当时做分子生物学研究有很多困难，胡老师就联系‘负压’实验室的朱立煌老师帮忙，安排得很好。

“当初我考过来的时候，另外一个师兄张文俊就跟我说，胡先生的兴趣是想在单倍体和染色体工程方面引入新的分子生物学的技术。那是九十年代初期，按照现在的话说，是与时俱进的。

“我是 1980 年至 1987 年在武汉华中农业大学读的遗传育种专业的本科和硕士，后来在湖北大学教遗传学。武汉的单位，包括武汉大学、华中农业大学，这些地方我们平时在一起的同行朋友，对胡先生都是很敬仰的，那边的所有的遗传学专家，没有谁不知道胡含的。胡先生是我们国家，特别在八十年代，是非常活跃的遗传学家。我国遗传学界有南谈北胡之说，南方的上海复旦大学有谈家桢教授，北方遗传学家的代表就是胡含先生。那时我国在国际植物遗传学领域领先的就是单倍体遗传育种、花药培养、植物细胞工程。我国这一批科学家的代表人物就是胡含先生，这也是后来我为什么要报考胡先生的博士生的原因。

“胡先生对我们学生一般不会有直接的说教，我们往往是从他的工作和平时的言谈中间接地了解到他的为人。首先，他是一个比较敬业，比较能坚持，能在一个方向上不断努力的人。胡先生总说，他就只懂花药培养、单倍体育种。说明他对这个工作的重视和关注。他在这个研究领域持续工作了二十多年，取得了辉煌的成绩。他的持之以恒的精神对我的影响很大，我也是这样做的。我在美国八年，一直做水稻遗传学与基因组研究。回国后，现在从事水稻转基因技术研究。胡先生对学生也起到一个潜移默化的作用。你一生把事情做好，就做专一的事情，这个非常重要。另外，胡先生给人的感觉就是他比较体恤后进。胡先生做 *Theoretical and Applied Genetics*（*TAG*）杂志编委的时候，一直都在推荐中国遗传学家的

论文到 *TAG* 上发表，他是在把中国优秀科学家的研究成果推向世界。在八十年代那时期像这样的专家是非常少的，这一点对我们年轻人的帮助非常大。

“我是 2008 年回国到浙江农业科学院病毒学与生物技术研究所工作的，现在是那里的研究员。我的实验室主要从事水稻生物技术研究，至今一直还做植物转座因子的分子生物学研究，与博士论文的课题有密切关系。

“印象比较深刻的一点就是胡先生虽然平时没有太多的说教，但是他对学生和助手的为人还是很在意的。那一届我们考胡先生的考生有九个人，最后有五个人是没有被录取的。其中我也知道跟我们一块儿竞争的有一个西北农业大学的老师，是很不错的，他硕士期间是跟中国农科院作物所的鲍文奎院士读的，是一个著名专家的学生，最后为什么没有被胡先生录取呢？据说考分不错，但是胡先生间接了解，这个考生跟别人的关系处得不大好，也就是说合作精神可能差一些，所以胡先生就没有录取他。这个事情给我们印象很深刻。就是说，他有时候看上去很随意，但是他很在乎人品。看来做学问，在为人方面也要做到位，这个我对胡先生的印象非常深刻。

“另外，平时他也给我们讲一点他年轻时候的往事。他曾讲到，在重庆中央大学读书的时候就参加了革命。那时候他还年轻，并且很有理想，很有思考。所以，胡先生学生时代就有追求，有理想，应该算是一位又红又专的科学家。

“对我们的科研课题，胡先生从不会给你规定得很细，他不会把你当作一个实验员来看，他是把你当成一个科研人员，培养一个科学家的角度来看的。他只给你一个方向，给你一个思想，然后让你自己去设计、去实现。虽然当初我没有沿着小麦染色体工程方向走下去，但是我是利用胡先生实验室的单倍体遗传学基础，向另外一个方向走出去。当时还是有探索性的。这也锻炼了我独立思考和独立解决问题的能力。我记得最后博士学位论文答辩的时候，他请来植物所的朱至清教授做答辩委员会主席，我们所的陈受宜老师和朱立煌老师做答辩委员。我是他的最后一届学生，因为延期了半年，所以是最后一个进行毕业答辩。胡先生在答辩会上说，瞿绍洪是我的

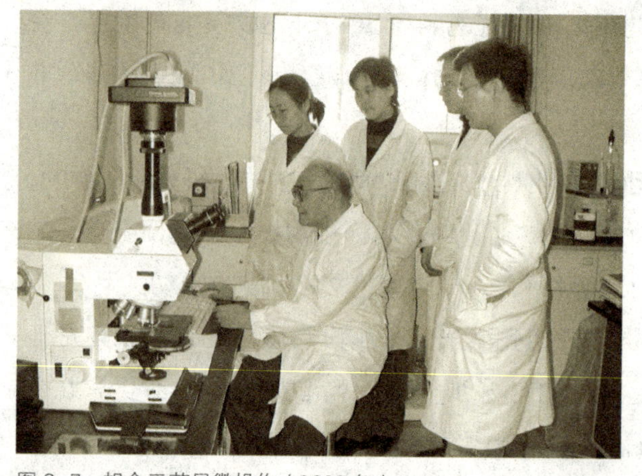
图 9-7 胡含示范显微操作（2002 年）

关门弟子，我平时鼓励他，有很多方面都是他自己去探索，这个工作也不一定是做得非常好，但是这是新的领域，这可能对他今后独立从事科研工作会起到很好的作用。现在过了二十年，再来看的话，的确是有这样一种效果，我也感到非常幸运。”

透过学生对指导老师的谈论，可以窥见胡含所追求的科学精神、工作作风、处事行为。他的学生回忆的点滴，真实地反映出他与学生之间的融洽关系，凸显了他作为老师的指导风格。

第十章 科学贡献

胡含早年放弃学业，走上了革命道路并参军入伍，后转入地方进入高校从事教学、科研和管理工作。1951年调中国科学院遗传选种实验馆开始了专职科研工作者的生涯，直至1995年离休。纵贯五十余年的科研生涯，先后从事过农作物育种、植物胚胎学和小麦单倍体遗传学及染色体工程研究工作。1951年到1955年主要从事小麦育种工作。1956年到苏联留学，主要从事小麦、黑麦和小黑麦的细胞胚胎学及细胞化学研究。1960年回国后一直到1969年，在中国科学院遗传研究所主要从事小麦远缘杂种的胚胎学研究工作。1970年初，加入小麦花药培养研究团队。此后二十五年，胡含一直从事小麦花粉单倍体遗传学研究工作，并取得了丰硕的科研成果。在理论上，发现了小麦花粉植株变异的普遍性规律并阐明了变异的细胞遗传学机制；提出并论证了配子类型在花粉植株中充分表达的理论。在应用上，建立了高效的花粉小麦染色体工程新体系，创制了一批独特的染色体工程新材料，培育了花培一号小麦新品种。在这一领域，在国内外学术杂志和学术会议上发表论文超过一百五十篇，编撰相关的论文集三部，出版专著两部，专业词典一部。是世界上发表有关植物单倍体论著最多的科学家之一。先后荣获全国科学大会重大成果奖（1978）、全国科学大会先进工作者和先进集体奖（1978）、中国科学院自然科学奖二等奖

自然科学奖

证　书

为表彰在自然科学研究中做出重大贡献者，特颁发国家自然科学奖证书，以资鼓励。

获奖项目：

获奖者：胡含

奖励等级：二等奖

奖励日期：一九九七年十二月

证书号：

中华人民共和国国家科学技术委员会主任　宋健

图 10–1　胡含获得国家自然科学二等奖证书

（1995）、山东省科学技术进步奖二等奖（1996）和国家自然科学奖二等奖（1997）。由此确立了胡含先生在学术界的崇高地位，被国际同行誉为世界上对植物单倍体遗传学贡献最大的五位科学家之一。2001年荣获何梁何利基金科学与技术进步奖。胡含的研究成果对我国植物单倍体遗传学研究和单倍体育种的发展起到了重要的推动作用，对于确立和保持我国长期在该研究领域的国际领先地位功不可没。

本章从胡含先生五十余年的主要科研工作经历和主要科研成果中，摘取不同时期发表的代表性学术研究论文的部分章节，从而窥探其科研学术思想形成的过程。以此展现一位老科学家活跃的学术思想、严谨的科学作风，以及孜孜以求、持之以恒的工作精神。以其在研究探索过程中不懈努力，展示胡含的学识学风，对科学研究锲而不舍的精神和大家风范。

早期的科学研究

虽说胡含早在红色根据地晋冀鲁豫边区北方大学农学院时期就步入科研教学领域，但主要工作是为增产增收进行农技推广。此后在华北农学院和北京农业大学时期也以教学为主。胡含系统地从事科研工作始于中国科学院遗传选种实验馆，主要在栽培研究组做分枝小麦栽培选育工作。当时由于受经济条件所限，只能开展一些比较简单的科研工作。

从苏联留学回国后，科研工作较出国前有了很大的进步。最初几年，由于当时我们国家的农业生产水平还相当落后，还没有解决温饱问题。所以，胡含选择的科研课题主要是从应用出发，希望能够为提高农作物产量做一些工作。在苏联留学期间，胡含主要从事小黑麦的细胞胚胎学和细胞化学研究。考虑到自己的科研基础和当时我国小麦产量极低（平均只有五十千克左右）的现状，所以就选择了小黑麦作为研究对象，希望能够通过远缘杂交方法提高小麦产量。在回国后到中国科学院遗传研究所工作的最初几年，胡含主要开展了小麦与黑麦杂交的受精过程和胚胎发育方面的研究，也涉及雌蕊年龄和环境温、湿度对杂交的影响等。

1. 小麦与黑麦杂交的受精过程及胚胎发育特征研究

黑麦（*Secale sereale* L.）是与普通小麦（*Triticum aestivum* L.）杂交最早成功的远缘物种之一，但杂交结实率低，杂交种子的生活力较差的问题始终没有解决。胡含在苏联读研究生时就应用植物胚胎学与细胞化学的方法对受精过程与胚胎发育初期的特征进行过研究，所以也可以说，这个时期的工作基本上是留学期间工作的延续，技术上也轻车熟路，研究工作很快就开展起来了。但研究目的已有所不同，考虑更多的是解决生产实际问题。

研究表明，虽然小麦与黑麦杂交结实率较低，但是一般还是可以得到杂交种子的，只是种子饱满度很差，有的种子甚至无胚。所以，后续就针对小麦与黑麦杂交对结实率低、胚乳发育差、胚不发育等问题进行了进一步研究。

首先，利用组织切片方法对黑麦花粉在小麦柱头上的萌发情况进行了观察，结果发现授粉三十分钟时黑麦的花粉就已经萌发，并且花粉管已进入花柱内，随后还可观察到花粉管进入胚囊和释放精核的过程。说明小麦的柱头是可以识别黑麦花粉并能使其较正常萌发的。说明花粉萌发不是结实率低的主要原因。

正常的小麦或黑麦品种间杂交，可在授粉一个半至两个半小时内完成双受精。但对小麦与黑麦的杂交授粉后七十分钟到四小时的观察表明，在绝大多数情况下，释放到胚囊内的两个黑麦精核形态上并没有什么变化，仍然处于高度凝集的半月形，并且位置也不是在正常的卵细胞和极核之间。甚至在授粉后四小时观察到精核已进入卵细胞核，但仍然没有完成受精。另外，对另一个精细胞的观察显示，授粉十二小时后，应该与极核结合形成原始胚乳核（应已分裂一两次）的精核往往仍然没有改变最初的“虾米”状形态，即没有完成受精。

在后续胚胎早期发育的一系列观察中，进一步发现，在受精的胚囊中，胚和胚乳发育极不协调，有的胚和胚乳均不发育，最后无种子形成。其次是胚乳发育，但胚不发育，最后形成了无胚的种子。第三是胚发育，而胚乳不发育。在这种情况下，虽然在胚胎发育早期，受精卵细胞（合子）能够进行一次分裂，但却不能够持续发育。同时也有的胚乳早期发育较正常，形成游离胚乳核，但随后便停止了或减慢了。另外还观察到，小麦与黑麦杂交时，反足细胞的有丝分裂也是不正常的，而反足细胞分裂不正常往往与胚乳核发育不正常相关联。

通过以上研究，得出以下主要结论：①小麦与黑麦杂交时，黑麦的花粉能够萌发，花粉管也能够进入胚囊，并释放精核；②黑麦精细胞一般长时间停留在小麦胚囊的上部并保持形态不变。以后精细胞可能逐渐退化而卵细胞不发生变化，或是进入雌核的精核不匀称地散开，而卵细胞经历着正常受精时的变化过程；③小麦与黑麦杂交存在“单一受精”与“单性结实”现象，是由精细胞不正常行为导致的。这是不可交配性（不结实）的原因之一；④胚乳核的不正常发育和反足细胞的异常有丝分裂与杂交种子缺乏生活力有密切关系[①]。

2. 雌蕊年龄对小麦与黑麦杂交结实性的影响[②]

利用冬小麦伊阳大二糙为母本，冬黑麦 de-fNA 为父本，分别采用逐日去雄同时授粉和同时去雄逐日授粉的方法研究了雌蕊年龄对结实性的影响。结果表明，雌蕊年龄对受精选择性有明显影响，并且上述两种去雄和授粉方法所得结果一致。在另外两个杂交组合中也得到了同样的结果。

① 胡含：关于小麦与黑麦远缘杂交时受精过程及胚胎发育初期的一些特征。《遗传学集刊》，1960（2）：111-122。

② 胡含、姚珍：小麦与黑麦杂交时雌蕊年龄的作用。《遗传学集刊》，1963（2）：56-66。

同时还以冬小麦西北 134 为母本，以冬黑麦 Nethuser 为父本的杂交组合为材料，采用逐日去雄同时授粉方法对小麦柱头的活力，即柱头能够维持接受花粉能力的时间进行了研究。结果表明，虽然柱头活力在品种间有差别，但在北京地区 5 月上中旬的气候下，小麦柱头的杂交活力能够维持 10—15 天。同时，小麦雌蕊衰老时，其柱头接受本品种与接受黑麦花粉的能力基本一致。另外，实验还发现，雌蕊年龄对杂种一代（F_1）的结实性也有影响，凡是杂交结实率高的组合，其 F_1 植株的结实性也较好。

3. 大气温度与湿度对小麦与黑麦杂交结实性的影响

1961—1962 年，利用十七个小麦黑麦杂交组合研究了温度和湿度对小麦与黑麦杂交结实率的影响。结果表明，小麦与黑麦杂交授粉时的最适温度是 20—29℃，与小麦品种间杂交的最适温度类似。授粉时的温度低于 15℃，且持续三十分钟以上，则会严重影响结实率。但在同样较低温度下，对小麦品种间杂交的结实率影响不明显。小麦与黑麦杂交，授粉后的环境温度也对结实率有很大影响，若授粉后温度维持在 20—29℃则结实率较高。相反，若授粉后环境温度较低，如 10℃，即使授粉时的温度和湿度比较适宜，则其结实率也显著减低。授粉时的湿度对小麦与黑麦杂交的结实性的影响不及温度明显，但在适宜的授粉温度（20—29℃）条件下，相对湿度 40%—60% 时往往会获得较高的结实率。

结实率较低是限制小黑麦生产应用的主要因素之一。为解决这一问题，胡含等研究人员利用分期播种方法研究了花期大气温度对小黑麦结实性的影响。实验材料为来自九个杂交组合的五十一个小黑麦家系。两年的实验统计结果表明，最高温度 20—30℃，昼夜平均温度 17.5—23℃为小黑麦杂种后代的适宜开花结实条件，结实率较高。小黑麦杂种后代开花期的最高气温若高于 30℃，昼夜平均温度若高于 23℃或低于 17℃时，结实率则明显降低。而亲本小麦在最高温度为 30—34℃，昼夜平均温度 20.5—27.5℃的较高温度条件下，或最高温度为 16—20℃，昼夜平均温度 13—14.5℃的较低温度条件下，其结实率并无显著差别。由此可见小黑麦杂种后代对花期环境温度有更高的敏感性，其结实性更容易受到大气温度的影响。由此推测，根据种植当地的气候条件，采取适时播种可能是提高小黑麦品种结实率的一条有效途径[①]。

小麦花药离体培养再生植株及其遗传学研究

1964 年和 1966 年，印度科学家 Guha S. 和 Maheshiwari S. C. 在 *Nature* 杂志上发表了两篇论文，实际上只是短讯。报道他们通过体外花药培养，获得了毛叶曼陀罗（*Datura innoxia* Mill）的再生小植株，并证明再生植株来源于单倍体的花粉。这是世界上首次获得高等植物的花粉单倍体再生植株，因此在世界上引起了遗传学家和育种工作者的广泛关注并产生了深远的影响。但由于当时我国与国际间科技信息交流还很少，在遗传所内还没有人知道此报道。一直到 1969 年末才从一篇日本科学家的综述文章中了解到世界上有关植物花药培养的研究情况。经过讨论认识到花药培养及单倍体育种的重要意义，随即开展了花药培养研究。最初就选定以重要农作物育种为目标，使得中国在国际上首先获得小麦花粉植株，并且在花药培养技术及单倍体植株遗传机理的研究上均走在国际前列。前已述及开展小麦花药培养课题的决策过程，这里不再赘述，仅以初期的研究论文了解胡含所在课题组的研究结果。

经过全体科技人员的探索，于 1971 年成功通过花药离体培养首次获得了小麦花粉植株，并于 1972 年 1 月在《遗传学通讯》上发表了简单的研究报告。但 1972 年就开展了全方位的研究，从实验开始前就对花药离体培养的条件、培养基、培养方法以及细胞学、组织学的显微观察都进行了系统设计，研究结果在 1973 年《中国科学》正式复刊后的第一期以“小麦花粉植株的诱导及其后代的观察”为题在中、英文版上同时对外正式发表[②]，

① 胡含、姚珍：大气温度与湿度对小麦与黑麦杂交时的影响。《遗传学集刊》，1963（2）：67-76。

② 欧阳俊闻、胡含、庄家骏、曾君祉：小麦花粉植株的诱导及其后代的观察。《中国科学》，1973（1）：78-82。

同时也在《遗传学通讯》1973年第二期发表了“离体培养小麦花药诱导花粉植株”的论文。因为工作非常系统，实验数据翔实，同时介绍了详细的培养条件，实验方法、步骤和结论，起点水平很高，自然引起了国内外学术界的高度关注。以下对这两篇具有划时代意义的论文的主要内容做简要叙述。

实验材料大部分为普通小麦品种间杂交的 F_1 代，少数取自品种或杂种 F_2 代。接种花药的离体时期选用花粉处于单核时期，实验中细分为早、中、晚三个时期。基本培养基采用MS培养基，有机成分有所调整。诱导小麦花粉形成愈伤组织添加了2，4−D，诱导愈伤组织分化出芽或根补加了IAA等。

从花药诱导愈伤组织主要比较了不同2，4−D浓度和蔗糖浓度对小麦花药愈伤组织和花丝愈伤组织数量的影响。愈伤组织分化成苗研究了吲哚乙酸IAA的作用，以及培养基中添加水解乳蛋白的效果。接种花药时期显示接种单核中期产生的花药愈伤组织多于单核晚期。选用的小麦材料组合也有明显差异，冬性小麦诱导频率明显低于春性或半冬性小麦。这期间，也做了大量的细胞学和组织学观察，对培养过程中的花粉粒的发育变化观察发现几种情况：①仍具单核，但核明显增大，有多个核仁；②同正常的二核花粉粒相似，有的则与三核花粉粒相似；③具有两个或多个游离核，也观察到有四核花粉粒；④处于第一次有丝分裂末期，两个同等大小的核居于纺锤体两极。研究认为离体花粉从第一次有丝分裂开始就离开了正常发育途径，进行均等分裂很可能从单核花粉经过这种二细胞阶段到多细胞直至形成愈伤组织。进一步对愈伤组织、再生绿苗和白化苗的染色体数做了观察，结果发现大部分是单倍体，仅有少数是二倍体。论述了花粉诱导愈伤组织，进而分化出芽、根等器官，再进一步发育成完整植株的机理。对移栽后的小麦花粉再生植株的当代和后代也进行了观察和分析，全面论述了小麦花药培养和植株再生的全过程。论文中报道当时已获得一百七十多株花粉再生植株。通过细胞学检查，同样的单倍体愈伤组织分化后获得的植株中既有单倍体也有二倍体，结实的杂种后代多数不分离，说明是纯合二倍体。为此提出花药培养可以直接获得大量纯合二倍体植株，有希望成为育种新途径的观点。

小麦花药培养成功诱导出花粉植株是研究团队的集体成果，胡含在其中发挥了重要作用，特别是在离体花粉小孢子的有丝分裂、体细胞染色体数目，以及配子体的世代变化等方面做了大量工作，提出了离体花粉发育机理的推论，为以后研究打下很好的基础。

小麦花药培养条件的优化与培养基的改进

获得第一株小麦花粉植株之初，再生频率是非常低的，花粉愈伤组织的再生率约在 2% 左右，而能够分化出绿芽的愈伤组织只有 30%—50%。也就是说，绿芽的再生率在 1% 以下。为了提高小麦花粉植株的再生频率，同时也为了降低科研成本，欧阳俊闻、胡含及其同事和学生们开展了培养基改进和培养条件的优化研究，发明了“马铃薯”培养基。

1. 关于马铃薯培养基

在上世纪七十年代初，胡含先生所在的中国科学院遗传研究所 301 组成功培养出世界上第一株普通小麦花粉植株后，1975 年他们便开展了简化培养基的研究，目的是为了降低实验成本，以便推广应用花药培养技术，同时也提高愈伤组织的诱导频率。从传统植物组织培养方法中知道培养基中常添加椰子乳，据说能有效促进胚芽形成。受此启发在水稻花药培养试验中也采用了在培养基中添加椰乳的方法，获得很好的诱导效果，此后成为水稻花培的标配。但此方法在小麦花药培养中的应用效果却很不理想。一般认为培养基添加剂应该有促进作用，但添加什么才适合小麦？经查阅文献获知豆类所含营养成分丰富，特别是四季豆，富含蛋白质和多种氨基酸，并含有胡萝卜素、钙、B 族维生素等成分，最主要是含有植物凝集素，认为是一类能与细胞表面特殊糖蛋白、寡糖结构结合的天然蛋白，可能有调节许多生物学过程等作用，设想可以代替培养基中的大量元素和有机成分。故采用四季豆种子，经浸泡、水煮、过滤，取上清液作为培养基添加物进行实验。结果经过无数次重复实验，虽然偶尔见到一定效果，但一直未获得理想的配方。此后想到了北方常见的马铃薯，当时胡含所在的遗传研究所 301 组、302 组（以研究水稻为主），以及遗传研究所山西分所在水稻花药培养基中实验了添加马铃薯提取物的效果，结果获得了与 Miller 培养基相似或更好的结果。随后，301 组比较系统地研究了马铃薯培养基在小麦花药培养上的作用和效果。

（1）马铃薯培养基的制备

取已发芽（3—4cm）的马铃薯块茎清洗干净后挖去已发芽的芽眼，切成小块，加定量的蒸馏水（每 100 克马铃薯加 200—300 毫升），文火煮沸约 30 分钟，用两层纱布过滤。取滤液作培养基，现制现用。当时共设计了两种马铃薯培养基：一种是简易马铃薯培养基。以 20% 的马铃薯提取液（每升培养基含有按上述方法制备的 200 克马铃薯提取液）为主，再附加蔗糖、2，4-D、激动素、铁盐等。另一种是在简易马铃薯培养基基础上再添加 1/3 量的 MS 培养基的大量元素、微量元素、甘氨酸、维生素等成分。1975 年的夏季和秋季，分别在北京和昆明进行了两种马铃薯培养基的效果实验，以常用的 MS 培养基为对照。

（2）在北京的实验

实验材料是"京红 5 号 × 小偃 759"和"Sonora 62× 宏图"两个组合的杂种 F_1，接种后置 24—26℃温度下培养。结果显示，接种后 25 天，当对照培养基上只有个别花粉出现愈伤组织的时候，培养在马铃薯培养基上的花药已有大量的愈伤组织形成。培养 50 天时，将愈伤组织转接到分化培养基上诱导分化幼苗。结果无论是简易马铃薯培养基还是简易马铃薯培养基 +1/3MS 上的愈伤组织诱导率和绿苗分化率都有大幅度提高。以接种花药为基数的愈伤组织诱导率提高 3—4 倍，绿苗分化率提高 3—17 倍。同时也注意到，不同的马铃薯制作的培养基效果有所差别，但总的来说，促进作用是非常明显的。

（3）在昆明的实验

1975 年夏季在北京的实验获得初步成功后，秋季又在云南昆明进行了第二次实验，以确证马铃薯培养基的效果。这次选用的实验材料是与北京实验完全不同的四个杂交组合的 F_1，即"早 63×(郑州 6 号 × 丰产 3 号)"、"花培 1 号 ×（郑州 6 号 × 丰产 3 号)"、"花培 1 号 ×Cajieme"和"科春

14 × Ciano"。这次实验的对照培养基共有三种。

实验结果表明，四个不同组合的供试材料在马铃薯培养基上的愈伤诱导率都显著高于对照培养基。再一次证明马铃薯培养基在小麦花药培养上有优越性。

马铃薯成分主要是碳水化合物、纤维素，并含有优质蛋白质和 C、B 族维生素，以及钾、锌、铁等矿物质。实验结果表明培养基中添加马铃薯提取液非常适合于小麦花药培养。初期实验是从市场随机购买的马铃薯，其后为了更加严谨和稳定，培养基所选用的马铃薯均全部来自延庆马铃薯研究所提供的优良品种。经过实验，选用不同的马铃薯种类对培养结果有明显影响，圆形粉质多的较差，以长形质地黄色的马铃薯较佳，易于过滤，提取液比例准确，相应培养的花药诱导频率更高，此后全部实验均采用此类马铃薯。①

2. 激素及各种附加成分

（1）生长素 2，4–D

生长素是诱导花药愈伤组织的最关键激素。开展小麦花药培养研究之初就发现生长素 2，4–D 的浓度对小麦花药体外培养再生有严重影响。在 0.2—25 mg/L 范围内，随着 2，4–D 浓度提高，花丝愈伤组织有规律地增加，反之减少。但是过高的 2，4–D 浓度并不利于花粉愈伤组织的分化。当时的实验表明，2.0 mg/L 的 2，4–D 浓度是比较合适的。当 2，4–D 浓度为 0.2 mg/L 时，花丝愈伤组织显著减少。② 后来利用普通小麦品种科冬 58 和欧柔（Orofen）专门对 2，4–D 浓度进行了比较研究。结果表明，当把 2，4–D 浓度从 2.0 mg/L 提高到 4.0 mg/L 时，两个品种反应是不同的。冬麦品种科冬 58 在 4.0 mg/L 2，4–D 时，反应率、出愈率、绿苗率均显著升高，绿苗产量是对照的 2.8 倍。与此同时，白苗分化没有升高，使 G/A 值（绿苗与白化苗的比例）从 2.0 升高至 3.0。而春麦品种欧柔的反应没有

① 中国科学院遗传研究所三室一组：应用马铃薯培养基大幅度提高小麦花粉植株的诱导频率。《遗传学报》，1976，3（1）：25–31。Wang X Z、Hu H：The Effect of Potato II medium for triticale anther culture。*Plant Science Letters*，1984，36：237–239。

② 欧阳俊闻、胡含、庄家骏、曾君祉：小麦花粉植株的诱导及其后代的观察。《中国科学》，1973（1）：78–82。

科冬58强烈，但绿苗率也有所增加，并且白化苗率显著下降，G/A值从5.1骤增至17.2，相差3.4倍。由此说明，在最初2，4–D浓度2.0mg/L的基础上适当提高是有利于花粉植株再生的。①

（2）水解乳蛋白

在用2，4–D作为主要诱导激素的培养基上，进行了在培养基中补加水解乳蛋白、水解核酸和椰乳的实验。结果表明，补加10%—20%椰乳或10—120mg/L水解核酸对花丝和花药愈伤组织诱导率都没有明显作用。但补加200—300mg/L水解乳蛋白效果明显，显著地提高了花药愈伤组织的诱导率，由0.82%提高到2.18%。同时还显著降低了花丝愈伤组织的数量，花药愈伤组织的质量也有所改善。

（3）Ficoll

Ficoll（聚蔗糖）常被作为渗透压稳定剂用于组织培养，一般的常用浓度是10%—20%。由于Ficoll比较昂贵，因此，有必要对小麦花药培养的最适浓度进行筛选，以便节省科研经费。实验共比较了3%、5%和10%三种浓度。结果表明，与对照和加10% Ficoll的结果相比，加3%—5%的Ficoll即可使反应率、出愈率和绿苗率显著上升几倍至十几倍，同时白苗得到显著抑制。科冬58在添加5% Ficoll的培养基上绿苗产量达到54.0%，欧柔在3%浓度的培养基上达到105.5%。尤为重要的是，二者G/A值（绿苗与白苗比例）都有大幅度提高，表明愈伤组织质量大为改善。由此可见，高浓度的Ficoll是不必要的，10%并不是小麦花药培养的最适浓度，而降低到3%—5%则可得到比10%更好的效果。同时也发现，不同小麦基因型对Ficoll的反应是有较大差别的。

（4）甘露醇

甘露醇作为渗透调节剂广泛用于植物组织培养。但研究发现，甘露醇浓度对小麦花药培养有严重影响，对不同基因型有截然不同的促进或抑制作用。如科冬58，在加入甘露醇后即表现毒害作用，愈伤组织的诱导和分化均受抑制，而对欧柔则有促进作用，当加入100mM/L甘露醇时，出愈率显著增加，绿苗产量达117.0%。当提高到200mM/L时，反应率和出愈

① 刘成华、胡含：提高小麦花粉植株再生频率的研究。《科学通报》，1990（9）：697–700。

率都进一步增加，但愈伤组织质量受到严重影响，以致影响绿苗产量的进一步增高。当继续增加至 300mM/L 时，则出现了明显的抑制作用。由此可见，甘露醇的使用不但要考虑适当的浓度，还要结合基因型一并考虑。

3. 培养温度

合适的培养温度是使花粉再生的基本条件之一。通过不同的培养温度比较实验结果显示，基本培养温度在 26℃比较合适，一般可以诱导出愈伤组织和分化出绿苗。但后来的研究发现，在接种前对花药进行高温（33℃）处理 12 小时和接种后先在 33℃高温下热激培养 1—8 天后，再转入 26℃继续培养均可大大提高愈伤组织的诱导率和绿苗分化率。33℃前处理 12 小时可提高愈伤组织诱导率 8% 左右，绿苗再生率提高 3% 左右。而高温热激培养的效果更为明显，尤以 33℃热激培养 3—5 天的效果最佳，愈伤组织诱导率较 26℃恒温培养提高 2.5—3 倍，绿苗再生率提高 4—5 倍。实验也表明，热激培养 8 天和 10 天的结果与 26℃恒温培养并无显著差别，甚至不及 33℃前处理 12 小时的结果。所以在后来的花药培养中均采用了 33℃热激培养 3—5 天的程序。

小麦花粉植株遗传变异及其规律研究

获得第一株小麦花粉植株之初，原以为单倍体花粉来源的花粉植株在遗传上都是纯合的、稳定的，但实际工作中发现并不是这样，总是出现一些表型上发生变异的植株。由此胡含意识到，花粉植株的遗传变异可能是一种普遍现象。随后，胡含课题组围绕花粉植株的遗传变异问题开展了二十多年的研究。

1. 小麦花粉愈伤组织的染色体变异研究

以普通春小麦品种京红 5 号与小偃 759 杂种 F_1 诱导的愈伤组织为材料观察了染色体数目和结构变异情况。结果表明，在观察的 45 个分裂细胞中，共有七种不同的染色体数目类型，染色体数目变化在 20—46 条之间，其中 21 条（单倍体）和 42 条（加倍单倍体）的分别为 24 个和 14 个，合计比例占 84.44%。同时还观察到在三个细胞中有双着丝点染色体，说明在小麦花粉培养过程中不仅有染色体数目变异，还有染色体结构变异。[①]

2. 小麦花粉植株体细胞的染色体变异研究

对 54 个花粉植株的 4300 个根尖有丝分裂中期细胞染色体的观察显示：以 Inia66× 宏图组合为例，花粉植株的染色体数目分布在 12—42 之间，共有 15 种不同染色体数目的植株。其中以 21 和 42 的居多，合计占 80% 以上。其他组合来源的花粉植株群体也类似。不同组合来源的花粉植株综合起来，单倍体植株占 70.37%，二倍体植株占 18.52%，两者合计占 88.89%。除了上述非常广泛的染色体数目变异之外，在 H_1 代混倍体植株也非常普遍，并且还获得了五倍体植株。进一步研究发现，离体培养的单倍性花粉容易引起细胞的核内有丝分裂、核融合、多极有丝分裂以及染色体断裂等现象。这些异常的有丝分裂现象是产生染色体数目变异、结构变异，以及混倍体等各种新类型的重要原因。

随后，利用 1972 年至 1978 年获得的 444 个 H_2 花粉株系进行了遗传稳定性研究。这 444 个花粉株系来源于 39 个杂交组合的 F_1 代，包括 23 个冬小麦组合和 16 个春小麦组合，并且产生于不同的年份，具有广泛的代表性。当时一般认为，花粉植株来源于单倍体花粉，加倍后理应是纯合二倍体，从而获得遗传上稳定的株系。但实际观察结果表明，在 444 个花粉株系中，有 396 个株系在所调查的形态性状上是一致的、不分离的，占株系总数的 89.2%。而其余 48 个株系在株高、穗型、芒性等多个性状上是有分离的，这部分株系占总数的 10.8%。[②]

以上研究结果充分反映了花药培养过程中普遍存在变异情况，同时也反映出在快速获得稳定系方面的明显优势。随后，胡含先生所在的课题组与昆明市农业科学研究所协作，开展了利用花药培养技术培育小麦新品种的研

---

① 胡含、郗子英、贾双娥：小麦花粉植株和愈伤组织体细胞染色体的变异。《遗传学报》，1978，5（1）：23-30。

② 胡含、郗子英、庄家骏、欧阳俊闻、曾君祉、贾双娥、贾旭、景建康、周淑明：小麦花粉植株的遗传学研究。《遗传学报》，1979，6（3）：322-330。

究。通过品种间杂种 F_1 花药培养途径，在 H_6 代即选育出一个小麦新品种，定名为“花培一号”。该品种曾在昆明地区大面积推广种植（图 10–2）。可见通过花药培养途径可使新品种的选育周期较常规杂交育种大大缩短。

图 10–2　胡含（前左四）在昆明考察花培一号小麦新品种的田间生长情况（1976 年）

3. 小麦花粉植株花粉母细胞的染色体变异研究

利用 72 个 H_1 代花粉植株进行了花粉母细胞的染色体变异研究，这些花粉植株来自 8 个普通小麦品种间杂种 F_1 代。结果显示，花粉母细胞的染色体数有 61.4% 为单倍体（$n=3x=21$），26.4% 为二倍体（$2n=6x=42$），两者合计为 87.50%，与愈伤组织（84.44%）和根尖体细胞（88.89%）的变异情况非常一致[①]。

4. 小麦花粉植株染色体变异产生的时期与机制研究

对花粉愈伤组织有丝分裂和亲本花粉母细胞减数分裂观察发现，反映在花粉植株上的染色体变异，包括数目变异和结构变异，实际上是花粉愈伤组织异常有丝分裂和花粉母细胞异常减数分裂共同作用的综合结果。也就是说，染色体变异既有产生于花药体外培养前的，也有培养过程中产生

① 胡含、郗子英、欧阳俊闻、郝水、何孟元、徐宗尧、邹明谦：小麦花粉植株花粉母细胞染色体的变异。《中国科学》，1980，5：486–491。

的。杂种花粉母细胞异常减数分裂主要有染色体错分裂（产生等臂染色体、端体、加倍双端体或染色体数目减少）、染色体不分离（染色体数目增加或减少）、多极分裂（染色体数目减少）等形式。培养过程中的异常有丝分裂主要包括核内有丝分裂（染色体数目增多或倍数增加）、多极分裂（染色体数目减少或结构变异）和融合（染色体倍数增加）等形式。

综合上述研究结果，可以得出下列结论：①通过花药培养途径既可以快速获得纯系，同时也可获得各种类型的变异植株，花粉植株对于遗传学理论研究和育种实践都有重要意义；②小麦花粉植株变异具有普遍性，并且很有规律，不同花粉植株群体的变异株比例都在 10% 左右；③花粉植株的染色体变异既可产生于花药培养过程中的异常有丝分裂，也可产生于培养前花粉母细胞的异常减数分裂。①

小麦花粉植株的变异普遍性及其规律与机制的揭示是胡含先生对小麦单倍体遗传学的重要理论贡献之一。

配子类型在小麦花粉植株中的重组与表达研究

理论上，单倍体植株的遗传性状由于没有显性性状的掩盖，其隐性性状应该更容易表现出来。为了论证这一假设，胡含和他的同事们利用两个杂交组合的 H_2 和 F_2 群体的株高和籽粒颜色性状进行了比较分析。结果表明，在这两个性状上，两个 H_2 群体均表现 1 : 1 分离，而两个 F_2 群体均表现 3 : 1 分离。由此说明，花药培养可以使隐性性状更容易表现出来，与 F_2 群体比较，隐性性状在 H_2 群体中的显现频率显著提高，由 1/4 提高到 1/2。

从上述结果还可看出，小麦花粉植株的 H_2 群体与 F_2 群体不同，花粉植株的各种染色体组成类型基本上反映了配子类型的比例（1 : 1）。那么，在来源于亲本染色体组成差异较大，或不同倍性亲本，或远缘杂交组合的

① 胡含、张相岐、张文俊、景建康、王二明、王献平：花粉小麦染色体工程。《科学通报》，1999，44（1）：6-11。

花粉植株群体中是否也有相同或相似的规律呢？如果是这样，那就意味着通过花药培养不仅可以使隐性性状更容易表现出来，而且可以获得比有性杂交更多的变异类型，尤其是那些遗传重组比例较低的稀有类型，这在小麦品种改良上是有重要意义的。

为了研究杂种花药培养是否能够避免或降低配子竞争（有性杂交过程中存在明显的配子竞争），从而使杂种的各种配子类型能够在花粉植株水平上得到充分表达，以便获得更多的染色体重组 / 变异类型，建立了两种实验体系。一个是利用六倍体小黑麦（AABBRR，$2n=6x=42$）与普通小麦（AABBDD，$2n=6x=42$）杂种 F_1 的花培体系，另一个是利用八倍体小偃麦（AABBDDEE，$2n=8x=56$）与普通小麦（AABBDD，$2n=6x=42$）杂种 F_1 的花培体系（图 10-3）。

在技术体系（一）的实验中，共获得了来自三个杂交组合（Rosner × 科冬 58，Beagle × 科冬 58，Beagle × 京花 1 号）的 588 个花粉植株，染色体分析显示，共有染色体数 17—27 条的 11 种配子类型，与理论类型数接近。同时还得到了 43 条和 45 条染色体的非整倍体类型，以及混倍体和染色体结构变异类型，一共 15 种类型。①

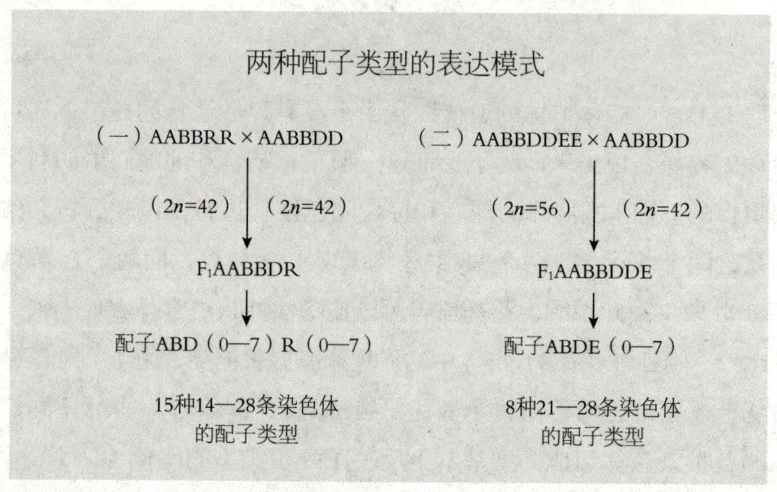

图 10-3 花粉小麦染色体工程的两种技术体系

① Wang X Z、Hu H：The cytological characters of the pollen plants from hybrid of 6x triticale and common wheat。*Theoretical Applied Genetics*，1985，70：92-96。

进而利用 Beagle × Orofen 组合来源的 93 株花粉植株进行了 R 和 D 染色体的遗传传递规律分析。结果表明，黑麦的 R 组染色体趋于随机保留，其中三条 R 染色体的植株最多，占 35.5%，整体上呈正态分布。而小麦的 D 组染色体保留三至八条不等（因 Beagle 中只含有六对黑麦染色体，缺少 2R，所以有八对 D 组染色体），其中六条的最多，占 35.5%。整体呈偏态分布，说明 D 组染色体趋于全部保留（图 10-4）。①

在技术体系（二）的实验中，利用八倍体小偃麦（AABBDDEE，$2n=8x=56$）与普通小麦杂种 F_1 花粉植株群体进行了染色体数目鉴定。结果表明，在 112 个花粉植株中得到了全部八种配子类型来源的花粉植株，同时还获得了相当数量的混倍体。花粉植株的来源配子类型数与预期完全相符。②

通过上述研究得出以下结论：由于花粉植株直接来源于未经过受精过程的花粉，避免或降低了配子竞争，使得各种重组类型的配子均有近于相

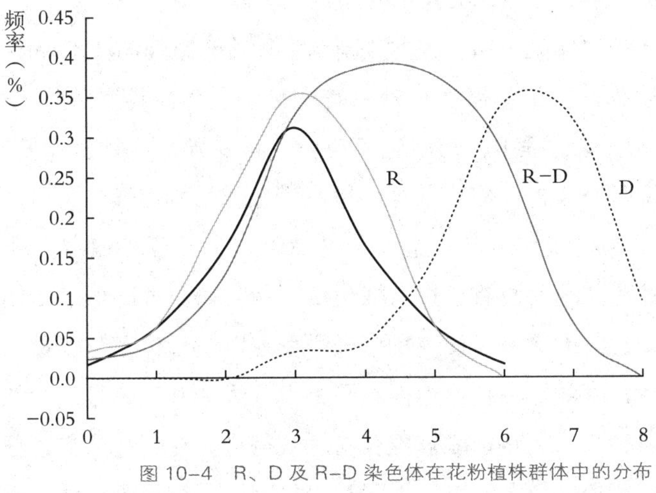

图 10-4　R、D 及 R−D 染色体在花粉植株群体中的分布

① Tao Y Z、Hu H：Recombination of R−D chromosome in pollen plants cultured from hybrid of 6x *Triticale*×common wheat。*Theoretical Applied Genetics*，1989，77：899−904。胡含、张相岐、张文俊、景建康、郗子英、王二明、王献平：小麦花粉无性系变异与配子类型的重组与表达。《自然科学进展》，2000，10（1）：8−15。

② Miao Z、Zhuang J、Hu H：Expression of various gametic types in pollen plants regeneratedfrom hybrids between *Triticum-Agropyron* and wheat。*Theor. Appl. Genet.*，1988，75（3）：485−491。

等的再生成植株的机会。这种再生机会均等现象胡含先生称之为配子类型的充分表达。在花粉植株水平上配子类型的充分表达规律的发现和证实是胡含对小麦单倍体遗传学领域的又一重要理论贡献。

花药培养创制小麦新种质

开展小麦花药培养研究的目的包括两个方面，即遗传学基础理论研究和育种应用。所以，在获得大量的小麦远缘杂种的花粉植株之后，胡含和他的同事及学生们即开始进行小麦远缘杂种种质材料的创制和鉴定工作。前已述及，在远缘杂种花药培养方面主要做了小黑麦和小偃麦，但后来的种质创新主要集中在小黑麦方面。创制和鉴定了一大批易位系、代换系、附加系和一些染色体组成更复杂的新类型。

1. 利用单倍体染色体工程方法创制新种质的原理与技术程序

前已述及，由于单倍体花粉只有一套染色体，具有独特的遗传特性：①花药离体培养过程中，易产生花粉无性系变异，这种变异具有普遍性。变异的类型既有染色体数目变异，也有染色体结构变异。染色体结构变异的机制主要是断裂和重融，这为产生易位系和异源基因定位开辟了新途径。②离体花药培养没有经过有性生殖过程，避免或降低了受精过程中不同配子类型之间的竞争，使各种配子类型得以充分保留与传递。包括重组体和变异体，都能够在花粉植株水平上充分表达并迅速稳定，从而获得更多类型的新种质，尤其是能够更容易地获得一些在有性杂交过程中不容易获得的染色体组成复杂的类型。同时也可以大大缩短染色体工程材料的培育周期，一般在两年左右时间内就可以获得含有目的染色体或染色体片段的新种质。

在实际工作中，他们改进了传统的染色体工程方法，建立了两套新实验体系。（1）染色体组水平的程序，如图 10-3 所示。以次生远缘杂种六倍体小黑麦（AABBRR）与普通小麦（AABBDD）杂交，获得具有

D、R 两个单倍基因组的杂种一代（AABBDR）。这是他们在七十年代末、八十年代初期开始使用的程序。或以八倍体小偃麦（AABBDDEE）与普通小麦杂交，获得七倍体杂种一代（AABBDDE）。以杂种 F_1 作为花药培养的供试材料，根据单倍体配子类型能够充分表达以及大部分加倍单倍体在一个世代内即可稳定的原理，在较短的时间内，获得了大量含有各种异源染色体组成、数量分布符合理论预期值的新种质。有些类型是常规杂交方法不易得到的。（2）单个染色体水平的程序。该程序又分为两种：①利用有单个目标染色体的代换系或附加系与相应的小麦缺体或普通小麦杂交，杂种进行花药培养，H_1 代产生含有目标染色体或染色体片段（臂）的非整倍体。如用阿勃 6A 缺体与 6R/6D 代换系 M24 杂交，杂种 F_1 进行花药培养，获得了各种异源非整倍体，包括 6R 附加、6RL 端体附加、缺失附加和等臂附加等[①]。这一异源非整倍体群体是进行基因定位的好材料。②利用六倍体小黑麦（如 8 品 -17）和与目标染色体（如 6R）对应的中国春缺 - 四体（如 N6DT6A）杂交，杂种 F_1 花药培养，在 H_1 代就可产生含有目标染色体 6R 的非整倍体。花粉株系 ZH-1（$2n=44$）就是一个应用该程序获得的 1R 附加 6R/6D 代换系。从 1992 年 6 月做杂交到 1993 年 11 月鉴定其遗传组成，仅用十八个月时间。[②] 单个染色体水平的花粉小麦染色体工程有两个主要优点：第一，以单个染色体（如 6R）为转移目的，目标明确，遗传组成清楚，遗传分析简便易行，只需分析目标染色体及相应同源群的小麦染色体即可；第二，快速转移目标染色体。利用该程序在一年半到两年时间就可获得含有目标染色体的各种稳定染色体工程材料。

2. 创制了一批有特色的小黑麦新种质

在上世纪九十年代初的短短几年时间里，胡含研究团队采用上述的两种新程序就创造了大批花粉染色体工程材料。当时的染色体鉴定技术

---

① 张文俊、张晓勤、景建康、胡含：黑麦 6R 染色体在小麦背景中减数分裂行为。《遗传学报》，1998，25（1）：54–58。张文俊、瞿绍洪、王献平、景建康、胡含、张相岐、John W. Snape：黑麦 6 R 抗白粉病基因向小麦的渗进与鉴定。《遗传学报》，1999，26（5）：563–570。

② 张相岐：一个小黑麦附加 - 代换系 ZH-1 的创制与鉴定。中国科学院遗传研究所，博士后工作总结，1993：40–53。

还不成熟，花粉植株的染色体组成分析，尤其是对外源染色体的准确鉴定还非常困难。经过努力，综合采用性状比较分析、染色体C-分带、基因组原位杂交、分子标记技术，在部分花粉植株系中鉴定出了四十多个小黑麦易位系、代换系、附加系和染色体组成复杂的新种质。[①]这在当时是非常不容易的。上述事实表明，改进的染色体工程新程序大大提高了工作效率，有很高的实用价值。如M16是以六倍体小黑麦Beagle为母本，与普通小麦科冬58杂交，F_1进行花药培养获得的花粉植株，其形态为普通小麦型，高抗白粉病，染色体数为$2n=44$，遗传稳定性很好。经基因组原位杂交（GISH）、C-分带和同工酶标记综合鉴定，证明它是一个4R附加，3R/3D和6R/6D代换的小黑麦附加-双代换系（图10-5）。[②]M17和W66是分别来自六倍体小黑麦Beagle×科冬58和Rosner×科冬58的花粉植株，M17抗白粉病，经综合技术鉴定，其染色体组成分别为1R和6R与1R和4R多附加系，它们都具有$2n=46$条染色体。[③]这些特殊类型在有性杂交中是不容易获得的，它们对于研究不同异源染色体之间的重组和传递规律，以及对进一步开发利用异源有用基因都有重要意义。另外，通过本程序还可直接产生缺失体、端体等染色体结构变异的非整倍体和易位系，它们是异源基因定位研究的好材料。综合来看，利用花药培养创制染色体工程材料有三个明显的优点，即类型多、稳定快、选择效率高。

时至今日，这项技术仍然有很多育种单位在应用。如石家庄市农林科学院，每年都做一百多个杂交组合的花药培养，获得一千株以上的H_1代花粉植株。目前已获得四百多个性状优良的花培品系，类型非常丰富，有

① 王二明、景建康、文玉香、魏荣宣、胡含：小麦背景中黑麦1R染色体的遗传变异。《遗传学报》，1997，24（1）：42-49。Wang Y B、Hu H、Snape J W：The genetic and molecular characterization of pollen-derived plant lines from octoploid triticale x wheat hybrids。*Theor Appl Genet*，1996，92：811-816。

② 张相岐、王献平、景建康、季静、张文俊、牟金叶、韩收、胡含：一个小黑麦附加-双代换系（M16）的创制与鉴定。《遗传学报》，1999，26（4）：391-396。

③ Wang G、Ji J、Wang Y B、Hu H、King I P、Snape J W：The genetic characterization of novel multi-addition doubled haploid lines derived from triticale × wheat hybrids。*Theor Appl Genet*，1993，87：531-536。

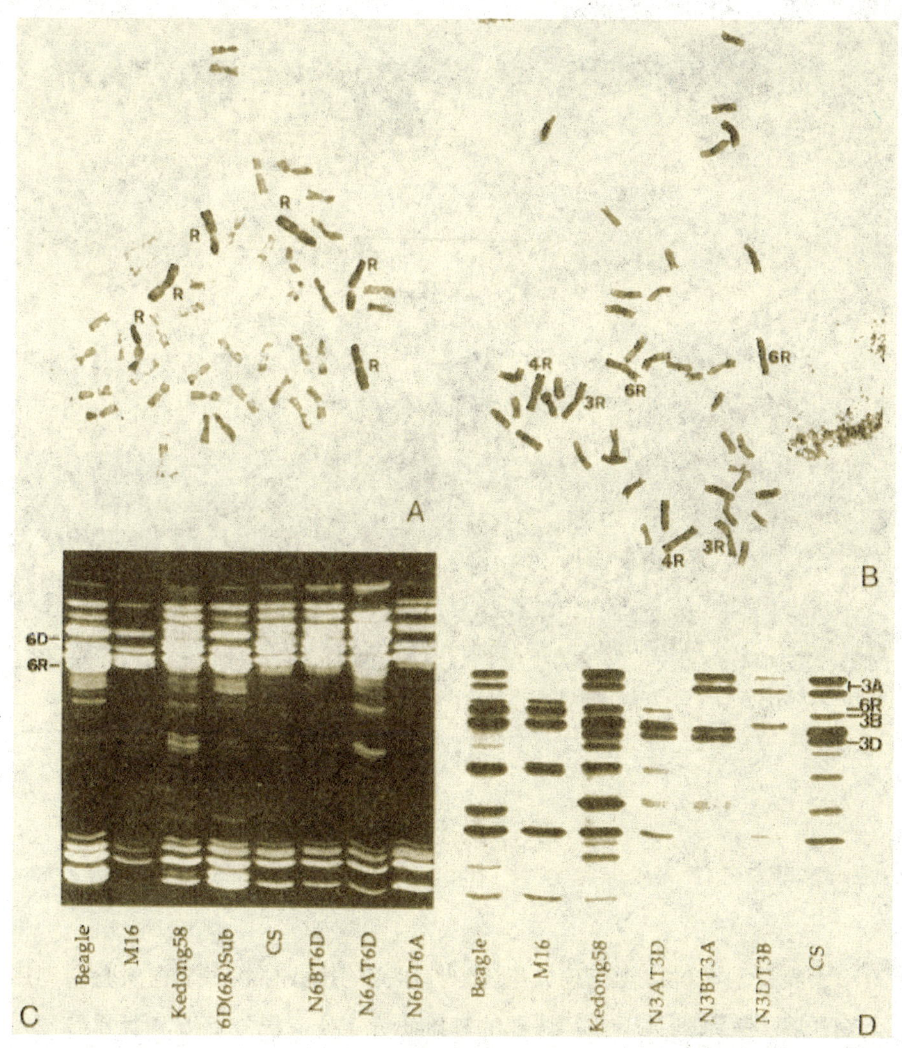

图 10-5 小黑麦 4R 附加 -3R/3D 和 6R/6D 双代换系 M16 的染色体组成鉴定

望在近几年选育出新品种。胡含曾于 1989 年和 2019 年亲自到河北省农科院和石家庄市农科院考察小麦单倍体育种工作（图 10-6）。又如，2014 年，北京市科委启动一个重大科研项目，其中一个课题就是发展小麦花培育种技术，培育新品种。

图 10-6 胡含在石家庄市河北省农科院考察花培小麦试验田（1989 年 5 月）

大麦花药培养研究

大麦是禾本科植物花药 / 花粉培养研究的模式植物。胡含实验室利用大麦开展了一系列关于花药培养的基础研究工作。已知低温和甘露醇预处理都对大麦的花粉植株再生有重要作用，胡含研究组主要对甘露醇预处理进行了系统研究，最后使大麦花药培养绿苗再生率提高了六十余倍，每个花药获得近二十株绿苗，达到了当时的世界先进水平。

1. 不同浓度甘露醇的处理效果

比较分析了三个浓度甘露醇预处理三天的效果。结果显示，三种浓度的甘露醇预处理效果都非常明显，绿苗分化率由对照的 20% 左右提高到 35% 以上，绿苗产率由 0.26 株 / 花药提高到 16 株 / 花药以上，但三者之间的绿苗分化率和绿苗产率没有显著差别。说明在 0.1—0.5mol/L

范围甘露醇的预处理效果都是非常好的，使绿苗产率都能提高六十倍以上。①

2. 甘露醇处理时间对花粉绿苗产量的影响

分别利用 0.1mol/L 和 0.3mol/L 两个浓度的甘露醇对培养材料（幼穗）进行不同时间的预处理。结果表明，预处理三天的出愈率、绿苗分化率和绿苗产率都是最高的，极显著地高于对照，也高于一天、五天和七天预处理的。值得注意的是 0.3mol/L 的甘露醇预处理七天已完全丧失了脱分化能力，出愈率为 0（图 10–7）。

3. MET 对甘露醇预处理效果的影响

实验研究了四种浓度的 MET 添加到 0.3mol/L 甘露醇预处理液中处理大麦花药三天对绿苗产率及其实验参数的影响。结果表明，添加 0.2—0.8 mg/L 的 MET 都使出愈率有所降低，但是添加 0.6 mg/L 和 0.8mg/L MET 的两个处理可显著提高绿苗产率（约 50%）。说明在甘露醇预处理液中添加合适浓度（0.6—0.8mg/L）的 MET 是有促进绿苗再生作用的。

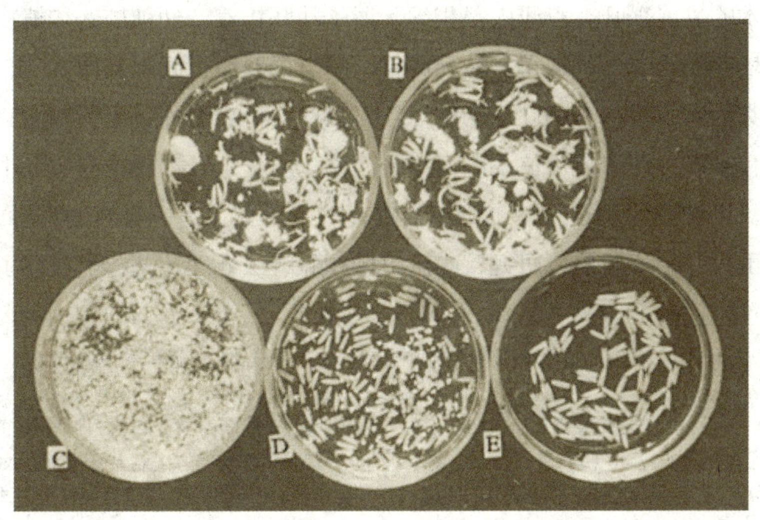

图 10–7　0.3mol/L 甘露醇预处理不同天数对大麦花药出愈率的影响

A. CK；B. 一天；C. 三天；D. 五天；E. 七天

① 李文泽、景建康、姚根怀、胡含：基因型和甘露醇预处理对大麦花粉植株高频率再生的影响。《科学通报》，1992，10：935–938。

4. 培养基成分对甘露醇预处理效果的影响

研究还分析了培养基的各种成分添加对甘露醇预处理效果的影响。结果表明，在预处理液中添加培养基的任何成分都会降低预处理效果，说明甘露醇预处理主要是造成一种氮源“饥饿”，而不是渗透压或营养成分的问题。[①]

此外，胡含课题组还就与大麦花药培养相关的基因型影响、培养条件优化、蛋白、内源激素、重要同工酶变化、不同预处理方法的作用，以及预处理对雄核发育的影响等问题开展了大量研究[②]，并取得了一系列创新性的研究结果，大大提高了大麦花药培养的工作效率。

小麦、大麦和水稻小孢子游离培养的研究

上世纪八十年代花药培养应用技术已在全国普及，带动了植物组织培养技术的发展兴旺，科研人员相继开展了幼胚培养、幼穗培养和植物原生质体培养的研究，并取得一系列成果。胡含课题组也同步开展实验，依然以麦类为实验材料。幼胚、幼穗培养极易获得再生植株，经短期实验后认为对育种和机理研究价值不高而终止。原生质体培养在理论与实践中都有优点，当初设想用远缘体细胞融合进行细胞杂交，是一种新的育种方法。立足于大、小麦单倍体研究，采用机械和酶解法处理花药，虽获得了花粉

① 李文泽、胡含：在花药花粉培养中预处理的作用机理。《遗传》，1995，17（增刊）：13-18。

② 李文泽、宋子红、景建康、胡含：在大麦花药——花粉培养中甘露醇预处理机理的研究。《科学通报》，1995，40（14）：1344。李文泽、胡含：基因型和培养方式对大麦花粉植株再生频率的影响。见：中国遗传学会编：《中国的遗传学研究（1987—1990）》，第115-116页。李文泽、宋子红、景建康、胡含：不同预处理对大麦花药3种内源激素含量和过氧化物酶活性的影响。《植物学报》，1995，37（9）：731-737。李文泽、胡含：预处理过程中大麦花药蛋白质变化的研究。《莱阳农学院学报》，1995，12（2）：6-10。李文泽、胡含：不同预处理方法对大麦花药、花粉培养的影响。《遗传》，1995，17（增刊）：5-7。李文泽、宋子红、景建康、胡含：甘露醇预处理对大麦雄核发育的影响。《植物学报》，1995，37（7）：552-557。

原生质体和多细胞团，终因条件限制和再分离原生质体培养的困难而未获得愈伤组织。此后发现大麦花药在液体培养中小孢子易于游离，随即重点转移到小孢子游离培养研究中。

在九十年代，禾本科植物的游离小孢子培养是单倍体培养的前沿性技术，世界上只有很少的研究院所掌握这项技术。1992 年，胡含的实验室开始探索这项技术，对游离和培养条件进行了系统的比较研究，并在小麦、大麦和水稻上取得了显著的进展。经过三年多的努力，到 1995 年，在大麦、水稻和小麦上建立了一套简单、快捷、有效的小孢子机械游离和培养系统。成功地直接从禾谷类作物（大麦穗切段、水稻颖花、小麦小穗）机械游离出了高质量的小孢子，经过体外培养，获得了两个大麦品种和一个水稻品种的游离小孢子再生植株，在三个小麦品种（系）上获得小孢子形成的多细胞结构（MCs）和早期胚状体（ELs）。①

1. 小孢了的机械游离程序

首先在大麦品种 Igri 上研究了利用微匀浆器机械游离获得大量小孢子的程序。通过单因子实验，优化了机械提取、分离、纯化等过程中的各种技术参数，包括幼穗与提取液的配比（20 穗 /20ml 提取液，提取时间 30 秒）、微匀浆器的转速（22000rpm），以及一级筛孔（1355μm）和二级筛孔（100μm）等。大麦上建立的程序对水稻基本适用，但由于水稻小孢子的直径较大麦（50—65μm）的小（45—60μm），因此将第二级筛子的孔径调整为 80μm。小麦的穗子结构、大小以及小孢子直径与大麦也存在差异。首先，小麦的起始材料以小穗为好。其次，小麦的幼穗、花药以及小孢子直径都较大麦的大，故在采用大麦的基本程序时，将幼穗与提取液配比调整为 10 穗 /20ml，二级筛孔径利用 100μm 和 150μm 两种。应用上述机械游离小孢子的方法可以一次获得大量高质量的小孢子，可用于体外培养或用作外源基因转化的受体。

与花药培养相比，此程序获得的小孢子群体克服了因不同穗子、不同

① 吴辉霞：禾谷类机械游离小孢子培养系统的建立及其研究。中国科学院遗传研究所，博士学位论文，1994。吴晖霞、景建康、张玉华、胡含：禾谷类花器官机械游离小孢子培养研究。《实验生物学报》，1997，30（3）：323-330。

花药之间的差异可能带来的实验误差，从而可以对同一个群体进行不同参数或因子实验。从获得的小孢子数量来看，以20穗（大麦）平均得到172108个小孢子计，基本上一个幼穗一皿（35mm培养皿）的接种量，小孢子存活率高达50%，可见其效率是非常高的。

2. 游离小孢子的培养

以大麦为例，游离小孢子在诱导培养基上培养一两天后，有一部分开始进入第一次有丝分裂（图10–8A、B），形成的两个细胞再分裂形成四个子细胞（图10–8C）。随后这些子细胞经过多次分裂逐渐形成多细胞结构（MCs）。随着分裂的继续，培养五天时就有一些MCs突破小孢子壁，七天时达到高峰（图10–8D），大部分能够形成胚性愈伤组织（图10–8E），最后分化形成再生小植株（图10–8F）。

3. 低温预处理对游离小孢子培养的影响

在大麦两个基因型上进行的低温预处理试验表明，相对较长的预处理天数有利于更多的游离小孢子启动脱分化，形成胚状体（ELs）以及再生植株。品种Igri上长达22天（5—7℃）的预处理获得的ELs和再生植株最多，每1105个小孢子再生655个ELs，转移到分化培养基后获得87株再生绿苗。A101上的结果也类似。水稻上，预处理七天的材料获得的游离小孢子不能再生植株。而采用预处理十天的材料，游离小孢子不仅能够持续分

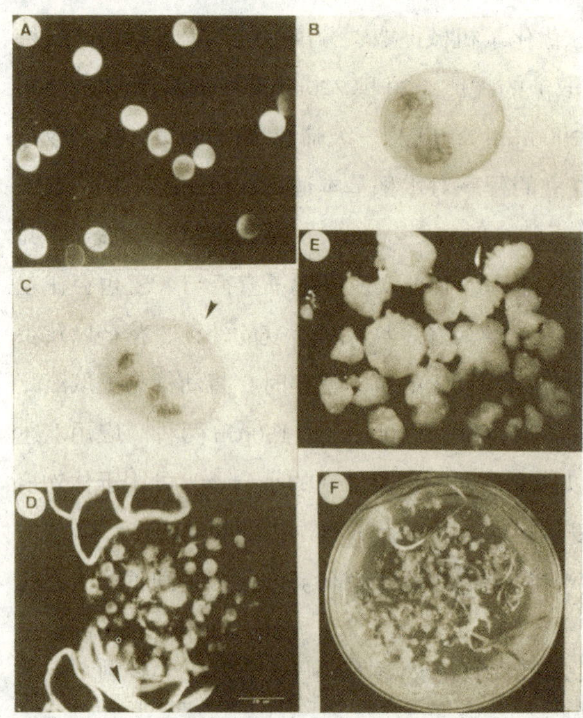

图10–8　大麦游离小孢子的离体培养

裂，最终再生了完整植株。在小麦上，没有经过低温预处理获得的 MCs 不但数量有限，而且较早停止分裂。从 MCs 的大小看，预处理最长二十二天的情况下，获得的 MCs 直径最大，预处理八天和十六天获得的 MCs 大小介于没有预处理与两天预处理之间。后续培养结果看，较长的预处理时间（二十二天）较好。总体来看，低温预处理措施对大麦、小麦以及水稻的小孢子培养都起着重要的作用，合适的低温预处理可提高胚状体发生的小孢子频率。与花药培养比较，游离小孢子培养需要更长的低温预处理时间。

4. 培养方式对游离小孢子持续分裂的影响

对液体浅层培养和Transwell-COL培养盘的两种培养方式进行了比较。采用液体浅层培养时，有一些小孢子形成的MCs或ELs，浮在培养液表面，由于它们处于较好的通气状态，生长很快，当被转移到分化培养基后，基本上能再生植株。而沉在皿底的 MCs 或 ELs 往往分裂迟缓、生长慢，有的停止分裂，甚至褐化（水稻）。当转移到固体分化培养基后，除一部分能恢复分裂生长外，大部分不能恢复。采用 Transwell-COL 培养盘进行培养时，由于游离小孢子被置于培养液上面的膜上，始终处于良好的通气状态。在这种状态下小孢子启动分裂的频率较高，生长较快，因此培养密度比液体浅层培养要低，以避免对空间和营养的竞争。这些实验说明，良好的通气是游离小孢子培养的必要条件，Transwell-COL 是较为理想的培养方式。

5. 再分化时间对植株再生的影响

在对游离小孢子培养形成的 ELs 进行再分化的过程中，发现在诱导培养十四天和二十一天时将形成的 ELs 转移到分化培养基上，比二十八天和三十五天时转移的效果好，分化率较高，二十一天的最好，其次是十四天的。在绿 / 白苗比值上，十四天的 ELs 绿苗比例最高，随转移时间延迟，比值逐步降低。可见越晚转移（例如三十五天），不仅 ELs 的再分化率低，而且白化苗出现的频率也增高。为了获得较高的绿苗再生频率，选择诱导培养十四天到二十一天之间，直径已达 0.5mm 以上的 ELs 转入分化培养基较为合适。水稻的游离小孢子培养，随着培养时间的延长，褐化的 ELs 不断增加。但若在培养十四天后，把形成的肉眼可见的 ELs 先转移到附加 2，4-D（浓度 0.1mg/L）的固体培养基上生长，则褐化的 ELs 频率可一定程度地降低。再经过七至十四天培养后，再转移到分化培养基上进行植株再生效果最好。表明较早将水稻游离小孢子形成的 ELs 转移到固体培养基上可以降低再分化过程中产生褐化现象，也可避免液体浅层培养后期的通气不良和 Transwell-COL 培养中的空间竞争。

通过上述一系列比较实验，建立了一套比较理想的大麦和水稻小孢子机械游离和培养再生体系，在小麦小孢子游离培养上也获得了很大的进步。在上世纪九十年代，该研究已处于国际先进水平。

后来，又采用 DNA 特异荧光染料，利用激光共聚焦扫描显微镜对游离的大麦小孢子在预处理过程中的脱分化启动，以及培养过程中的胚胎发生过程的细胞学进行观察，并在主要发育途径上与低温预处理后再游离小孢子进行了比较。结果表明：小孢子的脱分化启动在预处理的十二小时内就已开始；不同的预处理方法，都能促使离体小孢子完成脱分化启动，从而激发胚胎发生过程；预处理方法可通过改变离体小孢子第一次有丝分裂的方式，而形成不同的发育途径。经低温预处理再分离的小孢子在培养过程中以形成 A 途径为主，直接游离的小孢子培养以形成 B 途径为主。①

此外，在花粉小麦染色体工程研究过程中，胡含非常注重利用新技术和国际合作。例如，鉴定小麦花粉植株的染色体组成非常有效的基因组原位杂交技术和分子标记技术在国内都是最先在他的实验室建立起来的，也是国内唯一一个建立了禾本科作物游离小孢子培养技术体系的实验室。在国际交流方面，先后与英国的 John Innes Centre（著名的小麦遗传学实验室）、美国 USDA 的谷物遗传学实验室（原著名小麦细胞遗传学家 Sears 的实验室）、丹麦的嘉士伯实验室（著名的啤酒大麦研究实验室）等建立了合作关系，并多次派人到这些实验室去开展合作研究。通过合作与交流，一方面提高了自己实验室的研究水平，另一方面也扩大

① 郭向荣、景建康、胡含：大麦直接游离小孢子培养中的脱分化启动和胚胎发生。《中国科学》（C 辑），1997，27（1）：50-54。

了国际影响。

以上简述了胡含及胡含实验室所做的部分有代表性的科研工作和研究结果，在一定程度上反映了胡含的科研工作与学术思想的形成过程和发展脉络。对感兴趣的年轻科研人员可能有一定的启发、借鉴和激励作用。

鉴于胡含在科学研究上做出的贡献，2001 年荣获何梁何利基金颁发的“科学与技术进步奖”。

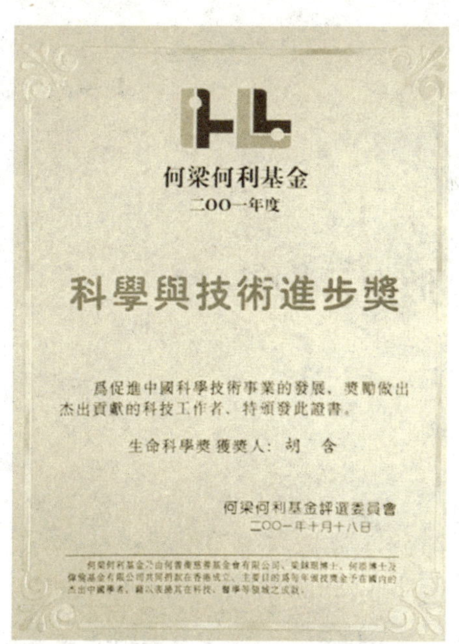

何梁何利基金

二〇〇一年度

科學與技術進步獎

爲促進中國科學技術事業的發展，獎勵做出杰出貢獻的科技工作者，特頒發此證書。

生命科學獎 獲獎人：胡 含

何梁何利基金評選委員會

二〇〇一年十月十八日

何梁何利基金乃由何善衡慈善基金會有限公司、梁銶琚博士、何添博士及偉倫基金有限公司四方共同捐款在香港成立，主要目的爲每年頒授獎金予在國內的杰出中國學者，藉以表揚其在科技、醫學等領域之成就。

图 10-9　何梁何利奖证书

图 10-10　胡含（二排右五）荣获何梁何利科学与技术进步奖留影（2001 年）

第十一章
晚霞璀璨

离休后，胡含并没有闲下来，仍应邀在一些科研单位当学术顾问，也参与一些课题研究与指导研究生。更多的是如退休前一样，关心科技发展，遍览相关的科技杂志，了解发展动态。胡含对科技发展动态的了解非常广泛和深入，丰富的知识和见识常使人感到吃惊，这也源于他对科研事业的态度和追求。

关心植物细胞与染色体工程国家重点实验室的发展

胡含于 1995 年 10 月正式离休。离休后，他仍然担任“植物细胞与染色体工程国家重点实验室”学术委员会委员，直至 2003 年。此后，虽然不再担当学术委员，每年一度的实验室学术年会胡含都积极出席，对实验室发展的关心程度仍不减当年。每次年会胡含都积极发言，毫无保留地谈他对实验室的看法、评价和建议。对于实验室取得的每一点成绩他都由衷地高兴，都给予充分的肯定和鼓励，对于实验室存在的问题也毫无保留地提出来，并常提出一些具体的建议。

在他担任最后一届学术委员会委员期间，总结起来他谈得最多的有四个方面的事情，即：①人才队伍建设和高端人才的引进；②实验室重点研究方向的凝练与坚持特色；③找准方向，重点突破；④支撑队伍建设。

当时，植物细胞与染色体工程国家重点实验室的体量非常小，只有五六个研究单元（课题组），二十几位固定编制人员（包括研究人员和技术支撑人员）和二十几名研究生。所以，胡含不止一次谈到一定要把队伍建设放到实验室建设的重要位置，尤其要引进高端人才，要在整体上扩充研究队伍，提升研究水平和承担国家重大研究任务的能力。胡含的这一想法与时任重点实验室主任的李振声院士及多数学术委员会委员是一致的，所以在那时实验室就开始了高端人才引进。第一个引进的就是 1997 年从英国 JIC 引进的王道文博士。王道文博士回国后不久就担起了重点实验室主任的重担。后来又通过中科院百人计划途径从国内外引进了凌宏清、张爱民、傅向东等十余位课题组负责人。目前实验室已拥有二十二位课题组负责人，在引进的青年才俊中，已有八位获得了国家杰出青年基金项目的资助，十三位被中科院评为优秀。

关于重点实验室的重点研究方向，筹建之初就有规划，但是受当时规模和条件限制，基本上局限在小麦细胞与染色体工程和小麦育种上，其他

图 11–1　胡含（前排右五）出席重点实验室年会（2003 年）

图 11-2 胡含（中）与李振声院士、李家洋院士在研究所相聚（2009 年 9 月）

方面涉及得很少。胡含认识到原来比较单一的方向已不能适应科学发展的形势和国民经济发展的需求，要有所发展和扩充，以跟上基因组学时代的科学快速发展的步伐。胡含的建议得到实验室和学术委员会成员的认同。在以后的几年里，随着高端人才的不断引进，实验室的研究方向逐步扩充，由比较单一的小麦细胞遗传学逐步发展到从分子生物学到育种的各个领域，研究对象也由原来的单一小麦扩充到水稻、番茄、大豆、玉米等作物。

虽然实验室已有了很大的发展，但特色仍然是小麦。胡含对这个问题的看法是“特色必须坚持，要持之以恒”。几次谈到这个问题时，他都以李振声院士的小麦远缘杂交工作坚持了数十年，最终选育出小偃 6 号等系列优良小麦新品种为例子，借此鼓励实验室的年轻一代科研人员要选准研究方向，持之以恒。坚持数年，必有好处。李振声院士从上世纪五十年代就开始开展小麦染色体工程研究和远缘杂交育种工作。当时他在中科院西北植物所工作，条件非常艰苦，加之远缘杂交育种周期很长，短期内见不到成果，因此得不到充足的经费支持，甚至面临课题下马的窘境。但李振声先生与课题组的同志们还是坚持了下来，经过艰苦努力，历经二十年，最后在小麦与长穗偃麦草杂交育种上获得了重大突破，培育出了小偃 4 号、小偃 5 号、小偃 6 号、小偃 54、小偃 81 等小偃号系列新品种。其中小偃 6 号最为突出，该品种 1981 年通过陕西省审定，1991 年通过国家审定，并于 1985 年获国家发明奖一等奖。小偃 6 号在黄淮麦区大面积推广种植近二十年，累计种植面积达 1.5 亿亩，增产粮食超过 360 亿千克，开创了我国远缘杂交小麦品种大面积推广种植的先河。另外，据不完全统计，小偃 6 号还作为直接或间接亲本培育出四十余个小麦新品种，是小麦育种的骨干亲本之一。鉴于李振声院士在小麦远缘杂交育种和染色体工程研究领域所取得的辉煌成就，于 2006 年荣获国家最高科学技术奖。

2011 年，在李振声院士的支持和亲自协调下，由引进人才韩方普研究员牵头申请有关小麦染色体工程方面的国家“863”计划项目，并得到了批准立项。一次，实验室的张相岐研究员向他谈起这件事时，胡含非常高兴，一再说，染色体工程研究一定要坚持下去，对未来小麦品种改良非常重要，甚至说这是我们重点实验室的根本之一。胡含在谈研究方向的时候，不止一次地强调，实验室在坚持重点方向的同时，还必须要寻找新的生长点和突破口，比如分子生物学、基因组学、分子育种等。

上世纪八九十年代，胡含曾几次到英国参加学术会议或参观访问。一次访问剑桥实验室（Cambridge Laboratory，即后来的 John Innes Centre）归来，深有感触地说：“在剑桥实验室，有一批高水平的专业科研支撑队伍，正是这些人从实验材料、仪器设备、专门技术等各个方面给予了研究人员以充分的保障和极大的支持。”而当时在遗传研究所却缺少这样一支队伍，研究人员必须“全武行”。胡含认为支撑队伍的缺位非常不利于研究工作的开展，是研究工作效率低下的一个重要因素。因此，在他担任学术委员会委员的最后几年，看到高水平的支撑队伍始终建立不起来，非常着急。在一次学术年会上他就又重点谈了这个问题，建议实验室一定要建立起一支专业的、高水平的科研支撑队伍，以保证研究人员有更多的时间和精力去思考、交流和规划，这样就可大大提高实验室的研究效率和整体水平。此后，虽然实验室一直在向这个方向努力，但由于历史沿革、人员编制等原因，支撑队伍建设一直不理想。近年来，在国家和研究所的大力支持下，植物细胞与染色体工程国家重点实验室已建起了多个专业技术平台，包括植物转基因平台、小麦病害鉴定平台、细胞学分析平台、表型组分析平台等。这些平台为整个重点实验室，乃至研究所的科研工作提供了强有力的技术支撑作用。由此可见，胡含当年的一些观点和想法都是正确的，更是有远见的。

漫谈表观遗传学

在胡含离休以后，关注遗传学科，乃至整个生命科学的发展仍然是他生活的一个重要部分。每天都要用几个小时的时间阅读学术杂志和书籍，浏览各种相关的学术新闻。2010 年秋的一天下午，植物细胞与染色体工程国家重点实验室的王道文研究员和张相岐研究员到胡含家拜访，看到在一张不太大的沙发上摆满了各种生物学的杂志，当时胡含正在阅读表观遗传学的论文。随即谈起表观遗传学，胡含显得特别兴奋，从表观遗传学（epigenetics）概念的内涵，到主要研究内容及研究手段——包括 DNA 甲基化、组蛋白甲基化和乙酰化、非编码 RNA 调解等，到在医学（主要是癌症等重要疾病）及其他生物学领域的主要研究进展和取得的主要成就等，娓娓道来，足足谈了一个多小时，使两位仍在科研一线工作的晚辈非常吃惊和佩服。尤其是谈到表观遗传学是“在 DNA 序列不发生改变的情况下，基因的表达与功能发生改变，并产生可遗传的表型”这一基本表观遗传学现象时，他认为表观遗传学是经典遗传学的一个非常重要的新的分支和生长点，甚至是可与 1953 年沃森和克里克提出 NDA 双螺旋模型相比的最伟大的遗传学成就之一，并认为以前许多经典遗传学难以解释的问题或现象可以用表观遗传学原理给出合理的解释。同时他还谈到，当年的米丘林学派与摩尔根学派的许多学术分歧也许在表观遗传学水平上能够得到统一。

最后，当两位来访者向他介绍遗传发育所已通过中国科学院百人计划途径引进了从事表观遗传学的专门人才（曹晓风研究员），并在植物表观遗传学研究领域取得了突出的成绩时，胡含更是由衷地高兴，并连连夸赞说：“好，很好，年轻人大有前途，所长有眼光。”其实他们有所不知，在一年前的遗传所五十周年所庆时，胡含就遇见正从事表观遗传学研究的新秀曹晓风研究员。攀谈中提到表观遗传学，胡含竟然能如数家珍谈到目前国内外表观遗传学的研究进展，对主要的研究人员情况也了如指掌，并谈到了逆转录酶的发现、甲基化的调控作用等，还饶有兴趣地探讨获得性遗传是否成立，并表达了自己的观点。

众所周知，表观遗传学（epigenetics）这一术语是 1939 年由英国科学家瓦丁顿（C. H. Waddington）在《现代遗传学导论》中首先提出的，并于 1942 年定义为新的遗传学分支。当时对表观遗传学的内涵是比较笼统的，基本描述是“研究基因与决定表型的基因产物之间的因果关系”。一直到 1975 年，R. Hollidy 对表观遗传学的内涵进行了比较详细和准确的概括，即成为今天的表观遗传学。但是，表观遗传学概念提出后的约

图 11-3　胡含（右四）参加遗传发育所五十周年所庆（2009 年，图为现任和曾任所级领导集体）

半个世纪时间里一直进展比较缓慢，也没有引起学术界的足够重视。一直到上世纪九十年代以后，随着各种新的现代分子生物学分支学科和相应的研究技术和检测手段的不断进步，尤其是基因组学、蛋白组学、功能基因的表达与调控、NDA的甲基化、基因产物的翻译后修饰等研究的飞速发展才使表观遗传学真正成为一个生机勃勃的新的分支学科，人们普遍了解和认识表观遗传学还是最近几年的事情。表观遗传学研究在我国也是二十一世纪初才兴起，几乎都是年轻科学家从事该领域研究，离休多年的胡含竟也能深研漫谈，并能如此系统深入地了解和认识实属难能可贵，使青年科学家感到惊讶，对老科学家的学识和追求感到由衷地敬佩。

访问石家庄市农林科学院

前已述及，“文化大革命”后期，在科研环境非常不利的形势下，胡含所在的研究团队经过艰苦努力，率先在主要粮食农作物——小麦的花药培养方面取得了重大突破，获得了世界上第一株花粉植株。这一原创性的研究成果在世界上引起了非常大的反响。从那以后的二十多年时间里，胡含的大部分精力都集中在小麦单倍体遗传研究和单倍体育种上，解决了一些小麦单倍体的基础理论问题，培育了一大批有特色的种质材料，并成功培育了“花培一号”小麦新品种，该品种曾在云南昆明种植，开了小麦花培品种的先河。实际上，在小麦花粉植株再生成功以后，胡含就一直希望这一技术能够广泛地应用于小麦品种改良。上世纪八九十年代，北京市农业科学院的胡道芬研究员的团队曾应用花培技术成功地育成了“京花一号”“京花三号”“京花五号”等系列小麦新品种，并在北方冬麦区大面积推广。胡含与胡道芬研究员一直有着密切的工作关系，胡道芬研究员当时就是胡含主持的国家科技攻关项目的骨干成员。在此期间，胡含曾多次到北京市农林科学院参观访问、学术交流和指导工作。当时，在全国有很多单位开展了小麦花培育种的尝试，但真正培育出小麦新品种并大面积推广的单位并不多。上世纪七十年代，石家庄市农林科学院的青年小麦育种学工作者郭进考在了解了小麦花药培养技术以后，充分认识到这是一项在小麦品种改良上有着广泛应用前景的新技术，用他本人的话来说，对于胡含的研究成果“感到非常震撼；是一项原创性成果；是当时小麦育种技术领域最大的创新和突破；可为植物育种带来很大的前途和光明”。于是便开始筹备开展这项工作，但由于科研条件和人员队伍的限制，始终没能如愿。在这期间，他曾经多次拜访过胡含等小麦单倍体遗传学家和育种学家，了解进展，学习技术，一直为开展小麦单倍体育种积蓄力量。这期间，郭进考一直得到胡含的鼓励和支持。直到 2004 年，条件终于具备了。这时，郭进考已由当年年轻的小麦育种工作者成长为著名的小麦育种学家，并担任石家庄市农林科学院院长。于是便在他的主持下建立了小麦花药培养实验室，购置了相关的仪器设备，组建了研发团队，正式开展小麦花培育种研究。经过几年的努力，花药培养技术不断完善，培养规模不断扩大，花粉植株再生效率也不断提高。当时每年都能获得上千株小麦花粉植株，可以达到育种应用的规模了。在这期间，郭进考也曾几次来北京拜

图 11-4　胡含（左三）应邀到石家庄农林科学院考察小麦花培育种（2009 年 5 月）

访胡含，并得到胡含的赞许和指导。2009 年春，郭进考研究员专程到北京邀请胡含和他的夫人董玉琛[①]到石家庄市农林科学院参观指导。胡含听了郭进考院长的介绍后，非常高兴，并欣然接受邀请。于是，在 2009 年的 5 月份，正当小麦开花时节，胡含与他的夫人董玉琛一同到石家庄市农林科学院参观访问。

首先，郭进考研究员带领胡先生参观了花培实验室，当看到一字排开的十余台花药接种用的超净工作台、宽敞的花药培养室，并得知每年都能完成一百余个杂交组合的花药培养并获得一千株以上（有的年份会得到两千多株）花粉植株的时候，胡先生非常高兴，并赞不绝口。在接下来的田间参观中，更是凸显了胡先生对待他从事了多年的这项科研工作的热爱与一个老科学家的严谨科学态度和敬业精神。据郭进考研究员介绍，一来到田间，当他看到在一片有几十亩的花培小麦试验田中郁郁葱葱地生长着类型异常丰富的数百个高代小麦花粉系和数千个当代或早代花粉植株时便走不动了，一定要停下来仔细看看。当时郭进考院长考虑到胡含已八十多岁高龄，天气又比较热，原本打算到田间粗略地看看就行了，没想到老先生一定要一株一株地看，一行一行地看，不放过每一种类型。看累了，就坐在马扎上休息一下继续看，并不时与郭进考等陪同参观人员进行交流和讨论，毫无保留地提出自己的见解和建议。结果一看就是几个小时，直到日近西沉才意犹未尽地离开。当时胡含对石家庄农林科学院的小麦单倍体育种工作给予了高度评价，认为他们已走在了世界前列，整体研究水平处于世界领先地位，很有希望在不远的将来育出新一代的花培小麦新品种。回京以后，还多次在不同场合谈起过石家庄市农林科学院的花培育种工作。

郭进考对胡含给予的高度评价和鼓励也感到由衷的高兴，更加坚定了他们把小麦单倍体育种继续进行下去的决心和信心。目前，石家庄市农林科学院小麦单倍体育种研发团队已有十五个人左右，综合性状优良的高代稳定系已超过四百个，并已有优良品系正在参加河北省的新品种区域试验

① 董玉琛，著名作物种质资源学家、中国工程院院士、中国农业科学院作物科学研究所研究员。

和预备试验，有望在近年内通过新品种审定。尤其是，近年来，郭进考研究员的团队针对华北淡水资源极度匮乏，小麦生产耗水量大的问题，已把节水作为最重要的育种目标。非常可喜的是，在已有的四百多个花培品系中已鉴定出一批可“一水保千斤，两水不减产”的水分高效型花培新品系。相信这些节水品系定会在未来针对黄淮麦区培育节水型小麦新品种过程中发挥重要作用。

撰写遗传学科普读物

离休以后，胡含又开始涉足对青少年的遗传学科普教育和宣传工作。1999年，胡含与魏荣瑄研究员合著了一本面向青少年的遗传学科普读物《种瓜得瓜的秘密——著名科学家谈遗传学》，属于“科学家爷爷谈科学”丛书中的一本。全书除引言外共包括九个部分。第一部分的题目叫作“生命世界的缩影——细胞”，简明扼要地讲述了为什么说细胞是生命的基本单位，以及细胞的基本结构和功能等。内容包括生物体的基本结构，千姿百态的生物种类，生命的基本活动，细胞的种类、基本结构、繁殖和功能等。第二部分叫作“科学遗传学的诞生”，讲述了经典遗传学的诞生过程和初期的主要研究成就。重点介绍了两个经典遗传学定律，或叫孟德尔遗传学定律，即“分离定律”和“独立分配定律”，也叫“自由组合定律”。这一节只有短短的三千五百字左右，涉及了几乎所有的经典遗传学的基本概念，包括“基因型”、“表现型”、“遗传”、“变异”、“显性”、“隐性”、“分离”、“重组”、“独立分配”、“自由组合”等，读起来趣味盎然。第三部分介绍了“生物类型的决定者”。分别从遗传学信息的携带者——“染色体”和遗传性状的决定者——“DNA分子”水平介绍了生物遗传的物质基础，即遗传的本源。第四到第六部分分别介绍了“基因表达——遗传指令如何变成性状”、“遗传作图——基因在染色体上的位置”和“突变——创造生物新类型的基础”。分别讲述了从基因到性状的遗传学和生物化学过程，基因在染色体上是如何排列的，以及基因突变的基础、过程及其作用。在这几部分中，涉及诸如“野生型”“突变型”“密码子”“等位基因”“复制”“转录”“翻译”“转座子”“克隆”“细胞全能性”等许多枯燥难懂的遗传学概念，通过作者生动而准确的描述和鲜活的例证，使读者并不感到索然无味，而恰恰能产生一种想进一步探索其中奥秘的欲望和冲动。最后的三个部分分别介绍了“遗传工程和生物工程”“遗传学与人生”和“关于多莉羊克隆的思考”。主要从应用遗传学的角度讲述了遗传学与人类生产、生活、健康、军事、犯罪等的密切关系。同时也涉及一些遗传学的发展动态和伦理、法律法规等方面的问题。

纵观全书，虽然只有短短的七万字，但却全面系统地介绍了整个遗传学科的基本概况；语言生动活泼而不失严谨，深入浅出而富有哲理；插图精美，装帧讲究。读之引人入胜，确是一本优秀的科普读物。

学术交流是离休后最想参与的活动

2008 年，胡含已经八十四岁，但仍然积极参加各类学术活动，认为能体现自己的价值，又能了解科技新发展。仅在这一年，就至少参加了三次重要的学术会议。在 5 月 12—20 日，与夫人董玉琛一同出席了在开封召开的“第三届超级小麦遗传育种国际研讨会”。9 月 20—22 日，又出席了植物细胞与染色体工程重点实验室在遗传发育所召开的“植物分子育种国际讨论会”，与国际友人进行学术交流。10 月 14—16 日，出席了香山科学会议“植物染色体工程和作物分子育种”学术讨论会。香山科学会议是由科技部（前国家科委）发起，在科技部和中国科学院的共同支持下于 1993 年正式创办的系列学术研讨会。香山科学会议相继得到国家自然科学基金委、中国工程院、教育部、解放军总装备部和国防科工委的支持与资助。香山科学会议是我国科技界以探索科学前沿、促进知识创新为主要目的的高层次、高水平、跨学科、小规模的常设学

图 11-5　胡含（左五）离休后参加国际学术交流活动

术会议。

香山科学会议主张学术平等，鼓励对原有的理论提出质疑，提倡发表不同意见和提出非常规的思考，并不一定要求达成共识。会议期望在宽松的环境和多学科交叉的自由讨论中，基于对已有进展的总结和评论，展望未来的发展趋势，剖析关键的科学前沿问题及其解决方法，探讨学科新的生长点。

胡含最关注的还是植物染色体工程，利用一切机会宣传染色体工程研究的重要性。植物染色体工程用途广泛，其中最重要的是基因定位和实现基因在亲缘关系较近的物种间的转移。通过染色体工程可以有效地将野生近缘种中的优异基因转移到栽培作物种，创造出对育种工作中有利用价值的种质资源材料。利用远缘杂交和染色体工程相结合的方法创造小麦新种质的技术不断拓展和完善，为广泛利用外源基因改良小麦提供了理论基础、技术方法和遗传材料。染色体鉴定技术、基因组学、发育生物学以及作物品种设计的发展和深入为植物染色体工程基础和技术研究注入了新的生命力，同时也为染色体工程应用研究提供了更加广阔的天地。其后每年只要获知有与生命学科相关的学术活动，只要身体许可，都积极参加，目的就是获知学科最新的研究成果和进展。

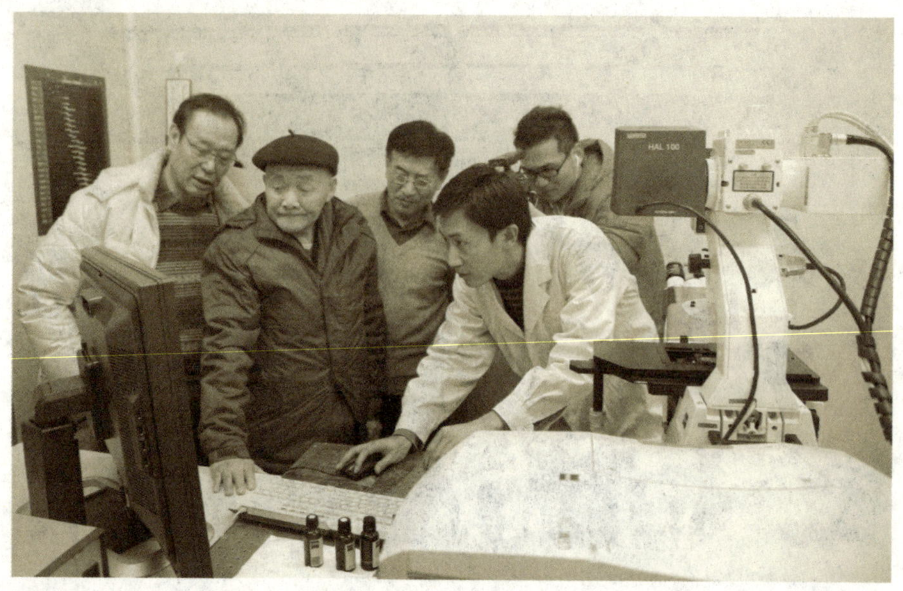

图 11-6　胡含参观考察遗传发育所新引进的显微成像系统实验操作（2014 年 1 月 3 日）

快乐的离休生活

胡含一生除了热心科研工作外，几乎没有业余爱好，离休后依然最关注学科发展与动态。但除参加一些学术活动外，还想学点新东西丰富晚年生活。在与老同志的接触中看到他们展示的精美的摄影作品，突然也想学习摄影。为此购置了单反相机等摄影器材，认真学习摄影。胡含虽然走遍了世界五大洲，但都为工作，没有时间观光游览。现在闲下来了，想把世界和祖国各地美景拍下来、收藏起来用于交流。为此在闲暇时到各地旅游，就为了摄影。

还是与做工作一样认真，对待摄影也像对待工作那样做详细的摄影记录。每拍摄一张照片都详细记载摄影主题、时间、地点、光圈、速度等，非常投入。经常为获得一张好照片而耐心等待时机，时常请教摄影爱好者以获得指导，摄影水平有点进步就很自豪，展示自己的“作品”给同事赏评。也许拍摄的照片太业余，称不上作品，但自我欣赏并能给大家分享都使他感到分外高兴。其实最大好处是经常外出活动，身体也得到锻炼，九十多岁高龄依然精神矍铄，因摄影活动获益匪浅。

图 11–7　胡含与重外孙玩耍

老同学、老战友、老同事的聚会，也是胡含离休后幸福生活的一个重要组成部分。离休后，与一些热心的老同学、老战友重新取得了联系，成立了同学会。在职工作期间几乎遗忘的同学与战友再次见面重聚，很是兴奋和欣慰。胡含经历丰富，不同时期的老同学、老战友、老同事非常多，聚会活动也很多。偕同夫人董玉琛回到重庆参加过重庆南开中学校庆，曾经居住过的学生宿舍还保持旧貌，见此情景不胜感慨，激起了学生时代的回想。重回重庆中央大学旧址寻觅曾经的足迹，依稀辨认出学校大礼堂，曾经躲避日机轰炸的防空洞方位，唤起了大学时代学习与参加革命活动的回忆。与昔日的同学谈论当年的趣闻轶事，重温过去的学习生活，仿佛又回到青年时代，重拾昔日的革命友谊。此后，除聚会外，也经常电话联系，精神生活更加丰富、充实了。在京的新四军五师老战友团聚也在 2000 年以后开始了，以后每年都聚会一次，回忆当年的峥嵘岁月，畅谈戎马生涯，更加深了革命友谊。胡含是老战友聚会中坚持最久的一位，曾共同经历过的烽火硝烟，通过聚会重新结识了许多新老朋友，谈往事、撰写回忆录，建立了新的友谊，使晚年生活更充实了。

胡含也非常乐意参加老同事聚会。2005 年，爱国华侨王瑞丰捐资在北京西北的百望山森林公园东南山麓上兴建了一座仿古八角亭，成为公园的一处新景点，命名为“望乡亭”，以示对祖国的情怀和寄托乡思。王瑞丰是台湾人，出生在日本，出于对祖国的热爱，上世纪六十年代末大学毕业后选择回祖国大陆工作。他在中国科学院遗传研究所工作了十几年，也是

图 11-8　胡含（中）与王瑞丰（右）相会于百望山（2006 年。杨庆林提供）

我国开展花药培养、单倍体育种最早的研究人员之一，与胡含是同一个实验室的同事。1979 年移居美国，几乎每年都会回国探望老同事。2005 年 10 月 12 日，“望乡亭”举行落成典礼。此后每一年的这一天，王瑞丰都会偕同夫人林珠江回到故地，这一天也就成为遗传所部分离退休老同志聚会的日子。这个聚会除了侨联等部分相关领导外，大部分都是曾经共过事的专业科研人员，有共同的爱好和科研经历。聊天百无禁忌，漫谈科学发展进步，也谈论政治经济和国家、世界大事，同时展示各自的书法、摄影、剪纸等作品，气氛轻松和谐，因此成为原中科院遗传所老同志每年期盼的聚会。胡含自然每年都不落空，每年这一天都要到百望山参加聚会，即使后来腿脚不方便了，也让女儿推着轮椅去参加聚会。与工作过的老同事见面，这是一种忘不了的情怀，心情和精神都获得一定的满足，是晚年生活的一大乐趣。

图 11-9 胡含（前排左三）与老同事相聚在百望山（2007 年。杨庆林提供）

作为老革命、老科学家，老所长总受到遗传发育所人的尊敬仰慕，老同事有空暇时都会去拜访，所领导每年节假日都会去探望送祝福，使胡含晚年充满幸福感。

图11-10 重点实验室李振声院士与宋秋生书记等所领导为胡含八十五周岁祝寿（2009年4月）

图 11-11 遗传发育所所长杨维才、书记胥伟华看望胡含（2014 年 2 月）

胡含因病医治无效，于 2016 年 3 月 15 日在北大医院辞世，享年九十二岁。所党委原书记王恢鹏写道："第一任所长引领着遗传所步步攀登科学高峰为民添福祉；红色科学家培育硕博后生批批成长桃李天下复兴中国梦。"准确地概括了胡含的一生。

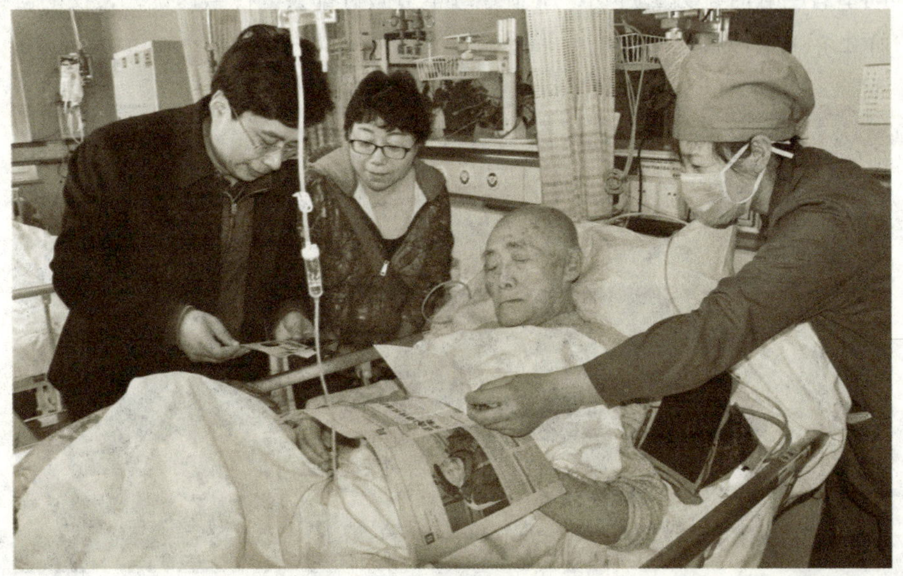

图 11-12 采集小组负责人胥伟华到医院慰问胡含（2016 年 2 月）

结 语

通过收集整理胡含一生的成长经历资料，试图从浩瀚的历史资料中梳理出脉络，以主要经历与活动为主线，对其学术成长的共性和自有特点加以概括，找出胡含学术成长的必然规律。以我们的理解，客观地做一个总结。

大致以为胡含家学渊源深厚，从小获得良好教育，又经历过战火考验、艰苦岁月的磨炼，养成坚毅的性格。步入科研教学领域都在创业时期，实行科研与生产实践相结合，从基层科研教学做起，逐步走到领导管理岗位，形成求真务实的风格。在苏留学时又受到严格的科学实验训练，养成了认真严谨的科学学风。

胡含的主要学术成就都产生于上世纪七八十年代，那正是胡含担任所长的黄金十年，游历了数十个国家进行学术交流，见多识广、眼界开阔，能敏锐捕获新的科技信息并加以利用，远大的抱负也有条件按设想去实现。仅从以下几个方面对胡含的学术成长过程做简要的总结。

家学与良好教育的学识基础

从古至今，寒门才子毕竟凤毛麟角，尤其在民国的特定时期，大多数人民温饱尚且困难，更遑论读书求学了，因而当时的知识分子多来自条件较优越的家庭。胡含正是出身于殷实的家庭，祖上世代以办学堂或读书走仕途之路为生。胡含的父亲毕业于日本庆应大学，其叔祖父是中国近代著名的教育家，更是中国现代教育的开拓者之一，家学家风要求胡氏家族每一个成员都成为有文化知识的人。在家族传统的影响下，父母都非常重视子女的文化教育，因而胡含一家四位兄弟姐妹从小就获得了良好的教育，都接受过高等教育，并且都就读于当时中国的著名大学。而且家族同代的其他堂兄弟姐妹们也大都读过高等院校，可以认为知识分子的家庭子女更有条件和动因成为社会精英。胡含的二姐从小就常对他的学业进行辅导，小学期间又常获得老师的表扬鼓励，激励得他在读书学习上非常认真自觉，在年级成绩榜上总保持在最前列。高中就读于重庆南开中学，大学就读于中央大学，在这些名校严格规范的管理教育下，胡含积累了丰富的基础知识和学习能力，从查阅的学业成绩表中可看出胡含的各科学习成绩都表现优良，为今后的学术成长打下了良好的根基。

革命人生锻炼的坚毅性格

上世纪三四十年代，在日本侵华战争的阴霾笼罩下，中国人民没有屈服，仁人志士纷纷自发组织起来抗争，而广大的爱国知识分子和青年学生也充满着对国家民族前途命运的深切关注，以各种形式在全国掀起了抗日救亡运动。在目睹了国民党的腐败无能，共产党的英明果敢后，有理想有抱负的青年知识分子从迷惘中醒来，认识到只有跟随共产党革命才有光明前途，也是唯一正确的选择。从当时全国各地的知识分子前仆后继、冲破重重阻挠奔赴他们心目中的光明圣地延安，就可看出那时的知识分子拥有为国家民族不惜牺牲自我的热情，也反映了国共两党在人心向背上的得失。胡含以及他的哥哥、姐姐也是属于那个时代有爱国主义情怀和社会责任感的进步青年知识分子，先后都走上革命之路，加入了中国共产党。其姐姐胡南跟随周恩来到了延安学习，又随周恩来回到重庆、南京参加国共和谈，和谈破裂后潜回重庆被捕，在渣滓洞集中营壮烈牺牲。哥哥胡亮也跟随叶剑英来到延安，到晋察冀边区兵工厂工作，中华人民共和国成立后成为中国汽车工业先驱之一。胡含也不输于哥哥姐姐，他十七岁加入中国共产党，大学未毕业就响应党的号召赴鄂豫皖边区参加了新四军，亲历了“中原突围”，经受了人世间最惨烈的血与火的战争淬炼，在鄂豫陕边区深山里忍饥受冻坚持打游击，随时都可能献出生命。在这极端艰苦的环境条件下，有些意志薄弱的人动摇退缩或变节逃跑了，但胡含挺住了，坚持下来了，如同大浪淘沙，留下的才是真金。在胡含饱经沧桑的革命生涯中，养成了吃苦耐劳与坚定的信念，形成了刚毅的个性，认准的道路就坚决走到底，成为日后发展成长的重要因素。

与实践结合的求实风格

在太行山区参与创建北方大学农学院的经历，这是胡含走上科研教学，实现科技救国之梦的学术之路的起点。太行山深处的晋城、长治是中国人民解放军的发祥地，过去的红军、八路军还主要是以分散的游击战为主，解放战争开始后晋东南成为指挥中心、主力部队集结地，从这里走向全国各地战场。农学院创建伊始就为解放战争服务，以科技推动生产力提高，保障军队和人民生活的物质需要。所以农学院倡导理论联系实际，教育与生产实践相结合，教学服务于生产、服务于群众，以此为特点形成了“教育、科研、生产”三位一体的指导思想和教育总方针。在建校一年间就培养了数百名技术骨干，为边区生产建设、为人民解放事业需要做出了重大贡献。这种理论联系实际需求方针始终贯彻在此后的科研教学中，成为北京农大（中国农大）、遗传研究所保持的传统。胡含也在农学院和教育工作站做技术指导工作时，学习推广甜菜种植、熬糖、中兽医诊疗技术，在实践中养成了求实风格，做每件事都要认真细致地观察的习惯，对今后的科研大有裨益。在华北农学院期间，作为发起人之一，参与创建了中国第一个专业学术团体“中国米丘林遗传学会”，也成为胡含走向科研学术高地的起点，虽说对胡含的学术思想和观点产生过一定影响，但求真务实的风格也保持下来了。

认真严谨的科学作风

胡含在工作中一直保持了认真严谨的科学学风，每一位与胡含工作过的同事都能感受到他对待科学实验一丝不苟的认真态度。无论在田间还是在实验室，观察数据都有条不紊详细记载，并及时统计分析，找出重要数据用于下一次重点观察核实验证。也要求实验室的工作人员、学生都要严格地做好实验观察记录，“好头脑不如烂笔头”是口头禅。胡含有记笔记和写日记的习惯，随时记录大小会议要点、人员学术交流提出的问题等。小麦花粉植株变异的普遍性规律、配子类型在花粉植株中充分表达的理论等重大科学发现都是经过大量的细胞学观察分析而得到的，仅七八十年代所做的石蜡切片就留存下来数万片，更多的是压片观察，反复检测考证，保证实验观测结果精确无误，并且在提出学说前广泛征求同行专家的意见和建议，充分体现了作为科学家的素养。

求新知如饥似渴

原小麦花培室的研究人员曾君祉研究员曾说，她最佩服的就是胡含对新事物、新科技的求知追索。七十年代初刚提议开展花药培养研究，胡含作为当时的所领导、室领导就给予支持和肯定，并忘我地积极投身该项目研究。而胡含原是铁杆的米丘林学派，他能敏锐地意识到这是一项有发展前途的新科技，摈弃学派之争转而参与现代遗传学范畴的研究领域就是奇迹。说起来也不奇怪，按邵启全研究员的说法，胡含的学术思想形成得益于苏联留学时期所在的列宁格勒大学，当时苏联仅有列宁格勒大学崇尚自由的学术学风，没有刻意追随李森科搞的“达尔文主义”和“米丘林学说”，虽说也存在学派之争问题，但依然有反李森科学说，不排斥经典遗传学说的学术组织，且不受政治干扰。胡含从事的细胞学研究，观察结果也非米丘林学说，在这种学术氛围下，学术思想不固化，养成能接受任何新科技思想的特点，对以后的科研工作、学术成长有很大帮助。即使离休后依然关心遗传学研究领域的新发现、新动态，胡含的博士后张相岐研究员就说过，胡含老师已经离休多年，一次拜访中谈到新兴起的表观遗传学研究，胡含竟然能如数家珍般的准确说出研究特点，以及新动态和新进展，并提出自己的学术观点和认识，使人感到非常惊讶。这种一贯追求新知的精神体现在胡含的整个学术生涯中。

学术思想活跃

李振声院士在谈到胡含这一点时有一个评述：“在学术思想上他是比较活跃的，他在那个时候能够抓住花粉培养，那个时候属于新的生长点，他能够比较早地抓住学术上的生长点。而且很重要的是他组织这个团队，能够组织大家联系实际。他做的是农作物，利用新的技术用在农作物育种上，他是第一个人。学术思想比较敏感，能抓住前沿性的问题，另外也能联系实际，能应用在育种上，我觉得这是难能可贵的。总的来说我觉得胡先生无论是政治立场、做人、做事都是我们学习的榜样。我们这一代人应该是以胡先生为楷模，把他的政治立场、学风、作风，传递下去。”的确如此，只要跟胡含有过交流接触，都能感受到胡含的学术思想活跃，学术观点不保守。获取到的任何新发现、新技术、新方法、新观念，认为有道理、有价值，都能采纳加以利用。课题组的研究人员和学生体会更深，世界上刚出现有苗头的研究方法，胡含通常要大家在组会上进行评议讨论，具备基本条件就安排人员做探索性实验，一旦有迹象显示出潜在的效果或作用，下一步就进行深入研究。因而，胡含的课题组在应用新技术方法和开展探索性研究方面，总是能比较早地起步。

概括起来，胡含的学术思想活跃、学术观点不保守，一生追求新知，工作风格是育苗也育人。他的学术成就是通过自身奋斗和时代机遇共同赋予的。

附录一　胡含年表

1924年

4月3日，生于北京，原名胡笃融。父亲胡彦博（胡荣雅，1886—1964），时任北洋政府的财政部会计；母亲肖石莼（莼）（1890—1969），家庭妇女；大姐胡永芬（1912—1999）；哥哥胡笃谅（胡亮，1916—1995）；二姐胡永萱（胡其芬、胡南，1919—1949）。

1929年

秋，父亲调任南京国民政府赈济委员会会计主任。举家随迁。

1930年

夏，入南京实验小学读初小。

1936年

夏，就读于南京第二中学初中一年级。在二姐胡永萱的感染引导下参加一些学生进步组织活动，并开始阅读一些进步革命理论书籍。

1937 年

8 月 13 日，日军大举进攻上海，“淞沪会战”开始。阖家迁往湖南，就读于明德中学初中二年级。

1938 年

春，学校被迫停课，参加学校组织的慰问团，在青年会与伤病休养所做文娱慰劳演出等活动。

夏，随家撤退到重庆，就读于南渝中学初中二年级。

1939 年

秋，在重庆南渝中学读初三，积极参与了一些进步学生的活动。学校更名为重庆私立南开中学。

1940 年

春，通过同学顾诚介绍，加入党的外围组织“全国各界救国联合会”。

1941 年

3 月 8 日，宣誓加入中国共产党。入党仪式由南开中学党支部书记方复主持。

9 月，胡含接替方复任南开中学党支部书记。

1942 年

夏，接到组织的转移指示，离开南开中学。将组织关系移交给李耀祖。

夏，考取了中央大学农学院农艺系。

秋，入学中央大学，一年级在重庆柏溪分校上课。按照指令联络暗号登报寻找党组织，但一直未联络上，从而失去与党组织的联系。

1943 年

夏，重庆中央大学二年级读书，从柏溪迁往小龙坎宿舍，在沙坪坝桦林坡上课。

秋，通过顾诚介绍加入了党的外围组织“据点”。参加以仓孝禾（化学系四年级）为级长的小组活动，成员还有顾诚、陈林和吴炳南。小组经常参加校内社团活动，广交朋友，团结同学，为今后的学运、反内战活动创造条件。

1944 年

中央大学三年级，参加“据点”活动，劝阻一些对国民党存在幻想的同学参军入伍。

1945 年

夏，中央大学“据点”小组的同学从新华日报社获得党的“七大”文件，包括毛泽东的《论联合政府》，除组织自学讨论外，还用各种方法转送外地同学和朋友，广泛宣传，扩大影响。

8 月下旬，南方局号召中央大学“据点”小组同学积极行动起来，四川同学“下乡”开辟农村革命根据地，外乡同学则到鄂豫皖边区参军。离开重庆，择路前往鄂豫皖边区。

9 月，在奔赴鄂豫皖边区路途中获悉，8 月 15 日日本已宣布无条件投降，9 月 2 日日本向中国国民政府签订了无条件投降书。路途中盘查减少，一路平安顺利，月底到达鄂豫皖边区。

10 月，到达中原局所在地四望山，将重庆来的学生集中在礼山县成立的青年干部训练班短期培训，学习边区的政策法令等。

年底，随新四军东进桐柏山区做地方税收等工作。随后参加了新四军，编入干部队伍北上苏北，中途又返回鄂北，分配在五师的一个连队当文化教员。

1946 年

2 月，在湖北礼山县（现大悟县）宣化店附近的黄石寨成立了中原民主建国大学，成为首批进入中原民主建国大学培训的学生，学习党的立场、观点、方法等。

5 月 4 日，在礼山县黄石寨（民主建国大学）重新申请加入中国共产党，成为预备党员。学习后回连队做文教工作。

6 月，调回中原军区干部团。随中原军区主力从北路突围，向西越过平汉铁路。

7 月中下旬进入陕南，同当地游击队会合。

8 月，成立鄂豫陕军区，执行创建游击根据地的任务。建立郧商县县委、县人民政府和县武装指挥部，任县委委员、县委县政府秘书，打游击并做地方工作。

10 月 20 日，县委驻地遭到国民党淅川县保安团袭击。随县委书记撤退，途中县委书记受伤，此后县委书记情绪低落，借机逃跑投敌。

11 月至 12 月，县委又两次受到胡宗南部队的袭击，遭受重创，撤退到秦岭的大山中。

1947 年

1 月至 3 月，在秦岭山岭的岩洞中，缺衣少食坚持熬过了寒冬。

1 月 17 日，提前转正为中共党员。

3 月上旬，编入干部大队，在豫西伏牛山区打游击。

3 月 18 日早晨，随大部队向邙山岭开进，在义马车站以东穿越陇海铁路，渡过黄河，到达晋冀鲁豫边区的太行山区。

4 月，任山西晋城中原局党校干部科干事。

6 月，通过党校组织部介绍，到长治晋冀鲁豫边区北方大学农学院农业生物研究室当研究生兼专修教员。

8 月 25 日，经乐天宇、徐纬英介绍又加入了新民主主义青年团。

1948 年

春，任邯郸教育工作站站长。

8 月，北方大学与华北联合大学合并，于河北省正定县成立华北大学。胡含留在山西省长治华北大学农学院院部。

12 月，任华北大学农学院长治工作总站站长，支部宣教委员。

1949 年

2 月 19 日，华北大学农学院在石家庄石门召开“中国米丘林遗传学会”成立大会，当选为理事。

春，长治，华北大学农学院长治分院，任分院主任，支部宣教委员。

4 月，在中共华北人民政府农业部总支领导下，成立华北大学农学院党总支，组成人员有乐天宇、徐纬英、郝文、胡含和张崇礼。

9 月 10 日，中央决定由北京大学、清华大学、华北大学的三个农学院合并成立北京农业大学。

9 月 16 日，召开了北京农业大学筹委会第一次会议，校址迁往罗道庄。

11 月 1 日，中国科学院成立，由原中央研究院和北平研究院所属的研究所组成。

11 月 27 日，二姐胡南在重庆渣滓洞集中营英勇牺牲。

12 月 12 日，中央人民政府任命乐天宇等二十五人为北京农大校务委员，乐天宇为主任委员。

12 月 23 日，中共北京农业大学总支委员会成立，乐天宇担任书记，胡含任宣传委员。

1950 年

3 月，在周恩来总理的关照下，奉调回到北京工作，到北京农业大学农耕学习班，任副班主任，支部宣委，总支宣委。

秋，北京农业大学农艺系，讲师，讲授“新遗传学与进化论”等课程。

1951 年

3 月，随乐天宇等人一同调入中国科学院。

6 月 13 日，组建中国科学院遗传选种实验馆，乐天宇为馆长。任助研、中国科学院党支部委员，小组长。

秋，在《中国米丘林学会会刊》发表了第一篇研究报告“平原省分枝小麦的初步调查工作简报”。

1952 年

4 月，政务院科学卫生处同中科院就乐天宇问题连续召开三次“生物科学工作座谈会”，并通过了会议决议。作为中科院党支部委员及小组长，出席了全部会议，鉴于在会议上的态度和表现，组织上责令胡含在大会上做公开检讨，会后又写了一份近万字的检讨书。

10 月 10 日，政务院文化教育委员会指示，撤销遗传选种实验馆。

10 月 19 日，实验馆改为遗传栽培研究室，隶属植物分类研究所。

10 月，中央农业部举办米丘林遗传学、选种学及良种繁育讲习班，在助教班当助教。

1953 年

2 月，遗传栽培研究室由北蜂窝迁入华北农业科学研究所（中国农业科学院的前身）。

3 月 10 日，在植物分类所遗传栽培室基础上成立中国科学院遗传栽培研究室。

4 月，米丘林遗传学讲习班结束，回到中国科学院遗传栽培研究室从事遗传育种研究工作，任助理研究员。

1954 年

春，遗传研究室成立了“研究实习员基础理论学习辅导小组”，任组长。

秋，北京俄专留苏预备部学习俄文。

1955 年

秋，公派到苏联基辅大学留学，先期进行俄语强化学习以及基础生物学、作物育种学等公共课程学习。

12 月，中国科学院遗传栽培研究室撤销，其遗传研究部分改为植物研究所遗传研究室（北京），栽培部分并入西北农业研究所（陕西武功）。

1956 年

春，由于专业不对口，转学到哈尔科夫大学。

3 月，中国科学院遗传栽培研究室更名为中国科学院遗传研究室，室主任祖德明。

秋，短期学习后，再转学到列宁格勒大学生物土壤系遗传选种教研室植物细胞遗传学专业读研究生，指导导师 M. 纳瓦兴。

1957 年

导师纳瓦兴调离列宁格勒大学，新的导师为马卡诺夫。做植物胚胎遗传学研究。

1958 年

在新别切尔果夫实验基地做田间观察试验等工作。

与董玉琛在苏联结婚。

1959 年

秋，通过研究生毕业答辩，学位论文题目“小麦、黑麦及其杂种受精过程细胞胚胎学及细胞化学的研究”，获苏联列宁格勒大学生物学候补博士学位（副博士）。

9 月 25 日，中国科学院遗传研究所正式成立。

1960 年

春，留学归国，回到中国科学院遗传研究所工作，为助理研究员，并任业务处党支部书记。

8 月 1 日，遗传研究所第一届学术委员会成立，任委员。

秋，在《遗传学集刊》发表了归国后第一篇论文“关于小麦与黑麦远缘杂交时受精过程及胚胎发育初期的一些特征”。

10 月 20 日，遗传所撤并的关键时候，与祖德明、梁正兰等三人联名给国家科委韩光副主任写信，阐明遗传学科的重要性、独立的综合研究机构存在的必要性，希望保留遗传所建制。

10 月 27、28 日，国家科委来所调查，胡含在座谈会上明确表示遗传所不宜撤并，认为“从历史上看，机构变动对科学发展极为不利”。

11 月 3 日，中国科学院发出“关于保留生物学部遗传研究所建制的意见”，遗传所得以保留延续。

1961 年

春，遗传所成立“培干”小组，担任一室“培干”小组组长。

春，在苏联留学完成的毕业研究论文在苏联的学术期刊“细胞生物学”第 3 期上发表。

5 月 11 日，在遗传研究所做学术报告：“有关化学诱变文献”。

12 月 14 日，在遗传研究所做学术报告：“小麦与黑麦远缘杂交的研究及其后代选育”。

1962 年

4 月，遗传研究所领导班子换届，被推选为所务会委员候选人。

4 月 27 日，中国科学院第二次院常务会议批准遗传所所务委员会人员名单。任所务会委员。

8 月，在遗传研究所主持召开“远缘杂交与远缘花粉蒙导问题”座谈会并作中心发言。

1963 年

4 月 25 日，任遗传所第一研究室副主任。

夏，参加了北京市作物学会举办的“品种资源的工作方法问题”“作物新品种培育及育种基本方法”“远缘杂交和远缘花粉蒙导问题”“小麦的冬种性与春种性及其相互转化问题”等系列座谈会，遗传所与会者还有李璠、陈英、梁正兰、胡启德、黄季芳、李继耕等。

秋，在《遗传学集刊》第 2 期上发表“小麦与黑麦杂交时雌蕊年龄的作用”与“大气温度与湿度对小麦与黑麦杂交时的影响”两篇论文。

12月12日，晋升为副研究员。

1964年

春，被评选为上年度所先进工作者。

秋，遗传所由中关村迁至北郊917大楼。

10月10日，被增聘为遗传所学术委员会委员。

10月24日，参加四清工作队到辽宁省开原县城郊公社八家子生产大队搞社会主义教育运动（社教），担任党支委和工作组副小组长。

1965年

7月，回到中国科学院遗传所，任第一研究室副主任。

1966年

4月21日，任遗传所第二研究室主任，免去第一研究室副主任。

1967年

4月5日，遗传研究所革命委员会成立，任委员。

9月5—18日，遗传所在山西忻县召开了“全国杂交高粱现场会”，以所领导身份参加了会议。

秋，工人宣传队、解放军宣传队进驻遗传所接管党、政领导权。

1968年

春，遗传所废除研究室编制，全所改组成五个科研“专业队”。

1969年

春，实行准军事化管理，由五个科研“专业队”改编为三个“连队”六个组。

6月，执行面向农村、面向工厂、面向中小学的“三个面向”政策，全所绝大多数科技人员分到京内外的生产队、农场、工厂、学校和院干校改造。到北京郊区和河北农村的生产队短期劳动与工作。

1970 年

4 月 23 日，遗传研究所第三连队勤务组召集全连开会，商定开展花药培养育种新方法试验，奠定了其后在单倍体遗传学研究领域取得成就的基础。

5 月，花药培养计划获得研究所领导批准，筹备建设花粉培育实验室，并开始进行小麦离体花药培养实验。

1971 年

夏，所在第三研究室诱导培育出世界上第一株小麦花粉植株，并且加倍成功，获得了自交结实的小麦花粉株系。

1972 年

春，以 303 组名义在当年的《遗传学通讯》第 1 期上发表了小麦花药培养诱导成植株的简报。

3 月，中国科学院在海南召开有全国 71 个单位，143 名代表参加的“遗传育种学术讨论会”。稍后出版的论文集中，收录了包括当时我国正在开展并取得世界领先地位的作物倍数性育种和辐射育种的技术和方法的研究论文 57 篇。

5 月 29 日，中科院院长郭沫若偕夫人于立群和副院长竺可桢会见并宴请了意大利遗传学会主席奇里洛・马利亚尼等人，作为科学工作者代表参加了会见和宴会。

1973 年

1 月 17 日遗传所工作会议，调整了研究室组，人员重组，小麦花培单倍体育种组编为三室一组，简称 301 组。

春，在复刊的《中国科学》（英文版）第一期上发表了“小麦花粉植株的诱导及其后代的观察”论文，引起了国际学术界高度关注，给予高度评价。

夏，以 301 组集体名义在《遗传学通讯》第 2 期发表了“离体培养小麦花药诱导花粉植株"一文，内容与《中国科学》发表的论文相似。

6 月，接待了来遗传所参观访问的意大利育种家马里亚妮夫妇，并陪同院领导岳志坚宴请了外宾。

8 月 5 日，作为中国科学考察团领队，兼水稻、小麦育种专家，前往阿尔巴利亚、保加利亚等国家进行了为期一个月的科学考察访问。

9 月，中央新闻电影制片厂拍摄播映了"伟大祖国欣欣向荣"六集纪录片，其中第三集反映科技战线取得的成就中有"花粉育株"一节，完整介绍了所在课题组与科研人员开展小麦花药培养实验并诱导出花粉再生植株的全过程。

1974 年

3 月，到河南省确山县中国科学院"五七"干校进行为期十个月的劳动锻炼，任生产组副组长。

4 月 16 日，当选遗传研究所革命委员会副主任。

6 月 10 日，接待埃塞俄比亚大使马康南来遗传所参观。

9 月下旬，以中国科学院遗传所革委会副主任、中国作物学会常务理事的身份，率领中国科学代表团对丹麦王国进行了友好访问。

10 月 3—12 日，以团长身份率领中国科学代表团对芬兰进行了友好访问，受到芬兰教育部长马尔雅塔 · 瓦纳宁、芬兰科学院院长黑尔格 · 居伦贝格的分别会见，并代表中国科学代表团同芬兰国家自然科学委员会主席安蒂 · 库尔马拉代表的芬兰科学院就两国科学技术交流问题交换了意见。

秋，被聘为《遗传学报》副主编与责任编辑。

1975 年

春，任第三研究室领导小组组长。

8 月 22 日，中科院党的核心小组第一副组长胡耀邦来 917 大楼召开地理所、综考会、遗传所骨干座谈会。与会。

9 月 3 日，在遗传所党委、革委会及党支部书记学习会上传达了胡耀邦在中国科学院中青年科技人员座谈会上的讲话。

10 月 5 日，胡耀邦到遗传研究所听取所领导班子汇报并提出六个方面的“科研整顿”。与会。

1976 年

1 月，受邀出席了在河南召开的“全国《小麦育种学》一书的审定稿会议”，该书由农民育种家李德炎主编，多位学者参与撰写。

1 月26 日，遗传所党委扩大会议传达科学院“反击科技界右倾翻案风”和政治、科研工作计划。

3 月，到安徽、河南等地，下乡劳动“画等号”，接受贫下中农“再教育”。

4 月初，参加了在昆明西郊温泉召开的小麦花粉育种经验交流会，对通过花粉培养育成的小麦新品种“花培一号”进行了田间考察和鉴定，“花培一号”表现优良，后在云南省进行了大面积推广。

7 月 28 日，唐山大地震波及北京，此后一段时间搞“抗震救灾”。

1977 年

5 月 11 日，在遗传所做了“植物远缘杂交中的几个问题”的报告。

7 月，增补为中国共产党遗传研究所委员会委员。

8 月 11—18 日，作为全国党代会代表，出席了在北京召开的中国共产党第十一届全国代表大会。

8 月 17 日，会见来访的美国波士顿学院的丁玉澄教授。

8 月，受中国科学院委托，由遗传研究所在北京召开了全国遗传学规划座谈会。

9 月 27 日—10 月 31 日，出席了在北京召开的“全国自然科学学科规划会议”。

10 月 27 日，经国务院批准，被任命为中国科学院遗传研究所第一任所长。

11 月 25 日，遗传研究所选举产生了第三届党委，任委员。

12 月 6—15 日，在广州花县主持召开了全国花药培养学术研讨会。隔年主编出版发行了《花药培养学术讨论会文集》。

1978年

2月11日，遗传研究所第二届学术委员会成立，任主任。

3月15日，晋升为研究员。

3月18—31日，全国科学大会在北京召开。作为中国科学院代表出席了大会，并被推选为大会主席团成员，受到时任中共中央主席华国锋和中共中央副主席、国务院副总理邓小平的接见。所在研究组也被科学大会评选为先进集体。

3月，“花粉单倍体育种”研究获得国家重大科技成果奖。遗传研究所三室一组被评为先进集体。

4月6日，以墨西哥科委主任弗洛雷斯博士为团长的科学家代表团一行四人参观了遗传所小麦花培和体细胞杂交实验室，以所长身份介绍了本所概况，并向来宾赠送了《遗传学报》和论文抽印本。

5月，第一届（78届）硕士研究生招生考试在全国各地分别举行，当年全所获得十六个招生指标。

5月17日，法国科学院、国立农业研究院总监科德隆先生率领的法国农学家访华团一行十三人参观了遗传所203、301、304组，代表遗传所接见了来宾。

5月25—30日，遗传所在北京主办了“中澳国际植物细胞培养技术讨论会”，为领导小组成员，主持会议并做了学术报告。

7月5日，与钟志雄代表研究所领导接待并宴请了美国波士顿学院的丁玉澄教授。

7月6—17日，中国农学会在太原市举行“全国农业科学讨论会”，并于12日进行了换届选举，当选为中国作物学会第二届理事。

7月，在遗传所内进行了硕士研究生复试，首次招收录取了两名硕士研究生。

8月，中国遗传学会成立，挂靠遗传所，遗传学会发起人之一。

8月15日—9月14日，以中国科学代表团副团长身份，赴加拿大出席“第四届国际植物组织培养学术讨论会”，并做学术报告。其间访问了加拿大的多所大学和科研单位。

10 月 7 日，来自全国各地的二百三十名遗传学工作者在南京聚会，庆祝中国遗传学会成立。大会经协商选出由七十位理事组成的第一届理事会，任理事。

10 月 11 日，第一届中国遗传学会理事会第一次会议在南京召开，当选为副理事长。

11 月 28 日，由科学出版社聘请参加《现代遗传学丛书》编审委员会，任委员。同时受聘的还有邵启全、童克中。

秋，在《遗传学报》发表了“小麦花粉愈伤组织和植株体细胞的染色体变异”的论文。

秋，先后被聘为“中国科学”、“科学通报”编委，“遗传学报”副总编，“作物学报”理事编委，“理论与应用遗传学（TAG）”编委。

1979 年

1 月，受遗传学会聘请担任《遗传学报》编委会副主任委员。

2 月，被聘为国家科委农业专业组成员。

2 月 8 日，美国遗传学家 W. J. 舒尔应邀来遗传所访问，做了“关于美国遗传学教学情况的介绍”的报告。2 月 6 日和 10 日，代表遗传所两次与他商谈了中美两国遗传学家互访的有关问题。

8 月 1 日，与吉林师范大学生物系教授郝水一起赴意大利帕维亚参加“国际植物细胞培养学术研讨会”，做了“中国植物细胞与组织培养研究现状”的报告，并提交三篇学术论文。

8 月底，接待京都大学农学部以山田康之教授为团长的日本遗传学家代表团参观访问遗传所。

10 月 5—13 日，出席了在四川成都召开的“全国作物遗传学术报告会”，同行的还有陈英、邵启全、胡启德、李继耕等。

秋，在《遗传学报》上发表了题为“小麦花粉植株的遗传学研究”的论文。

秋，获中国科学院公派留学指标，选送首位硕士生黄斌留学英国。

秋，被聘为国际细胞研究组织（ICRO）成员。

11 月，在遗传所报告了去意大利参加“国际植物细胞培养学术讨论会”情况。

1980 年

1 月 31 日，在遗传研究所召开的 1979 年总结大会上讲话，着重对遗传所改革开放以来科研形势和特点、成果与进展做了全面的回顾和分析。

3 月 23 日，出席了中国科协第二届全国代表大会，受到党和国家领导人接见、合影。

7 月 21 日，由科研六级晋升为科研五级。

8 月，出席在德国西柏林召开的“第二届国际细胞生物学会议”，组织委员会成员，并做报告。

9 月，参观访问科恩马普植物育种所、兰德堡细胞生物所、瑞士巴塞尔 FMI 等科研机构。回国后在《遗传》杂志发表了“植物细胞培养研究的成就与展望——国际植物细胞培养学术讨论会简介”一文。

11 月，参加了在扬州召开的全国水稻花药培养科研协作会议。

当年，在《中国科学》上发表了论文“小麦花粉植株花粉母细胞染色体的变异”；在《生物科学通报》上发表了论文“植物体细胞遗传学与花药培养”。

1981 年

2 月 22 日，中科院党委批准恢复胡含同志前段党籍，党龄从第一次入党之日（1941 年 3 月 8 日）算起。

3 月，合作撰写的“新奇的工程——遗传工程”一文被“新长征优秀科普作品奖”评奖委员会评为优秀科普文章一等奖。

4 月 27 日，参观考察菲律宾国际水稻所，并出席了该所年会。

9 月，遗传所在北京举办了“植物遗传与育种新技术国际培训班”，地区组织者，主持培训班并讲授遗传育种理论与新技术。

10 月 19 日，与国际水稻所合作在京举办了“禾谷类作物改良中的细胞和组织培养国际学术研讨会、作物遗传操作技术国际研讨会”，为地区组织者，主持会议并做学术报告。

11 月，前往印度新德里出席“组织培养进行作物改良”学术讨论会并做了学术报告。

冬，招收培养的首位硕士研究生王兴智通过毕业论文答辩，获得遗传学硕士学位，论文题目：“六倍体小黑麦与六倍体小麦杂种 F1 花粉植株的细胞遗传学研究”。

1982 年

春，被聘为国际期刊《植物生理学通讯》（*Plant Physiology Communications*）编委。

3 月，遗传所的《研究工作年报》创刊，撰写出版前言。

4 月，参加了在陕西省武功召开的“植物体细胞遗传与染色体工程学术讨论会”，做“小麦花粉来源的非整倍体和异倍体植株”报告。

6 月，在北京参加了“全国小麦花药培养及遗传学学术交流会”，作“我国花药培养研究与作物改良”专题报告。

7 月 10 日，前往日本东京，在日本新品种保护开发研究会做了“中国花药培养研究新进展”学术报告。

7 月 11—16 日，在日本 Tonyo 出席“第五届国际组织培养学术讨论会”，并做了“花粉植株整倍体与异倍体产生”的会议报告，同行的还有遗传所的陈正华、陈英等人。

7 月 26—30 日，前往美国华盛顿特区出席“国际发展生物技术研究中的重点专题学术讨论会”，讨论生物技术中的重点研究课题，作为“植物组织培养”小组副组长，在会上提出了重点规划项目的建议，并做了“中国的花药培养与作物改良”报告。

8 月 15—19 日，出席了在美国加利福尼亚州戴维斯举办的“国际植物遗传工程学术讨论会”。

秋，招收的第一位研究生公派出国三年后，时年二十五岁的黄斌获博士学位后归国回所，中科院举办了欢迎大会。

1983年

1月5—10日，中国遗传学会第二次全国会员代表大会在福州举行。来自二十八个省市的五百余名代表出席了大会，被选为中国遗传学会第二届副理事长。

2月1日，被聘为《遗传学报》和《遗传杂志》副主编。

6月2日，再次被聘为遗传研究所所长，唐一志为党委书记。

11月12日，出席了中国作物学会第三届理事扩大会议。

12月初，前往印度Waltair Andhra大学参加“高等植物细胞遗传学——染色体的结构与行为”研讨会，并做报告。

12月，参加了在印度新德里举行的“第十五届国际遗传学大会”，主持过大会并做了大会报告，同时担任“体细胞遗传学”专题学术讨论会主席。遗传研究所组团参会的还有朱立煌、邵启全、杜若甫等人。

12月，前往印度加尔各答大学，参加“染色体研究——动向与展望”卫星会议并做报告。

1984年

1月，与陈英先生合著的《植物体细胞遗传与作物改良》一书由台湾淑馨出版社出版发行。

4月4日，国务院副总理、国家科委主任方毅会见了由墨西哥国家科委主任弗格雷斯博士率领的墨西哥科学家代表团，参加会见。

4月6日，以墨西哥国家科委主任弗洛雷斯博士为团长的墨西哥科学家代表团一行四人来遗传所参观访问。接待并介绍了遗传所科研情况，陪同参观小麦花药培养和体细胞杂交实验室。

4月，前往菲律宾马尼拉出席了“国际中心生物工程”讨论会。

8月，参加国家“七五”攻关项目“植物细胞工程育种”专题报告会，题目是“花药培养转移异源染色体创造小麦新类型”。

10月22日，遗传所与国际水稻所合作发起的“国际作物遗传操作技术研讨会”在北京举办，参加并主持了会议。

11月，前往日本京都参加了“京都生物科学学术讨论会——植物细胞科学和技术展望”专题会议。

12 月 18 日，国务院副总理方毅由中科院副院长孙鸿烈陪同来遗传研究所视察，受到接见和谈话。

1985 年

1 月 17 日，被聘为中国国际科技会议中心理事。

5 月，按照中科院工作会议改革精神，领导遗传所颁布了后勤服务单位收入分配试行办法、职工教育工作的若干规定等一系列相关规章制度。

7 月，颁发了遗传所出国留学人员选派和管理工作细则。

9 月，前往美国纽约，出席了美国 DNA 植物技术公司科学顾问委员会年会。

9 月，出席在美国伊利诺伊州召开的水稻遗传改良会议。

10 月 8—12 日，参加了中国科学院科技合作局在北京友谊宾馆召开的生物技术“七五”合同项目可行性论证会。

11 月 15 日，上报了“六五”国家科技攻关专题“育种新途径新技术——单倍体育种”的成果进展登记表。

首位硕士研究生王兴智的论文在英文学术期刊 *Theor. Appl. Genet.* 上发表。

1986 年

春，“七五”科技攻关项目启动，主持植物细胞工程育种专题。

1 月 9 日，被聘为中国科学院第二届图书情报委员会委员。

2 月，被聘为北京市海淀区农科所顾问。

4 月 12 日，被聘为遗传学名词审定委员会委员。

8 月，赴美国明尼苏达州，参加第六届 IAPTC 学术讨论会。

9 月 6 日，在遗传所接待了日本“麒麟”公司执行总裁一行，洽谈啤酒大麦在中国区域合作试种事宜。

10 月 20—25 日，第一届国际植物染色体工程学术讨论会在西安召开，会议发起人之一，共十五个国家一百零三名代表与会，参会并主持会议。

10 月，被聘为北京市植物细胞工程实验室顾问。

同年，与杨弘远合著的英文版著作 *Haploids of Higher Plants in Vitro* 正式出版。

1987 年

1 月 10 日，被聘为中国科协常务委员会组织工作委员。

3 月，做了继任遗传所所长近四年工作的《述职报告》。

4 月 20 日，出访俄罗斯。

4 月 24—26 日，前往保加利亚 Alberna Bulgaria，出席了联合国教科文组织召开的“生物技术与遗传工程在农业上的应用”国际讨论会，做了专题报告“用花药培养研究配子无性繁殖系变异和配子分析”。

5 月 6—10 日，出席了在合肥召开的中国遗传学会第三次全国会员代表大会。继续担任中国遗传学会第三届副理事长。

7 月 8 日，卸任遗传研究所所长职务，李振声任遗传研究所所长。

7 月，赴英国、瑞士苏黎世大学参观访问。

8 月，到长春东北师范大学访问，进行学术交流。

10 月 5—12 日，参加在北京召开的“北京中日植物染色体学术讨论会”。

10 月 22 日，参加在中国科学院遗传所召开的“小麦核质杂种和细胞质工程学术讨论会”。

11 月，出席在马来西亚科伦坡召开的“发展中国家植物改良及基因操作专题讨论会”。

12 月，前往杭州参加“生物技术在农业上的应用”国际学术讨论会。

1988 年

5 月，被聘为东北师范大学博士学位答辩委员会委员。

7 月，被聘为《中国科学》和《科学通报》编委。

7 月，前往英国剑桥出席“第七届国际小麦遗传学大会”。

8 月，赴加拿大多伦多出席“第十六届国际遗传学大会”。

8 月，前往墨西哥参观访问，出席了在 CYMYTT 召开的“国际作物遗传操作学术讨论会”。

8 月，招收了第一位博士生陶跃之，由硕士生直接转为博士生。

9 月，前往美国旧金山参加“作物育种研讨会”。

9 月 22—28 日，到德国费尔达芬参加“全球农业发展会议”。

10 月，参加国家计委在成都召开的“国家重点实验室立项遴选会议”，代表遗传所进行答辩。

11 月 24 日，参加遗传所新一届学术委员会第一次会议，被聘为委员。

12 月，被聘为中国植物学会组织培养专业委员会委员。

1989 年

1 月，“重要农作物细胞与染色体工程及其在育种上的应用国家重点实验室”建设立项获得批准，是与李振声共同申报筹建。后更名为“植物细胞与染色体工程国家重点实验室”。

1 月 25 日，参加了新四军五师在京战友春节联欢会。

3 月 8—10 日，到美国密苏里州哥伦比亚参加洛氏基金水稻生物技术年会，提交会议论文“通过水稻花药培养转移异源基因创造新类型”。

3 月 13—15 日，在美国密苏里州哥伦比亚参加“第十九届植物改良暨基因操作遗传学讨论会”。

4 月 3 日，参加中国科学院生物局在石家庄举办的生物技术学术会议，作“禾谷类的单倍体”讲座。

6 月，赴卢森堡参加“生物技术讨论会”。

7 月，赴青海西宁，到高原生物所进行学术交流；15 日出席青海省遗传学会主办的学术报告会，作了“有关作物生物技术的几个问题”的学术报告。

8 月 23 日，在日本参加麒麟公司生物技术实验室组织的“谷物单倍体”研讨会。

8 月 25 日，在日本筑波，参加“第六届 SABRAO 国际代表年会”，担任“遗传工程与生物技术”第七分会主席，作“小麦花药培养的染色体操作”学术报告。

秋，被聘为亚太地区育种研究会理事。

9月7日，中国科学院计划局批复“重要农作物细胞与染色体工程及其在育种上的应用”国家重点实验室的基建改造计划，给予经费支持。

9月25日，出席了遗传研究所建所三十周年庆祝大会，为主席团成员。

1990年

3月5—8日，出席在南京召开的“植物遗传理论与应用研讨会”，在会议文集发表“禾谷类花药——花粉培养与花粉植株的染色体工程”论文。

3月，被聘为中国科学院遗传所“重要农作物细胞与染色体工程及其在育种上的应用”国家重点实验室第一届学术委员会委员。

4月20日，被聘为中国科协第二届青年科技奖评审委员会委员。

5月，前往菲律宾国际水稻所参加“水稻遗传学讨论会及年会”。

6月，前往保加利亚参加“小麦育种学术讨论会”。

7月，前往荷兰阿姆斯特丹参加“第七届IPTAC学术讨论会”。

7月，前往苏联列宁格勒参加“第十一届国际植物胚胎与种子生产学术讨论会”。

8月9日，参加河北丰宁花培大麦新品种鉴定会。

9月，参加中国科协第二届青年科技奖评审，任生物畜牧组副组长。

10月，被聘为中国科学院生物科学与技术局“七五”国家科技攻关项目生物技术课题验收组成员。

11月，主编的《植物细胞工程与育种》论文集出版发行。

1991年

春，被聘为国际期刊《植物》和《细胞与分子生物学》顾问委员。

4月18日，中国遗传学会第四次代表大会在郑州召开，当选为理事。

8月，被中华人民共和国国家科学技术委员会聘为国家发明奖评审委员会农业评审组委员。

10月，获得国务院表彰，从七月起享受政府特殊津贴。

10月22日，国务委员温家宝来遗传研究所视察，受到温家宝的单独接见，汇报了遗传研究所的科研发展状况。

1992 年

3 月，到山东临沂高科技农业报告会上讲学。

4 月 1 日，由于指导的博士研究生尚未毕业，经中国科学院人事局批准延迟离休到 1994 年。

5 月 12 日，被中国科学技术协会聘为中国科协第三届青年科学奖学科专家评审组委员。

6 月 5 日，国务院总理李鹏来遗传研究所视察，参加相关活动。

6 月，招收的第一个博士生陶跃之回国，通过学位论文答辩，题目是“六倍体小黑麦与普通小麦花药培养群体的遗传分析”。

7 月 6 日，被聘为西北高原生物研究所研究员评审委员会委员。

8 月，被聘为亚太农业生物技术学术委员会委员。

9 月，招收了最后一届三名博士生。

9 月 10 日，被中国农科院作物品种资源研究所聘为博士研究生刘建文指导小组成员。

11 月 2 日，出席了在天津南开大学召开的“第二届中日植物染色体学术讨论会”。

12 月 22 日，经中国科学院批准，植物细胞与染色体工程国家重点实验室正式对外开放。

1993 年

3 月 10 日，被聘为中国农科院研究生植物细胞工程课教授。

7 月 20—24 日，出席了在北京召开的第八届国际小麦遗传学大会。

8 月 17 日，出席在英国伯明翰召开的第十七届国际遗传学大会。

9 月，参加了亚太高等植物细胞和组织培养国际会议。

10 月，在北京参加了水稻花培新品系“8504”鉴定会。

12 月，被评为 1993 年度中国科学院优秀研究生导师。

12 月 31 日，被聘为国家科技发明奖评审委员会农业科技评审委员。

1994 年

5 月 28—31 日，出席了在湖南长沙召开的第三届全国分子育种学术讨论会，做了题为“花粉管通道技术应用于麦类育种”的大会报告。

6 月，出访意大利。

在国内外发表学术论文六篇。

1995 年

1 月，被聘为中国国际科技会议中心理事。

2 月，被中华人民共和国国家科学技术委员会聘为国家科技发明奖评审委员会农业科技评审委员。

10 月 1 日，到长春市解放军农牧大学参观考察，指导工作。

10 月 1 日，正式离休，时年七十一周岁。

10 月 12—17 日，出席了在山东泰安举行的中国遗传学会第五次代表大会。

10 月 20 日，“小麦花粉无性系变异机制与配子类型的重组与表达规律”研究成果获得中国科学院自然科学奖二等奖，第一完成人。

10 月 25 日，参加了博士研究生毛龙博士学位论文答辩会。

10 月 28 日，参加植物细胞与染色体工程国家重点实验室验收会。

11 月，参加了博士研究生郭向荣和王二明博士的学位论文答辩会。

在国内外发表学术论文十九篇。

1996 年

1 月 23 日，参加了博士研究生张怀刚博士学位论文答辩。

2 月 17 日，提交了“九五”国家科技攻关计划专题申请报告。

3 月，参加了最后一位博士研究生瞿绍洪博士学位论文答辩会。

3 月，被聘为北京市植物细胞工程实验室学术委员会主任。

6 月，参加纪念中原突围五十周年大会，与战友合影留念。

7 月，参加了第二届亚太植物组织培养会议。

10 月 25 日，被聘为《中国科学》第七届、《科学通报》第十一届编委。

12 月，“大麦花粉植株高频率再生体系的建立及甘露醇预处理机理的研究”项目，获山东省科技进步二等奖，第五完成人。

1997 年

12 月，被聘为遗传研究所植物细胞与染色体工程国家重点实验室学术委员会委员。

12 月，在南京，参加了国家重点科技攻关项目“转基因抗虫棉的培育及杂种优势利用”验收鉴定会。

12 月，“小麦花粉无性系变异机制与配子类型的重组与表达规律”项目获得国家自然科学奖二等奖，第一完成人。

秋，参与监修的《中—日—英染色体用语集》词典出版发行。

发表学术论文十一篇。

1998 年

8 月 10—15 日，参加了在北京国际会议中心召开的第十八届国际遗传学大会。

8 月，与魏荣瑄合著的科普读物《种瓜得瓜的秘密》一书出版发行。

11 月 18 日，分别出席了《中国科学》《科学通报》《生命科学》编委会会议。

11 月，参加了中科院成都生物研究所建所四十周年庆典。

发表学术论文六篇。

1999 年

11 月，夫人董玉琛当选为中国工程院院士。

发表学术论文七篇。

2000 年

4 月 22 日，在北京参加了遗传所主办的“小麦分子生物学国际研讨会”。

5 月 30 日，北京香山，参加重庆南开中学 1943 级同学世纪之交聚会。

合著的《科学家爷爷谈科学》科普图书经中国图书奖评委会评定，获第十二届中国图书奖。

发表学术论文两篇。

2001 年

10 月 18 日，荣获 2001 年度何梁何利基金会授予的“科学与技术进步奖”。

2003 年

7 月 25 日，到兰州大学参加郑国锠院士执教六十周年暨九十华诞学术研讨会。

7 月 27 日，和夫人董玉琛到甘肃省高台县考察农业科技应用。

2004 年

4 月，染色体实验室为其“八十诞辰”举办了祝寿活动。

当年，出席了植物细胞与染色体工程国家重点实验室年会。

8 月 11 日，参加了在太原召开的中国农学会小杂粮分会会议。

10 月，与夫人董玉琛到重庆参加重庆南开中学四三级同学六十一周年纪念会活动。

2005 年

8 月 31 日，遗传发育所党委召开纪念抗日战争胜利六十周年座谈会，与老红军和抗战时期参加工作的老同志参加了座谈。

2006 年

6 月 9 日，参加了“华北大学”建校六十周年纪念活动。

8 月 13—17 日，作为特邀嘉宾，出席了在北京国际会议中心召开的第十一届国际植物组织培养与生物技术大会。

10 月 12 日，参加由美籍华人台湾同胞王瑞丰、林珠江夫妇捐建的“望乡亭”周年纪念活动。此后每年这一天都参加活动，止于2013年。

2007年

3月24日，出席了新四军五师中原分会会员大会，老战友聚会。

8月16日，到河北省植物转基因研究中心参观访问与座谈。

9月22日，参加了植物细胞与染色体工程国家重点实验室在所举办的“植物分子育种国际研讨会”。

2008年

5月10日，被中国科学院研究生院授予“杰出贡献教师”荣誉称号。

5月12—20日，与董玉琛一同出席了在开封召开的“第三届超级小麦遗传育种国际研讨会”。

9月20—22日，出席了植物细胞与染色体工程国家重点实验室在遗传发育所召开的“植物分子育种国际讨论会”，与国际友人进行学术交流。

10月14—16日，出席了香山科学会议“植物染色体工程和作物分子育种”。

2009年

5月5日，前往石家庄市农林科学院考察单倍体育种的应用情况。

9月25日，出席了遗传与发育生物学研究所成立五十周年庆典大会。

2010年

10月11日，出席亚洲第四届动植物染色体学术交流会议。

2014年

1月3日，参观遗传发育所新引进的显微成像系统。

2月，遗传发育所所长杨维才、书记胥伟华看望慰问。

2016年

3月15日，在北京病逝，享年九十二岁。

附录二　胡含主要论著目录

著作

[1] 胡含，王恒立，主编．植物细胞工程与育种．北京工业大学出版社，1990.

[2] Hu han, Yang Hongyuan, ed. Haploids of Higher Plants in Vitro. China Academic Publishers, 1986.

[3] 胡含，陈英，主编．植物体细胞遗传与作物改良．台湾淑馨出版社，1984；北京大学出版社，1988.

论文

[4] 黄季芳，李泽蜀，胡含，陈少麟，常志任，李特特，薛克俊．中国秋播小麦春化阶段和光照阶段特性的研究．遗传学集刊，1956（1）：31-35.

[5] 胡含．关于小麦与黑麦远缘杂交时受精过程及胚胎发育初期的一些特征．遗传学集刊，1960（2）：111-122.

[6] 欧阳俊闻，胡含，庄家骏，曾君祉．小麦花粉植株的诱导及其后代的

观察. 中国科学，1973（1）：78-82.

[7] 胡含，郗子英，贾双娥. 小麦花粉愈伤组织植株体细胞染色体的变异. 遗传学报，1978，5（1）：23-30.

[8] 胡含，庄家骏，郗子英，欧阳俊闻，曾君祉，贾双娥，贾旭，景建康，周淑明. 小麦花粉植株的遗传学研究. 遗传学报，1979，6（3）：322-330.

[9] 胡含，郗子英，欧阳俊闻，郝水，何孟元，徐宗尧，邹明谦. 小麦花粉植株花粉母细胞染色体的变异. 中国科学，1980，5（7）：485-491.Chromosome variation of pollen mother cell of pollen-derived plants in wheat（*Triticum aestivum* L.）. Sicentia Sinica，1980，23（7）：905-912.

[10] 胡含. 植物体细胞遗传学与花药（粉）培养. 生物学通报，1980，1（1）：19-23.

[11] 郝水，何孟元，徐宗尧，邹明谦，胡含，郗子英，欧阳俊闻. 小麦花药诱导单倍体植株的减数分裂分析. 中国科学，1981，5：627-632.

[12] 曾君祉，胡含，张汉，张传善，徐宗尧，郝水. 花药单倍体小麦中微形小孢子的 DNA 合成 . 科学通报，1981，6（16）：1014-1016.

[13] 胡含. 植物体细胞遗传学研究的进展. 植物生理学通讯，1982（3）：1-7.

[14] Zeng J Z，Hu H，Zhang C S，Xu Z Y，Hao S. DNA synthesis of mini-microspore from pollen-derived haploid of（*Triticum aestivum* L.）. Chinese Science Bulletin，1982，27（6）：665-669.

[15] Hu H. Genetic stability and variability of pollen-derived plants. Plant Cell Culture in Crop Improvement，Springer US，1983：145-157.

[16] Wang X Z，Hu H. The effect of potato II medium for triticale anther culture. Plant Science Letters，1984，36：237-239.

[17] Hu H. Use of haploids for crop improvement in China. Genet Manipul Crops Newsletter，1985（1）：11-23.

[18] 胡含. 植物遗传操作技术在中国的进展. 生物技术通报，1985（1）：

3-6.

[19] 胡含. 遗传操作——作物改良的新方法. 世界农业，1985（6）：25-27.

[20] Wang X Z，Hu H. The chromosome constitution of plants derived from pollen of hexaploid triticale × common wheat F_1 hybrids. Theor Appl Genet，1985，70：92-96.

[21] Hu H，Huang B. Application of pollen-derived plants to crop improvement. International Review of Cytology，1987，107：293-313.

[22] Hu H，Xi Z Y，Tao Y Z. Gametoclonal Variation in Triticeae. In：Plant Chromosome Research 1987：Proc 1st Sino-JPN Symposium Plant Chromos，1987，231-234.

[23] Hu H. Chromosome engineering by anther culture//Mujeeb-Kazi A，Sitch L A，eds. Review of Advances in Plant Biotechnology，1985-88：2nd International Symposium on Genetic Manipulation in Crops. 1989：57-67. D F Mexico，Manila Philippines. CIMMYT and IRRI.

[24] Hu H. Gametic analysis and gametoclonal variation in Triticeae//Bajaj YPS，ed. Biotechnology in Agriculture and Forestry，Wheat. Berlin，Heidelberg，New York，Springer：1990，13：538-548.

[25] 刘成华，胡含. 提高小麦花粉植株再生频率的研究. 科学通报，1990，35（9）：697-700.

[26] 胡含，景建康，刘成华，等. 禾谷类花药——花粉培养与花粉植株的染色体工程 // 植物遗传理论与应用研讨会文集，1990：103-106.

[27] 陶跃之，胡含. 黑麦染色体在小黑麦 × 小麦 F_1 花粉植株中的传递. 遗传学报，1990，17（2）：98-102.

[28] 李文泽，胡含. 基因型和培养方式对大麦花粉植株高频率再生的影响. 莱阳农学院学报，1991，8（2）：91-96.

[29] Tao Y Z，Snape J W，Hu H. The cytological and genetic characterisation of doubled haploid lines derived from triticale × wheat hybrids. Theor Appl Genet，1991，81：369-375.

[30] Hu H，Li W Z，Jing J K. Anther/pollen in vitro culture of barley. Barley

Genetics VI.1991，1：203-205.

[31] Tao Y Z，Snape J W，Hu H. Genetic analysis of M27，a wheat 1R（1D）substitution line，by backcross reciprocal monosomic analysis. Journal of Genetics & Breading，1991，45：189-196.

[32] Hu H. Germplasm enhancement by anther culture in Triticeae. Hereditas，1992，116：151-154.

[33] Wang Y B，Hu H. Chromosome variation of Triticeae via anther culture//You C B，Chen Z L，Ding Y，eds. Proceedings of the First Asia-Pacific Conference on Agricultural Biotechnology. Beijing，China，1993：383-386.

[34] Zhang W J，Wen Y X，Liang Y M，Wei R X，Hu H. Transfer of eye genes to wheat via chromosome manipulation and anther culture. Biotechnology in Agriculture，1993：418-422.

[35] Hu H，Liu C，Zhou Q. Anther-pollen culture in cereals//XII Int Congr on Sexual Plant Reproduction. Columbus，1992：129-132.

[36] 李文泽，景建康，姚根怀，胡含. 基因型和甘露醇预处理对大麦花粉植株高频率再生的影响. 科学通报，1992，37（10）：935-938.

[37] Wang G，Snape J W，Hu H，Rogers W J. The high-molecular-weight glutenin subunit composition of Chinese bread wheat varieties and their relationship. Euphytica，1993，68：205-212.

[38] Wang Y B，Hu H. Gamete composition and chromosome variation in pollen-derived plants from octoploid triticale × common wheat hybrids. Theor Appl Genet，1993，85：681-687.

[39] Li W Z，Jing J K，Yao G H，Hu H. The effects of genotype and mannitol pretreatment on high frequency androgenesis in barley. Chinese Science Bulletin，1993，38（2）：151-155.

[40] 毛龙，胡含，朱立煌，薛秀宏. 应用RAPD分析一个抗条锈病的小麦-黑麦易位系. 科学通报，1994，39（22）：2088-2090.

[41] 李文泽，宋子红，景建康，胡含. 甘露醇预处理对大麦雄核发育的

影响. 植物学报，1995，37（7）：552–557.

[42] 李文泽，宋子红，景建康，胡含. 在大麦花药——花粉培养中甘露醇预处理机理的研究. 科学通报，1995，40（14）：1344.

[43] 李文泽，宋子红，景建康，胡含. 不同预处理对大麦花药三种内源激素含量和过氧化物酶活性的影响. 植物学报，1995，37（9）：731–737.

[44] 张文俊，Snape J W. 分子标记技术定位黑麦 6R 染色体上的抗小麦白粉病基因. 科学通报，1995，40（24）：2274–2276.

[45] 张相岐，王献平，景建康，李燕，胡含. 三个小黑麦花粉株系的染色体组成分析与抗白粉病鉴定. 遗传学报，1995，22（5）：387–393.

[46] 张怀刚，陈集贤，赵绪兰，胡含. 小麦体细胞无性系 HMW–GS 变异及其变异体的研究. 科学通报，1995，40（21）：1990–1993.

[47] 李文则，胡含. 不同预处理方法对大麦花药、花粉培养的影响. 遗传，1995，17（增刊）：5–7.

[48] 李文则，胡含. 预处理过程中大麦花药蛋白质变化的研究. 莱阳农学院学报，1995，12（2）：6–10.

[49] Wang Y B，Han H，Snape J W. Spontaneous wheat/rye translocations from female meiotic products of hybrids between octoploid triticale and wheat. Euphytica，1995，81：265–270.

[50] 张文俊，景建康，胡含. 黑麦 6R 染色体在小麦背景中的传递. 遗传学报，1995，22（3）：211–216.

[51] Wang Y B，Han H，Snape J W. The genetic and molecular characterization of pollen–derived plant lines from octoploid triticale × wheat hybrids. Theor Appl Genet，1996，92：811–816.

[52] 郭向荣，景建康，胡含. 大麦直接游离小孢子培养中的脱分化启动和胚胎发生. 中国科学（C 辑），1996，27（1）：50–54.

[53] Wang E M，Hu H. Characterization of chromosome constitution of eight pollen–derived plants by biochemical markers. Chinese Science Bulletin，1996，41（2）：149–152.

[54] Zhang H G, Chen J X, Zhao X L, Hu H. HMW-GS variation of somaclones and its variants in *Triticum aestivum*. Theor Appl Genet, 1996, 92: 811-816.

[55] 吴晖霞，景建康，张玉华，胡含. 禾谷类花器官机械游离小孢子培养研究. 实验生物学报，1997，30（3）：323-330.

[56] Hu H. In vitro induced haploid in wheat//In Vitro Haploid Production in Higher Plants, 1997, 4 (Cerals): 73-97.

[57] Hu H. Chromosome engineering in the Triticeae using pollen-derived plants (CETPP) // In Vitro Haploid Production in Higher Plants, 1997, 4 (Cerals): 203-223.

[58] 郭向荣，景建康，胡含. 大麦不同基因型游离小孢子的直接培养再生及培养体系的优化. 遗传学报，1997，24（3）：507-512.

[59] 王二明，景建康，文玉香，魏荣瑄，胡含. 小麦背景中黑麦 1R 染色体的遗传变异. 遗传学报，1997，24（1）：42-49.

[60] Zhang X Q, Wang X P, Jing J K, Ross K, Hu H, Gustafson J P. Characterization of wheat-rye doubled haploid lines by cytological and biochemical markers. Plant Breeding, 1998, 117: 7-11.

[61] 王二明，文玉香，魏荣瑄，胡含. 一个小麦 / 黑麦染色体小片段易位系的创制和鉴定. 遗传学报，1997，24（5）：453-457.

[62] Guo X R, Jing J K, Hu H. Dedifferentiating initiation and embryogenesis from freshly-isolated microspores of barley. Science In China (Series C), 1997, 40 (3): 332-336.

[63] 张怀刚，陈集贤，胡含. 小麦体细胞无性系 SDS 沉淀值的变异与遗传. 西北农业学报，1998，7（2）：1-5.

[64] 张相岐，王献平，景建康，季静，张文俊，牟金叶，韩收，胡含. 一个小黑麦附加——双代换系（M16）的创制与鉴定. 遗传学报，1999，26（4）：391-396.

[65] 张文俊，张晓勤，景建康，胡含. 黑麦 6R 染色体在小麦背景中减数分裂行为. 遗传学报，1998，25（1）：54-58.

[66] Wang E M, Xing H Y, Wen Y X, Zhou W J, Wei R X, Hu H. Molecular and biochemical characterization of a non−Robertsonian wheat−rye chromosome translocation line. Crop Science，1998，38（4）：1076−1080.

[67] 张文俊，瞿绍洪，王献平，景建康，胡含，张相岐，Snape J W. 黑麦 6R 抗白粉病基因向小麦的渗进与鉴定 . 遗传学报，1999，26（5）：563−570.

[68] 胡含，张相岐，张文俊，景建康，王二明，王献平. 花粉小麦染色体工程. 科学通报，1999，44（1）：6−11.

[69] 胡含，张相岐，张文俊，景建康，郗子英，王二明，王献平. 小麦花粉无性系变异与配子类型的表达和重组. 自然科学进展，2000，10（1）：8−15.

[70] 郭向荣，方红曼，李安生，胡含. 甘露醇预处理方式、方法对大麦花粉植株再生的影响. 农业生物技术学报，1999，7（4）：321−324.

参考文献

档案资料

[1] 中国科学院遗传与发育生物学研究所人力资源部档案馆.
[2] 南京大学档案馆.
[3] 中国科学院档案馆.
[4] 中国科学院机关档案室.
[5] 中国共产党中央南方局档案.
[6] 中国科学院文献情报中心.
[7] 重庆市档案局.

资料

[8] 遗传发育所:《中国科学院遗传与发育生物学研究所五十年发展历程》(1959—2009). 2009.
[9]《胡含 1960 工作笔记》. 王杨宗处.
[10] 杨庆林:《在我工作日记中记录的胡含先生的情况》. 2014.
[11]《中国科学院》(中). 当代中国出版社，1994：472-488.
[12] 梁赐龙:《胡子靖传》. 首都师范大学出版社，2009.

[13] 谈家桢、赵功民:《中国遗传学史》. 上海科技教育出版社，2002.
[14]《华北大学农学院史记》(1939—1949). 中国农业出版社，1995.
[15] 李集临、徐香玲:《细胞遗传学研究》. 黑龙江教育出版社，2008.
[16] 胡含:《忆顾诚——我的入党介绍人》. 手稿，1995 年 1 月 26 日 .
[17]《遗传研究所今昔》. 1980 年 3 月 25 日 .
[18]《中国科学院遗传研究所情况介绍》，1983 年 9 月 6 日 .
[19] 中共重庆市委党史工作委会编:《战斗到天明》. 重庆出版社，1987.
[20] 刘子久等编:《到中原去》. 湖北人民出版社，1988.
[21] 洪成杓主编:《百科知识渊源词典》. 朝鲜民族出版社，1988.
[22] 郑作新:《当代湖南人名辞典》. 湖南出版社，1995.
[23] 植物细胞与染色体工程国家重点实验室:《实验室评估申请报告》. 1998.
[24]《望乡亭纪念画册》. 2011.
[25] 中国农业科学院编:《华美人生——董玉琛》. 中国农业出版社，2012.

后记

本传记是以胡含学术成长采集工程资料长编和研究报告为基础编撰的。在项目验收一年后完成初稿，其后陆续增补与修订，最终完成。

胡含学术成长采集小组初期由五位成员组成。遗传发育所党委书记胥伟华任负责人，全面主持项目工作。离退办主任黄玉萍具体负责小组日常工作，组织资料收集访谈、信息编录以及总结汇报等事务。景建康、张相岐、曹化林参与资料采集、音像摄录、资料长编录入、研究报告撰写。后期又邀请王东江、孙雪峰两位加盟。离退休工作部的孙庆庆也参与了采访摄影和照片的收集整理。在大家的默契合作中顺利完成资料采集工作。

在资料采集和传记编撰过程中得到了胡含先生的许多老同事、老朋友的极大支持和热情帮助。如遗传研究所原业务处处长杨庆林先生，不仅提供了自己收藏的由遗传研究所办公室原主任黄煌长在上世纪八十年代末负责编撰的《遗传所今昔》《遗传所情况介绍》，以及他本人在遗传所工作期间的相关笔记等珍贵资料。这些资料弥补和丰富了遗传所的发展史及胡含先生在研究所的相关内容。遗传所原党委书记王恢鹏先生对传记编撰工作给予了极大关注与帮助，他不仅对原稿进行了认真仔细的审阅校对、批改，而且讲述了许多没有文字留存的趣闻轶事，更增添了传主工作生活的精彩内容。从七十年代初就和胡含先生在同一课题组工作的老同事欧阳俊闻先生自始至终对资料采集工作非常关心，提供了自己收藏的珍贵历史资料，积极帮助寻找课题组早期开展科研项目时的原始讨论记录和工作照片，或者提供如何获取视频影像资料的渠道，并且密切关注文稿的编撰进度，对资料采集、文字编写都提出了宝贵意见和建议。遗传发育所原党委书记陈永强也将其个人日记本中记载的相关信息提供给我们。还有邵启全、胡乃璧等同志都曾主动地向我们讲述了自己亲历及所知的故事，使我们对胡含的工作、学术有了更全面的了解。

这项工作还得到了胡含先生及其家人的积极配合。胡含先生不幸已于2016年春天辞世，生前曾将自己记忆深处不曾忘怀的经历及感悟全部倾诉，并表示愿将家中凡项目组认为有用的资料及物品随时取用。胡含先生的女儿胡源数次陪同项目组前往中关村住处，将珍藏的全部照片、书信、文件、证书及书籍提供给工作组。同时中国农业科学院相关部门也将胡含先生的夫人董玉琛院士生前办公室留存的有关资料一并提供。

特别要感谢的是曾在自然科学史研究所工作的罗兴波老师、张佳静老师，他们自始至终对我们编写给予指导，耗费大量精力数次审阅文稿，指明写作要点和方向，对文稿格式、文辞用语等主要的问题，都一一注明，对文稿完成给予了极大帮助。

在此，要特别感谢中国科协书记处王春法书记、自然科学史所张黎研究员、馆藏基地的吕瑞花老师等领导和专家的指导和鼓励，同时对曾经提供帮助和支持的诸君表示衷心的感谢。

胡含先生的一生是丰富多彩的，经历也比较复杂。囿于我们的知识和水平，从庞杂的历史资料中挖掘和提炼出反映胡含先生人生经历和学术成长过程的精髓实属不易。但我们还是竭尽全力，期望通过此传记把胡含先生作为一位德高望重的老“红色科学家”的精彩人生真实全面地展现出来，以飨读者，以励后辈。尽管我们已竭尽所能，但仍难免挂一漏万，存在瑕疵和不足。真诚地希望广大读者给予批评和指正。

老科学家学术成长资料采集工程丛书

已出版（110种）

《卷舒开合任天真：何泽慧传》
《从红壤到黄土：朱显谟传》
《山水人生：陈梦熊传》
《做一辈子研究生：林为干传》
《剑指苍穹：陈士橹传》

《情系山河：张光斗传》
《金霉素·牛棚·生物固氮：沈善炯传》
《胸怀大气：陶诗言传》
《本然化成：谢毓元传》
《一个共产党员的数学人生：谷超豪传》

《含章可贞：秦含章传》
《精业济群：彭司勋传》
《肝胆相照：吴孟超传》
《新青胜蓝惟所盼：陆婉珍传》
《核动力道路上的垦荒牛：彭士禄传》

《探赜索隐　止于至善：蔡启瑞传》
《碧空丹心：李敏华传》
《仁术宏愿：盛志勇传》
《踏遍青山矿业新：裴荣富传》
《求索军事医学之路：程天民传》

《一心向学：陈清如传》
《许身为国最难忘：陈能宽》

《此生情怀寄树草：张宏达传》
《梦里麦田是金黄：庄巧生传》
《大音希声：应崇福传》
《寻找地层深处的光：田在艺传》
《举重若重：徐光宪传》

《魂牵心系原子梦：钱三强传》
《往事皆烟：朱尊权传》
《智者乐水：林秉南传》
《远望情怀：许学彦传》
《没有盲区的天空：王越传》

《行有则　知无涯：罗沛霖传》
《为了孩子的明天：张金哲传》
《梦想成真：张树政传》
《情系粱菽：卢良恕传》
《笺草释木六十年：王文采传》

《妙手生花：张涤生传》
《硅芯筑梦：王守武传》
《云卷云舒：黄士松传》
《让核技术接地气：陈子元传》
《论文写在大地上：徐锦堂传》

《钤记：张兴钤传》
《寻找沃土：赵其国传》

《钢锁苍龙　霸贯九州：方秦汉传》
《一丝一世界：郁铭芳传》
《宏才大略：严东生传》
《我的气象生涯：陈学溶百岁自述》
《赤子丹心 中华之光：王大珩传》
《根深方叶茂：唐有祺传》
《大爱化作田间行：余松烈传》
《格致桃李伴公卿：沈克琦传》
《躬行出真知：王守觉传》
《草原之子：李博传》
《虚怀若谷：黄维垣传》
《乐在图书山水间：常印佛传》
《碧水丹心：刘建康传》
《我的教育人生：申泮文百岁自述》
《阡陌舞者：曾德超传》
《妙手握奇珠：张丽珠传》
《追求卓越：郭慕孙传》
《走向奥维耶多：谢学锦传》
《绚丽多彩的光谱人生：黄本立传》

《宏才大略 科学人生：严东生传》
《航空报国 杏坛追梦：范绪箕传》
《聚变情怀终不改：李正武传》
《真善合美：蒋锡夔传》
《治水殆与禹同功：文伏波传》
《用生命谱写蓝色梦想：张炳炎传》
《远古生命的守望者：李星学传》
《探究河口 巡研海岸：陈吉余传》
《胰岛素探秘者：张友尚传》
《一个人与一个系科：于同隐传》
《究脑穷源探细胞：陈宜张传》
《星剑光芒射斗牛：赵伊君传》
《蓝天事业的垦荒人：屠基达传》

《善度事理的世纪师者：袁文伯传》
《“齿”生无悔：王翰章传》
《慢病毒疫苗的开拓者：沈荣显传》
《殚思求火种　深情寄木铎：黄祖洽传》
《合成之美：戴立信传》
《誓言无声铸重器：黄旭华传》
《水运人生：刘济舟传》
《在断了 A 弦的琴上奏出多复变最强音：陆启铿传》
《弄潮儿向涛头立：张乾二传》
《化作春泥：吴浩青传》
《低温王国拓荒人：洪朝生传》
《苍穹大业赤子心：梁思礼传》
《仁者医心：陈灏珠传》
《神乎其经：池志强传》
《种质资源总是情：董玉琛传》
《当油气遇见光明：翟光明传》
《微纳世界中国芯：李志坚传》
《至纯至强之光：高伯龙传》
《材料人生：涂铭旌传》

《一爆惊世建荣功：王方定传》
《轮轨丹心：沈志云传》
《继承与创新：五二三任务与青蒿素研发》

《淡泊致远　求真务实：郑维敏传》
《情系化学　返璞归真：徐晓白传》
《经纬乾坤：叶叔华传》
《山石磊落自成岩：王德滋传》
《但求深精新：陆熙炎传》
《聚焦星空：潘君骅传》

《寻梦衣被天下：梅自强传》
《海潮逐浪镜水周回：童秉纲口述人生》

《采数学之美为吾美：周毓麟传》
《神经药理学王国的“夸父”：金国章传》
《情系生物膜：杨福愉传》
《敬事而信：熊远著传》